통일정신

어떻게 통일을 누가 통일을 이룰 것인가

통일정신

발행 2015년 7월 31일

지은이 김중석
발행인 윤상문
디자인 여수정
발행처 킹덤북스
등록 제2009-29호(2009년 10월 19일)
주소 경기도 용인시 기흥구 동백동 622-2
문의 전화 031-275-0196 팩스 031-275-0296

ISBN 978-89-94157-82-66-5 (03230)

Copyright ⓒ 2015 김중석
이 책은 저작권법에 따라 보호받는 저작물이므로 무단전재와 복제를 금지하며,
이 책의 내용의 전부 또는 일부를 이용하려면 반드시 저작권자와 킹덤북스의 서면 동의를 받아야 합니다.

※ 잘못된 책은 구입하신 곳에서 교환하여 드립니다.
※ 책 가격은 표지 뒷면에 있습니다.

 킹덤북스(Kingdom Books)는 문서사역을 통해 하나님의 나라를 확장하고, 한국 교회와 세계 교회를 섬기고자 설립된 출판사입니다.

통일정신

어떻게 통일을 누가 통일을 이룰 것인가

統一精神

김중석 지음

프롤로그

    통일운동에 소명을 받은 것은 1984년이었다. 당시 총신대학에서 가르치던 나는 대학 종합게시판을 보고 놀라 의문을 갖게 되었다. 빨간 색깔의 대자보에는 내용도 붉은 내용이었다. 다음주에는 검은 색깔의 대자보가 붙는데 내용도 새까맸다. 이것이 당시 전국 100개 4년제 대학에 일제히 나붙고 있었다. 당시는 전두환 정권 때였고 대학생들이 '군사독재반대', '민주화 운동'을 하는 것은 그럴 수 있겠다 하겠지만 '주체사상 옹호', '김일성 장군의 노래'를 부르도록 한 것은 분명히 도를 넘는 것이었다. 이는 결코 대학생 자율에 의한 것이 아니라 뒤에서 고도의 숙련된 공작이 있음도 알 수 있었다. 이때부터 나는 대학생들이 읽는 '지하문서'를 입수하여 읽고 연구하고 기도하고 글을 쓰고 강연하는 일을 시작하였으니 벌써 30년이 넘었다.

    1992년 『교회는 통일을 대비하라』는 책을 썼다. 1991년 안식년을 얻어 미국 휫튼대학에 연구교수로 1년을 머물면서 빌리그래함센터에 연구실을 제공받아 쓴 것을 1993년에 출판하였다. 나의 기억으로는 한국교회에서 책으로 출판된 최초의 한반도통일론이 아니었나 싶다. 그 후로 벌써 22년의 세월이 흘렀다. 그 동안 한국은 국내총생산

(GDP)이 3천억달러에서 1조5천억달러가 되었고 무역액도 1조달러가 넘는 세계 무역 7위 국가가 되었다. 국민1인당 소득(GNP)도 3만달러나 되었다. 얼마나 감사한 일인지 모른다. 정치적으로는 민주화가 되어서 세계적으로 남부럽지 않은 자유를 누리고 있다. 문화적으로도 한류가 세계로 뻗어나가는 그야말로 5천년 역사에 유례가 없는 '한강의 기적'이 계속되고 있다. 이는 한국 사람이 잘해서라기보다는 전적으로 하나님의 은혜라고 생각한다. 왜냐하면 2차 세계대전 이후에 신생국가가 150여국이 되는데 저마다 경제개발 5개년 계획을 세웠고, 민주주의를 주창하였지만 오직 유일하게 대한민국만 정치적 민주와 경제적 발전과 문화적 창달이 이루어진 나라가 된 까닭은 무엇인가? 한국에는 다른 신생국가에 없는 것이 있었으니 그것은 교회가 전국 방방곡곡에 세워졌고 새벽마다 불을 밝혀놓고 하나님께 찬송하고 기도하였다는 점이다. 이것을 하나님께서 어여뻐 보시고 우리의 부족한 노력에도 불구하고 '기적'을 내려주셨기 때문이라고 생각한다.

대한민국의 눈부신 발전에도 불구하고 북한은 여전하다. 김일성, 김정일, 김정은에 이은 3대 세습에 따라 북한은 더 어렵게 되었다. 북한의 최대문제는 김일성 일가의 절대권력 유지를 위한 '주체사상'이라는 체제문제이다. 동시에 이 체제를 유지하기 위한 '강성대국'이라는 지나친 군사중심노선과 세계 유례없는 인권유린의 폭압정치에 있다. 고모부 장성택을 잔인하게 숙청하는 데서 보여준 도덕상실과 이에 따른 '너 나 할 것 없이 언제 숙청당할지 모른다'는 불안감이 북한체제를 더욱 불안하게 만들고 있다. 이는 역으로 그만큼 통일의 시기가 가까워졌다는 의미가 되기도 한다.

『교회는 통일을 대비하라』를 쓴지 22년이라는 세월이 경과하였고 위와 같이 남북한의 상황변화도 많고 세계정세도 많이 변화하였으므로 '통일론'을 다시 쓰지 않으면 안 되었다. 더욱이 금년 2015년은 분단 70주년이 되는 해이다. 이는 한국 기독교인에게는 특별한 의미를 갖는다. 이스라엘이 바벨론에게 멸망당하고 바벨론으로 포로로 잡혀갈 때 선지자 예레미야는 포로 70년 만에 되돌아오리라고 예언하였고 그 예언대로 이스라엘은 포로 70년 만에 돌아왔다. 한국 기독교인은 통일과 북한교회 재건을 위해 1945년 분단이래 끊임없이 기도해 왔고 혹시 하나님께서 70년이 되면 통일을 주시지 않을까 하는 일말의 기대를 가지고 기도해 온 교인들이 많았던 것도 사실이다. 마침 박근혜 대통령이 작년에 '통일은 대박'이라는 말을 했고 금년 들어서는 '통일은 막연한 희망사항이 아니라 우리가 하기에 따라서는 실현 가능한 가까운 미래'라고 했다. 한국 정부 각 부처는 통일준비에 박차를 가하고 있다. 나 개인적으로도 23년만에 다시 안식년을 얻게 되어 책을 쓸 시간적 여유를 얻게 되었다. 그래서 '한반도 통일론'을 다시 쓰고자 마음을 먹었다.

그런데 이번에는 책 이름을 『통일정신』으로 바꾸고자 한다. 지난번 책은 한국교회를 대상으로 쓰여졌다. 그러나 이번에는 한국교회뿐 아니라 전 한민족을 대상으로 써야겠다는 생각을 했다. 이 변화는 첫째, 한국교회는 교회 안에만 머물면 안 되고 사회로 나아가야 된다는 자성(自省)에서이다. 더욱이 '통일론'은 교회만의 것이 되어서는 안 되고 사회가 다같이 공감할 수 있어야 하기 때문이다. 둘째, 작년에 다시 읽은 이승만의 『독립정신』의 영향 때문이다. 『독립정신』은 내가 보기에 한마디로 '기독교 입국(立國)'이다. 기독교 정신 위에 나라를 세운다는 뜻이다. 이승만은 고종황제 폐위 음모에 가담하였다는 혐의로 중죄인이 되어 "한성감옥서"에서 5년 7개월 간 목에 칼을 쓰고 지극한 고통을 당하는 중에 확실한 기독교인이 되었고 미국처럼 기독교를 기반으로 하는 나라가 되어야만 우리나라가 독립을 지킬 수 있다는 신념을 갖게 되었다. 청일전쟁에서 승리한 일본이 다시 러시아와 전쟁하려는 1904년 상황에서 나라와 민족을 위한 불타는 마음에 황급히 '독립정신'을 감옥의 그 악조건에도 불구하고 몰래 기술했다. 111년이 지난 지금은 상황이 많이 다르지만 그가 죽을 각오로 외치던 '독립정신'은 이제 '통일정신'으로 발전적으로 외쳐져야겠다. 그가 외치던 '자유'는 이제 '사랑과 의(義)'로 발전되어야 한다. 그가 외치던 '자주'는 이제 '세계 선도(先導)'로 발전할 때가 되었다. 한반도 통일은 멀지 않다. 111년 전 이승만은 '독립정신만 있으면 썩은 데서 싹이 나며 죽은 데서 살아날 수 있다'고 외쳤는데 지금은 그때보다 조건이 훨씬 좋아진 상태가 아닌가! '통일정신'만 있으면 통일도 되고 세계를 선도하는 나라가 될 것이다. 이승만이 꿈꾼 '자유', '자주', '독립'은 적어도 남한에서는 이루어졌다. 그러나 북한에는 자유가 없다. 경제적으로도 너무 빈곤하다. 나라는 둘로 갈라져 있어 절반의 독립이다. 이제 '통일정신'이 국민 한 사람 한 사람에게 심어지면 한반도 통일은 물론 '사랑과 의'가 활짝 핀 아름다운 나라가 되어 '세계를 선도'하는 국가가 될 것이다. 이 책이 이 일에 도움이 되기를 바란다. 이 책을 읽고 다 함께 꿈을 꾸자! 꿈을 한 사람이 꾸면 꿈일 뿐이지만 다함께 꾸면 현실이 된다고 하지 않던가!

2015년 7월

추천의 글

『통일정신』은 통일에 대한 많은 정보와 생각을 종합한 책이다. 통일에 대한 관심이 있는 분이라면 한 번은 꼭 읽어볼 만한 저서이다. 저자 김중석 목사는 통일문제를 총신대 교수시절부터 30년 이상 생각해 오신 분이다. 평생 통일에 대해 생각하며 관찰하고 글을 쓰고 강의하며 포괄적으로 연구해 오신 분이다. 머지않은 미래에 이 땅에 우리 민족이 그토록 염원하는 통일이 가까워 온 지금 저자의 『통일정신』은 20세기 초 조선의 독립을 갈구하던 이승만의 『독립정신』을 생각나게 한다. 저자는 통일은 왜, 언제, 어떤, 어떻게, 누가 해야 하는가를 구체적으로 저자의 통찰력 있는 생각을 서술하고 있다. 그리고 어떻게 준비해야 하는 지 심지어 통일에 앞서 해결해야 할 선결 문제들과 준비해야 할 후속관리까지 모든 분야에서 세심하게 다루고 있다. 이 책만큼 세밀하게 통일의 문제를 다룬 책을 최근에 보지 못했다. 통일에 관심을 가진 분이라면 반드시 참고해야 할 책이 될 것이다. 정부의 지도자들, 정치인들 및 우리 사회의 각계 지도자들과 일반 국민들이 읽어볼만한 책이다. 이 책은 지나치게 학문적이거나 전문적이거나 추상적이지 않아서 쉽게 지루하지 않게 읽을 수 있어서 좋다.

특히 통일을 하되 어떤 통일을 해야 하는가는 대단히 중요하다. 저자가 제시한 통일된 우리 민족의 미래를 요약한 비전은 큰 공감을 일으킬 것이다. 자유가 많은 나라, 경제적으로 번영하는 나라, 도덕성이 높은 나라, 세계적인 나라, 문화가 융성한 한국, 의식이 개조된 나라 등은 참 좋은 비전이라 생각한다.

나는 북한 정부가 무너질 가능성이 가장 짙던 1994부터 4년 동안 6·25 이전에 북한에 있던 3천 개의 무너진 교회들을 다시 살리기 위한 한국교회의 종합계획을 세우기 위해 저자와 함께 동역한 적이 있었다. 당시 한국기독교총연합회에 속한 남북교회협력위원회와 북한교회재건위원회 위원장으로 섬기면서 저자는 총무로 함께 일을 했다. 그 과정과 결론을 1997년 세 권의 책으로 출판한 적이 있었다.『무너진 교회를 세운다』,『북한교회 재건백서』,『평화통일을 위한 한국교회의 통일정책』등이 그 결과였다. 당시 한국교회의 모든 교단 통일관계 대표들이 함께 모여 4년 동안 머리를 맞대고 예배하고 기도하고 토론하고 논쟁하며 통일을 준비하는 한국교회의 계획서를 만들었던 것이다. 그때에도 저자는 지치지 않는 열정과 헌신과 수고로 그 작업의 실무를 이끌어 갔다. 아무도 막을 수 없는 통일에 대한 열망과 희망이 저자에게 있었다. 그 뜨거운 가슴은 오늘까지도 쉬지 않고 통일 문제를 연구하게 하였다. 지난 몇 년 동안 북한선교전문대학원을 통해 "북한교회 세우기" 운동에 앞장서서 통일을 준비하며 통일의 일꾼들을 계속 양성하고 훈련해 오셨다. 아직도 그는 지치지 않았다. 이번『통일정신』을 저작한 것만 보아도 그의 열정은 식지 않고 있다. 그토록 오랜 세월 통일을 위한 많은 생각을 해 오신 저자가 이 책을 낸 것은 30여 년 동안 통일을 연구한 그의 결론이라 해도 과언이 아니다. 그래서 남북통일에 대한 광범하면서도 세밀한 부분까지 거의 빠짐없이 그의 많은 생각을 한 권의 책으로 내놓을 수 있는 기회를 만든 것을 축하하고 기뻐한다.

물론 독자들이 그 분의 모든 생각에 다 동의하지는 않을 것이다. 그러나 평생을 통일 연구에 바친 저자의 역작에 제시된 내용들을 반드시 한 번은 읽어 보고 고려해야 할 것이다.

김상복 (횃불트리니티신학대학원대학교 총장, 할렐루야교회 원로목사)

2015년 7월

추천의 글

해방 전 우리 민족의 소원이 자주독립이었다면 해방 후 우리민족의 소원은 남북통일이다. 하지만 그 열망이 점차 사그라지고 바래어지던 시점에 대통령의 '통일대박' 발언과 '광복 70년' 햇수가 절묘하게 조합되어 통일에 대한 관심과 열기를 되살려 놓았다.

여기에 발맞추어 교계의 통일문제 전문가 김중석 목사께서『통일정신』을 집필하여 출판하게 된다니 가히 적시타라고 사료된다. 저자께서는 때 맞추어 이런 책을 내기에 가장 적합한 인물로 여겨진다. 주지하는 대로 김 목사님은 1984년 강의하던 대학의 종합게시판을 붉게 물들인 대자보들의 내용에 자극 받아 한반도의 조국과 민족현실에 소명의식을 가지게 되었다. 그래서 대학생들이 읽는 '지하문서'를 입수하여 읽고 연구하므로 그들의 오해를 변박하고 미몽을 일깨우는 글을 쓰고 강연을 하기 시작했다. 그는 여기에 머물지 않고 안식년을 얻어 미국의 휫튼대학에 1년간 연구교수로 있으면서 '교회는 통일을 대비하라'는 책을 저술하여 1993년에 출판하므로 목사이면서 통일문제 이론가가 되었다. 또한 실무적인 면에서는 과거에 한기총 내에서 통일정책을 입안하고 추진함에 핵심적 역할을 하였고 그 후 '북한교회세우기연합'을 설립하여 사무총장을 역임함과 더불어 '북한선교전문대학원'을 세워 통일을 위한 북한선교 전문인력 양성에 힘쓰고 사단법인〈우리탈북민정착기구〉를 통해〈한국교회 탈북민품기 운동〉에 이바지 했다. 그러므로 김 목사님은 30년 전부터 북한선교와 통일문제에 대한 이론을 정립하고 실무활동을 해왔다.

이런 경력의 저자께서 대한제국의 운명이 풍전등화였던 1904년에 이승만이 옥중에서 집필한 『독립정신』에 착안하여 광복 70년, 분단 70년에 『통일정신』을 집필케 된 일은 제호만으로도 시사하는 바가 크다고 본다. 이승만은 그 책의 말미에서 예수의 대속적 죽음을 증거한 후에 "지금 우리나라가 쓰러진 데서 일어나려 하며 썩은 데서 싹이 나고자 할진대 기독교로서 근본을 삼지 않고는 세계와 상통하여도, 신학문과 외교에 힘써도, 주권을 존중하고 의리를 숭상하며 자유권리를 중히 여겨도 다 소용없는 노릇이라. 마땅히 기독교로서 만사의 근원을 삼아 각각 나의 몸을 잊어버리고 남을 위해 일하는 자 되어 나라를 일심으로 받들어 영·미 각국과 동등 되게 하며 이후 천국에 가서 다같이 만납시다"라고 했다. 곧 '기독교 입국' 인 셈이다. 그러므로 이 정신과 사상이 독립정신이요 그 저자인 이승만 박사가 건국 대통령이 되었으니 이것이 건국정신의 기초가 되었다고 본다. 따라서 김중석 목사님이 저술한 『통일정신』 역시 구한말의 독립정신과 해방공간의 건국정신에 연하여 그 근저에 '기독교 입국'이 주조를 이룬 것이라고 보아야 한다. 독립정신, 건국정신, 통일정신은 언뜻 보아 다른 것 같아도 기독교 정신의 공통성에서 같은 맥락이다

나는 김중석 목사의 열정에 이끌려 지난 수년간 북한교회세우기연합의 대표회장과 공동회장을 역임한 바 있고 지금도 '북세연' 고문직

을 맡고 있으므로 저자의 동향과 활동에 늘 관심을 가지고 기도하는 입장이다. 바라기는 시의적절하게 간행되는 이 저서를 통해 온 성도와 국민이 전부 통일정신을 가지므로 올바른 통일관을 가지고 통일을 준비하며 통일에 이바지하기를 간절히 소망한다.

장차남(대한예수교장로회 합동측 전 총회장, 온천제일교회 원로목사)

2015년 7월

추천의 글

자유민주 통일을 위해 '통일정신'을
강조한 훌륭한 통일준비 지침서

    한국복음주의 통일전문가 김중석 목사의 두 번째 통일저서 『통일정신』이 나온 것을 환영하는 바이다. 저자는 이미 1993년 『교회는 통일을 대비하라』를 출판하였다. 그리고 22년이 지난 오늘날 그 동안 그가 심혈을 기울려 전개해온 북한교회세우기연합의 설립자요 사무총장으로서 활동해온 실무적인 지식과 체험을 기반으로 한 복음주의적 통일운동의 방향이 이 저서에 담겨져 있다. 이 책에는 통일에 대한 저자의 확고한 정신이 스며들어 있다.

    저자는 이 저서에서 시대와 주변환경이 바뀐 오늘날 한반도 통일론을 다시 쓰고자 하였다. 옛 저서가 통일을 준비하는 한국교회를 위하여 쓴 것이라면 이번 저서는 한반도의 전 주민을 위하여 쓴 것이다. 저자는 1904년 이승만이 한성감옥에서 쓴 『독립정신』을 최근에 다시 읽고 감명을 받아 한반도의 통일을 위하여는 독립정신을 통일정신으로 계승 발전시켜야 한다는 취지에서 이 제목을 『통일정신』이라 붙였다. 저자는 서문에서 다음과 같이 역설한다. "111년 전 이승만은 '독립정신만 있으면 썩은 데서 싹이 나며 죽은 데서 살아날 수 있다'고 외쳤는데 지금은 그때보다 조건이 훨씬 좋아진 상태가 아닌가", "이제 '통일정신'이 국민 한 사람 한 사람에게 심어지면 한반도 통일은 물론 '사랑과 의'가 활짝 편 아름다운 나라가 되어 '세계를 선도'하는 국가가 될 것이다." "남북통일을 하려면 먼저 '통일정신'이 있어야 한다." 통일정신이란 분단의 해악을 알고, 통일의 필요성을 인식하고, 해야 할 일을 하는 정신이라고 정의한다. 저자는 이 통일정신의 실천으로서 그 동안 30년 이상의 기독교통일문제 전문가로서 그 구체적인 전략을 제시하고 있다. 그리고 통일한국의 상(像)으로 6가지를 제시한다. "자유가 많은 나라", "경제적으로 번영한 나라", "도덕성이 높은 나라", "세계성을 가진 나라", "문화한국", "의식이 개조된 나라"라고 규정한다. 그리고 통일을 이루는데 한국인의 역할로서, "통일의지를 분명히 해야 한다", "민간차원에서 통일을 준비해야 한다", "정부와 국민이 역할분담을 잘 해야 한다"고 제시하고 있다. 북한주민의 역할로는 "민간역량을 강화해야 한다", "소셜네트워크를 구축해야 한다", "기회가 오면 움직여야 한다"고 제시하고 있다. 그리고 탈북민의 역할로는 "정착이 되어야 한다", "숫자가 늘어나야 한다", "남북통합의 가교가 되어야 한다"고 제시하고 있다. 그리고 선결문제와 후속조치들로서 "종북척결", "자유민주주의 강화", "재산권문제", "가족법상 문제"를 해결해야 한다고 제언하고 있다.

저자는 다음 확신을 피력하고 있다. "『통일정신』은 한반도의 통일이 대한민국을 중심으로 되며, 그때는 멀지 않았고, 항상 준비되어 있어야 한다는 것이다. 그 근간은 개인적 자유, 정치적 민주, 경제적 성장과 평등이다. 이는 '사랑과 의'라는 기독교적 윤리를 기반으로 한다."
"대한민국은 정치 경제 문화 과학 예술 모든 분야에서 이미 세계적인 수준에 와 있으며, 통일한국은 세계를 선도하는 나라가 될 것이다. 한국인은 통일정신으로 무장해야 한다. 그리고 각자가 자기분야에서 최선을 다하여 진보를 나타내야 한다." 이러한 저자가 제시하는 내용들은 30년 이상 저자가 통일운동 현장에서 체득한 것들로써 누구나 공감할 수 있는 통찰력이다.

저자는 평양에서 태어나 부친 따라 월남한 목회자로서 통일의 염원이 그의 중심에 쉬지 않는 불꽃으로 타오르고 있다. 그는 30년 이상 통일문제에 심혈을 바친 현장 전문가로서 한반도 통일에 관한 이론적인 서술이 아니라 한반도 통일을 위한 실제적인 문제를 다루면서 통일한국으로 가는 실제적인 길을 제시하고 있다. 이 점에서 본서는 학자들이 다루지 않는 가장 현실적인 문제를 다루고 있으며, 통일정신을 강조하고 이를 위하여 우리가 해야 할 실천적인 내용을 보여준다. 따라서 본서는 오늘날 한반도 통일의 방향에 대하여 하나의 분명한 지침을 제시하고 있다. 이에 통일전문가들, 목회자들, 학자들, 신학생들, 통일에 관심을 가지고 기도하는 일반 평신도의 일독을 권하고 싶다.

김영한(기독교학술원장/샬롬나비 상임대표/ 숭실대학교 명예교수)

2015년 7월

차례

프롤로그 5
추천사 9

제1부 왜 통일이 되어야 하는가

제1장 왜 '통일정신'인가? 23
제2장 통일비용 문제 41
제3장 남북 이질화 문제 47
제4장 통일의 정당성 53
제5장 성경적 이유 60
제6장 통일반대세력 67

제2부 언제 통일이 될 것인가

제1장 아무도 모른다 73
제2장 갑자기 된다 76
제3장 임박했다 78
제4장 준비하고 있으라 81

제3부 어떤 통일한국을 세우려 하는가

제1장 사랑과 의 85
제2장 통일한국의 상(像) 91
제3장 통일헌장 150
제4장 섞으면 안 된다 157
제5장 통일헌법 161
제6장 지정학적 위치 165

어떻게 통일을 이룰 것인가

    제1장 남한 중심의 통일 171
    제2장 전쟁과 평화 179
    제3장 힘과 협상 187
    제4장 물리(物理)와 심리(心理) 197
    제5장 한국과 국제 216

누가 통일을 이룰 것인가

    제1장 한국인 231
    제2장 북한주민 239
    제3장 탈북민 245
    제4장 조선족 266
    제5장 고려인 269
    제6장 한인 디아스포라(재외교민) 272

선결문제와 후속조치들

    제1장 종북(從北)척결 277
    제2장 자유민주주의 이념강화 302
    제3장 재산권 문제 306

    에필로그 309

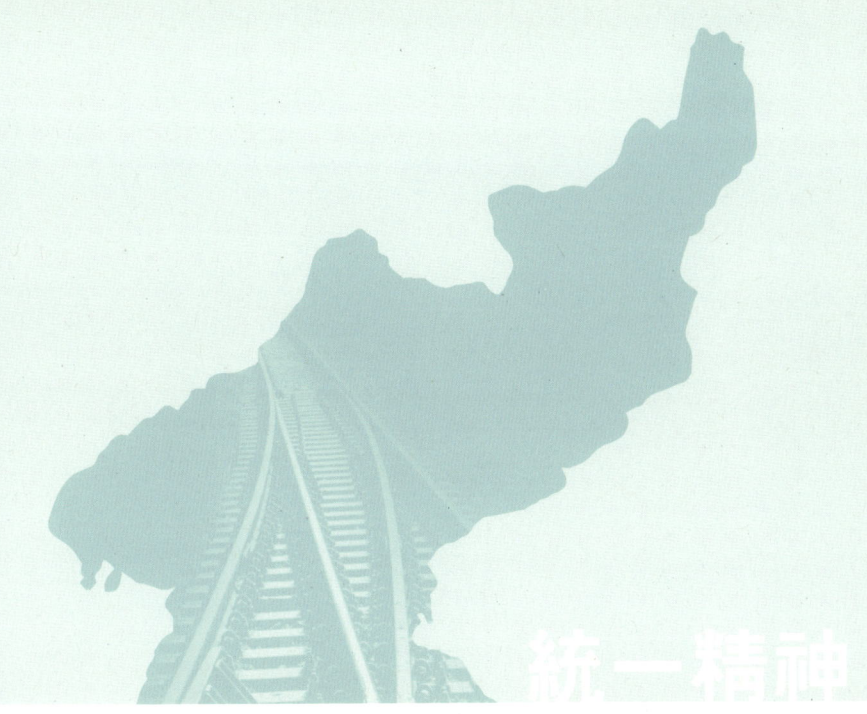

統一精神

제1부
왜 통일이 되어야 하는가

제1장

왜 '통일정신'인가?

정치지도자들의 생각

해방정국에서 남북의 지도자들에게 통일에 대한 생각이 있었을까? 김구는 남북이 하나로 정부를 세우기를 원했다. 이것은 이상적이기는 했지만 현실성을 결여하고 있었다. 결국 김일성에게 이용당하고 만다. 이승만이 '정읍발언' 이후에 남한만의 '단독정부 수립'을 주장하게 된 것은 민족의 통일정부는 생각하지 않고 자기만의 정부를 세워 권력을 얻으려는 이기심의 발로이었는가? 그렇게 생각하는 사람은 거의 없는 듯 하다. 그가 청년시절에 『독립정신』을 쓴 이후 대한민국의 초대 대통령이 된 1948년까지 44년 동안 그의 삶을 보면 그가 얼마나 대한의 독립에 헌신했으며 민족의 대동단결을 추구했는지를 알 수 있다. 해방정국에서 '뭉치면 살고 흩어지면 죽는다'라고 외친 것은 바로 이승만이었다. 이승만은 당시 한국인 누구보다도 뛰어난 지식과 혜안, 탁견을 소유한 경험이 풍부한 지도자였다.

이승만의 성장배경을 잠시 살펴보면 그는 1875년 황해도에서 몰락한 이씨왕조 후손으로 태어났다. 4세부터 19세까지는 서당에서 공부하였고 20세 때 배재학당에 들어갔는데 21세 때 서재필을 만나 서양학문을 배우게 되었다(김충남 김효선, 『풀어 쓴 독립정신』, 421쪽). 그리고 미국의 정치제도를 학습하게 되었고 우리나라가 열강에게 유린당하지 않고 독립을 지키려면 서양의 선진문명을 배워 부국강병을 이룩해야만 할 것이라는 확신을 갖게 되었다. 배재학당 졸업식 때는 대표로 연설을 하였는데 유창하게 영어로 연설하여 참석자들을 깜짝 놀라게 했다. 23세 때인 1898년 한글판 주간신문 〈협성회회보〉를 1월에 발간하고 4월에는 이를 한국 최초의 일간지인 〈매일신문〉으로 발전시켰고 8월에는 한글 신문인 〈제국신문〉을 잇달아 창간하였다. 독립협회 활동을 하면서 만민공동회에서 가두연설로 인기를 모았다. 입헌군주국을 주장하다가 도피하기도 했고 공화정을 꿈꾸며 고종황제 폐위운동에 연루되었다는 혐의를 받아 "한성감옥서"에 갇히게 된다. 이 감옥의 형편은 죄수들에게 가히 살인적이었다. 맞아 죽고 병들어 죽고 처형당하는 장면을 수시로 보게 된다. 그래서 이승만이 스스로 처형당하기를 원한 적이 한두 번이 아니다. 실제로 이승만이 간밤에 처형당하였다는 신문구절이 난 적이 한두 차례가 아니었다. 그 부친 이경선이 옥문 밖에서 그 죽은 시체를 가져가려 밤을 샌 적이 한두 번이 아니었다(『풀어 쓴 독립정신』, 36쪽). 이때 이승만은 기독교로 확실하게 회심하게 된다. 기독교 신앙으로 무장한 이승만은 한성감옥의 그 혹독한 고통과 불안을 이길 수 있게 되었다. 선교사들에게 책을 들여달라 하여 읽고, 한문으로 된 책을 번역하고, 어린이 죄수들을 가르치고, 제국신문에 논설을 수년 동안 계속 써 보냈다. 그가 20세 때 배재학당에 입학하여 기독교를 접하였으나 그때는 기독교에 비판적이었다. 그러나 죽음을 넘나드는 상황에서 성경을 읽고 그는 신앙적으로 완전히 변하였고 감옥에서 40명을 전도하고 성경을 가르치게 되었다. 이때 감옥에 같이 있었던 사람들이 나중에 민족의 지도자들이 되었다. 이것도 여의치 않게 되자 한영자전(韓英字典 사전)을 편찬하게 되었다. 자전을 편찬하던 중 1904년에 이르러 러·일 전쟁이 발발하는 것을 보고 화급한 심정으로 자전편찬을 중단하고 나라가 망하더라도 백성들에게 독립정신이 있어야 다시 독립을 찾을 수 있겠다고 생각하여 『독립정신』을 단기간에 쓰게 된다. 이 모든 일은 감옥이라는 한계상황에서 비밀리에 쓰여졌고 비밀리에 조금씩 밖으로 반출되었다. 그러나 이 원고가 국내에서는 출판될 가망이 없었다. 그래서 1910년에야 하와이에서 출판되고 이어 로스앤젤스에서 출판되었다. 그 동안에 러·일 전쟁 강화조약이 미국 데오도르 루즈벨트 대통령 주재 하에 이루어지게 됨에 따라 고종은 급히 밀사를 보낼 필요를 느끼게 되었다. 민영환의 추천으로 대역죄인으로 종신형을 살고 있던 이승만이 감옥에서 나와 급거 미국으로 가게 되었다. 다행히 루즈벨트를 만나기는 했으나 이미 대세는 기울어져 있었다.

이승만은 미국에서 학업을 하여 대학을 졸업하고 명문 프린스톤 대학원에서 나중에 '민족자결주의'로 유명한 윌슨 총장에게서 철학박사 학위를 받는다. 그 후 미국을 중심으로 독립운동을 하다가 1945년 해방조국으로 귀국할 때는 그의 나이 70이었다. 해방정국의 이승만은 남한과 북한을 막론하고 한민족이 누구보다도 잘 알고 있는, 신망 받는 지도자였다. 이승만은 이미 북한에 소련군이 진주하고 김일성을 내세웠다는 것이 무엇을 의미하는지 정확이 인식한 사람이었다. 그는 또 공산주의를 누구보다 잘 알고 있었고 혐오했다. 그는 소련이 한반도에 대하여 어떤 속셈을 가지고 있는지를 잘 알고 있었다. 1945년 8월 15일 일본이 항복한다는 사실을 알았을 때 이승만의 첫마디는 '소련이 어떻게 나올 지가 걱정이다' 였던 것(우남 이승만 문서. 전봉관,『새로 쓰는 대한민국 70년』)이었다. 남한이 이대로 가다가는 어떻게 될 것이라는 것도 잘 알았다. 그의 남한만이라도 단독정부를 수립해야 한다는 생각은 남북이 분단된 현실을 직시한, 최선은 아닐지라도 현실적으로 불가피한 현명한 판단이었다. 이승만의 판단이 옳았다는 것은 남한이 1948년 8월 15일 대한민국을 건국하자 불과 며칠 뒤인 1948년 9월 9일 북한이 조선민주주의인민공화국을 세운 것을 보면 증명된다. 북한의 김일성과 남한의 좌익은 그렇게도 남한 정부수립을 '민족분열'이라고 비판하며 몰아세웠지만 사실은 그들이 먼저 북한지역에 '북조선인민위원회'라는 국가조직을 세우고 있었다. 결국 남한 정부수립을 '단정(單獨政府)수립'으로 몰아부친 것은 단지 정치적인 공세에 지나지 않았던 것이다. 이승만의 판단이 옳았다는 또 하나의 증거는 좌익들이 '반탁'에서 '찬탁'으로 급선회한 데서도 알 수 있다. 남로당과 좌익들은 처음에는 '반탁'을 외쳤다. 그러다가 소련의 지령과 북한의 사주를 받고 갑자기 '찬탁'으로 돌아섰다. 이것은 공산주의 혁명노선을 따른 것으로써, 정치사회적 혼란을 이용하여 남한과 북한 모두에 공산주의 국가를 세우려는 전략이었다. 그러면 이승만의 통일의지는 어디서 찾아볼 수 있는가? 대한민국 헌법을 살펴보면 대한민국이 자유민주주의 국가로 남한만이 아니라 북한까지도 다 포함하고 있다는 점에서 알 수 있다. 또 6·25 한국전이 났을 때 '북진통일'을 외쳤던 점에서도 알 수 있다. 그리고 그가 황해도 출생이라는 점도 무시할 수 없을 것이다.

북한의 김일성은 어떠했을까? 그의 통일의지는 6·25 한국전을 일으켰다는 데서 분명히 나타난다. 김일성은 해방 이후 단기간에 북한의 권력을 소련의 후견을 입어서 장악할 수 있었다. 당시 남한보다 북한이 공업화되어 있었고 땅도 넓었고 무기체계 군사력 여러 면에서 남한보다 우세한 면이 많았다. 이를 바탕으로 김일성은 남한이 제대로 자리잡기 전에 남한을 무력으로 통일하려 하였다. 여기에는 김일성이 아직 38살이라는 젊은 나이도 한 몫했으리라 생각된다. 북한으로서는 통일할 수 있는 최초 최대의 기회였으며 또한 마지막 기회였다. 남한으로서는 나라가 없어질뻔한 최대의 위기였으며 그 후에는 통일의 기회가 오히려 남한에게 있게 되는 역사의 분수령이었다. 한국 전쟁 이후에 북한은 변함없이 공산화 통일전략을 지속적으로 추진했다. 온 국민을 전력화했고 전 국토를 요새화하려 했고 전 사회를 병영화했다. 그러나 이러한 통일전략은 김일성 일가를 왕조로 만드는 데는 유용했으나 백성의 자유를 앗아갔고 경제는 곤두박질을 쳤으며 백성을 굶주리게 했다. 모든 국력을 무기개발에 집중하게 되니 경제는 파탄나고 국제적으로는 고립과 제재를 면할 수 없게 되었다. 통일은커녕 망하게 된 것이다.

남한은 어떠했는가? 민주주의 국가여서 정부가 여러 번 바뀌었다. 새로 들어선 정부마다 통일을 외쳤다. 그러나 그것은 명분일 뿐이었고, 경제개발에 여념이 없었다. 다행히 경제는 발전했고 따라서 민주주의도 발전했다. 그러나 통일의지는 항상 '명색'에 불과했을 뿐 아니라 북한문제, 통일문제를 남한의 정치적 목적으로 이용하곤 했다. 이명박 대통령을 제외하고는 아마도 예외가 없을 정도였다. '통일정신'이 결여되었던 것이다. 통일이란 것이 기본적으로 남한과 북한의 백성을 위한 것이 되어야 한다. 그런데 통일을 하려고 전쟁까지 벌였던 북한도 이런 정신이 결여되어 있었다. 한국전 이후 남한 정치지도자들의 통일운운도 '통일정신'이 박혀있었다고 하기 힘들다. 지금 남한은 정말 통일을 하려고 하는 것 같다. 그렇다면 정치지도자들부터 '통일정신'을 제대로 가져야 할 것이다.

백성들의 생각

남북의 백성들이 통일에 대하여 가지고 있는 생각은 어떠하였는가? 해방정국 때에 북한에는 기독교가 남한보다 배나 성했다. 기독교인이 대체로 일반 백성보다 지각이 깨어있었다. 해방되자마자 북한에서는 기독교인들에 의한 정당들이 생겨났다. 이들이 생각하는 것은 자유민주주의 국가 건설이었다. 한경직 목사 등이 결성한 〈기독교사회당〉 같이 자유민주주의를 기반으로 하면서도 사회주의적인 성격을 가미한 정당도 있었지만 김일성을 중심한 공산주의자들이 볼 때는 이런 기독교인들의 사회당은 오직 자유민주주의적인 정당으로 밖에 보이지 않았다. 조만식을 필두로 하는 기독교적이며 민족적인 세력이 일정시대부터 형성되어 있었다. 그래서 일제가 105인 사건을 만들어서 서북지역 기독교민족세력을 말살하려 하지 않았던가! 해방 당시에도 그랬다. 소련은 김일성을 내세워 북한을 공산화함에 있어서 처음에는 기독교와 손을 잡았다. 공산주의 혁명이론에 따른 것이었다. 그러나 곧 세력이 커진 공산세력은 기독교를 탄압하기 시작했다. 이것도 공산주의 혁명이론에 따른 것이다. 북한에는 천도교도 남한보다 훨씬 성했다. 그래서 나중에 어용정당인 '청우당'이 만들어졌을 정도이다. 이들도 '인내천人乃天 사상'이니 공산주의와는 맞지 않았을 것이다. 그런데 김일성 일당은 빠르게 기독교와 천도교를 제압했다. 기독교 제정당을 세우려 했던 인사들을 체포하고 구금 처형했다. 이때부터 북한에서 백성들이 생각하는 통일은 더 이상 생각할 수 없게 되었다. 북한에는 생각할 수 있는 자유가 없어졌고, 집회 결사의 자유도 사라졌다. 오로지 김일성을 수령으로 하는 유일사상만이 존재하게 되었으니 백성들의 통일정신이라는 것이 별도로 존재할 토양이 없었다. 김일성이 사망하고 소위 '고난의 행군'이 시작된 1990년대 중반에 이르러서는 북한 백성의 생활이 극도로 어려워지자 북한 백성들은 '탁 전쟁이라도 났으면 좋겠다. 전쟁하다 죽으면 죽고, 살아있으면 남한의 떡을 먹지 않겠는가. 전쟁에 이기면 이긴 대로 남한의 것을 먹고, 지면 남한이 통치할 터이니 설마 굶어 죽기야 하겠는가.' 하는 생각이 팽배했다. 정상적인 통일정신은 아니고 하도 곤궁하니까 자조적인 통일염원이었던 셈이다. 만약 북한 백성에게 '통일정신'이 들어간다면 그때는 통일이 되는 때라고 말할 수 있다. 최근 미국의 오바마 대통령은 '북한은 망할 것이다. 군사력에 의한 방법보다는 정보를 북한에 불어넣는 방식이 더 좋을 것이다. 북한 백성이 자기들이 얼마나 속임 당하고 있고 부당한 지배를 받고 있는지를 알면 굉장한 폭발력이 생길 것이다'라고 하였다. 또 평양과학기술대학에서 영어를 가르치던 재미교포 저널리스트 수키 김 씨가 평양에서 겪은 6개월 간의 체류기를 '평양의 영어선생님'이란 책으로 냈는데, 평양과학기술대학 학생들이 '세계 사람들이 조선말을 하나요?'라고 천진스럽게 질문하는 것을 보고 아연실색하였다고 한다. 북한의 귀족 자녀들인 그들의 생각이 이렇게 폐쇄적일 줄은 몰랐다는 것이다. '만경대 사건'이라는 것이 있다. 평양 김일성대학 학생들의 소지품을 일시 검색했더니 상당량의 남한의 음악 드라마 등을 보는 휴대폰, USB, DVD 등이 나왔다. 그래서 학생 일부를 징계했는데 이들 학생들이 '다른 학생들도 다 보는데 재수없게 우리만 걸린 것이다. 왜 우리만 처벌하냐?'며 반발했고 이들이 북한에서 '성지'로 추앙하는 '만경대'에 침입하여 문짝을 떼내고 그 속에다 북한비방 낙서를 하고 떼낸 문짝을 들고 산속에다 처박아버린 사건이 생겼다. 이런 사건들은 다 북한 백성이 정확한 정보를 얻게 될 때 그들이 어떠한 생각을 갖게 될 것인지, 북한체제를 뒤엎는 큰 폭발력으로 발전할 수 있다는 점을 시사하고 있다. 그래서 북한 백성이 '통일정신'을 갖게 되는 날은 바로 통일의 날이라고 할 수 있다.

남한 백성들의 통일에 대한 생각은 어떠한가? 1950년 9월 28일 수도 서울이 다시 수복되고 이어서 북상한 국군과 유엔군이 드디어 압록강에 도달하여 한 병사가 수통에 압록강 물을 담아서 상관에게 바쳤을 때, 온 군인과 백성들은 통일의 열망으로 뜨겁게 달아 올랐다. 1972년 7월 4일 이후락 남한 중앙정보부장이 평양에 가서 북한 김일성의 친동생 김영주와 만나서 소위 '7.4공동성명'을 발표했을 때 남한의 백성들은 놀라고 또한 통일이 되는 줄로 생각하고 아주 들뜬 적이 있다. 평상시에는 통일에 대하여 갑론을박하던 남한의 백성들이, 정작 위와 같은 사건이 발생하면 너나 할 것 없이 통일에 대한 기대에 휩싸이는 것을 보면 남한 백성들의 통일에 대한 열망은 그들의 입과는 달리 폐부 속 깊이 박혀있고, 혈관 속에서 피와 함께 흐르고 있다고 할 수 있다. 오죽 하면 노래 '우리의 소원은 통일'을 그렇게 오랫동안 목청껏 불렀겠는가! 그런데 이 노래마저도 북한이 역이용하여 '우리민족끼리'라든지, '붉던지 푸르던지 통일만 되면 된다'는 식의 '통일지상주의'로 이용하면서 노래의 의미와 색갈이 많이 퇴색되었다. 2014년 초 박근혜 대통령이 '통일대박'을 말한 이후 한국에서 일반 백성들의 통일에 대한 관심이 많이 높아진 것이 사실이다. 한 조사기관에 따르면 '통일을 원하는가?' 하는 질문에 대한 대답이 이전의 53%에서 78%로 늘어났다고 한다. 그러나 남한 백성들의 통일정신은 아직 매우 부족한 상태라고 생각된다. 통일이 되면 좋겠지만, 꼭 통일이 되어야 한다든지, 통일을 위해서 나름대로 희생할 각오가 되어 있다든지, 하는 정도는 아닌 것 같다.

왜 세계가 한국통일에 관심을 가지고 있고, 또 그 날이 멀지 않다고 보는 이때에 정작 한국 백성이 통일에 대하여 이렇게 미온적이고 막연한가? 거기에는 대략 서너 가지의 이유가 있다고 생각된다. 첫째는 의구심이다. 통일에 대한 기대를 가질 만한 사건들이 지난 70년간 여러 번 있었다. 그러나 번번이 실망으로 끝났다. 그래서 과연 통일이 될 수 있을까? 하는 의구심이 생기는 것이다. 또 북한에 김일성이 죽어도 통일이 안 되고, 김정일이 죽어도 통일이 안 되고, 김정은이가 저렇게 날치고, 그러니 언제 북한이 무너지겠는가? 하는 데서 오는 회의가 있을 수 있다. 또 남한의 상황을 보니 통일하기가 어렵지 않겠느냐는 생각, 남한이 이래가지고는 통일이 돼도 문제가 되겠다는 생각 등이 통일에 대한 의구심을 일으킨다. 둘째는 이기심이다. 지금 남한이 잘 나가고 있는데 왜 구태여 통일해서 부담이 늘어나고 북한이라는 짐을 지고 나갈 필요가 있겠느냐? 는 생각이다. 셋째는 무관심이다. 애당초 통일은 나와 상관없는 일이다. 나 먹고 살기도 바쁘다는 사람이 있다. 또 처음에는 통일에 관심을 가졌다가 잘 안 되고 너무 여러 소리가 나오니까 뭐가 뭔지 모르겠고 해서 차라리 잊고 사는 게 속이 편하겠다는 식의 무관심도 있다. 넷째는 반통일 세력의 영향이다. 반통일 세력에 대하여는 뒤에 언급하겠지만 이들이 끊임없이 옆에서 잡음을 일으키고 머리를 혼돈케 하니 이들의 주장을 들으면 잘못된 줄 알면서도 안 들은 것만 못하고 통일정신이 생기려 하다가도 소위 '김이 새는' 것이다.

사실 남한에서 아직도 좌익, 종북-좌편향 세력은 상당하다. 대한민국의 청와대로부터 국정원 사법부 경찰 교수 교사 시민단체 정당 심지어는 불교 천주교 기독교 안에도 간첩이 있고, 간첩 적극 동조자도 있고, 좌익도 있고, 자생적인 종북주의자도 많다. 나는 지금 이 책을 쓰면서도 이 책이 출판되어 나갔을 때 얼마나 많은 오해와 반발과 증오와 협박과 위협이 있을까 생각해 보게 된다. 1991-92년 간에 미국에서 「북한교회재건」에 관한 글을 써서 미주 한인신문에 여섯 차례 전면 기사화가 된 적이 있다. 그때 벌써 북한에서 사람을 보내어 '목사님, 이런 글 쓰지 마십시오. 이런 글 쓰시면 공화국에 못 오십니다.' 며 협박하던 일이 있었다. 111년 전, 청년 이승만이 한성감옥에서 『독립정신』을 쓸 때가 생각난다. 그는 '독립정신' 때문에 옥에 갇혔고 책을 몰래 써야 했다. 책은 읽히기 위해 썼지만 정작 누가 읽는 것도 큰 일이었다. 주변에 너무나도 반대하는 사람들이 많았기 때문이다. 같은 민족이요 같은 나라백성이요 황실이요 대신들이요 한문깨나 읽는다는 지식인이었지만 나라의 독립보다는 자기 일신상의 부귀영화를 위하여 나라를 팔아먹는 황실이나 대신들이 많았고 당시에 힘이나 좀 있고 말이나 좀 한다는 사람들은 나라보다는 자기 당파와 자기 이익을 도모하는 경향이 대세이었으니 이런 사람들이 이승만의 『독립정신』

을 읽는다는 것은 이승만에게 또 다른 위험이 되는 것이었다. 그래서 『독립정신』은 감옥에서 조금씩 조금씩 밖으로 몰래 반출되어 상당한 세월이 지난 다음에야, 그것도 이 땅이 아니라 미국 땅에서 아주 어렵사리 출간되었던 것이다. 111년 후 오늘에 이르러 '독립정신'이 아닌 『통일정신』을 씀에 있어서 나는 몰래 쓰지 않는다. 출판도 이곳에서 될 것이다. 누구든지 읽을 수 있을 것이다. 상당한 반발이 있을 것이다. 그러나 그 반발을 두려워하지는 않을 것이다. 오히려 그 반발로 인하여 세간의 관심이 일어나서 책을 더 많은 사람들이 읽게 된다면 그 또한 마다하지 않을 것이다. 어차피 통일정신은 퍼져야 하는 것이기 때문이다. 그래서 통일정신을 가진 사람들이 많이 생기고, 가만히 있지 아니하고 목소리를 내며, 여론을 주도하여서, 마침내 국민적 생각이 되어, 동서남북 모두가 함께 '바람직한 통일한국'을 이루고, 함께 기쁨을 누리고, 함께 번영을 누리고, 함께 후대에 전하기를 바라기 때문이다. 어차피 통일은 올 것이다. 오늘 여기에 사는 우리 통일세대들이 '통일정신'을 가지고 함께 '통일한국건설'에 참여하여, 후세에 자식들에게 부끄럽지 않은 통일세대가 되기를 바라는 것뿐이다.

남북통일을 하려면 먼저 '통일정신'이 있어야 한다

남북통일을 하려면 먼저 '통일정신'이 있어야 한다. 또 통일이 된 후에도 통일을 공고히 하고 잘 지켜나가기 위해 통일정신이 필요하다. 무슨 일에든지 정신이 중요하다. 군인에게 군인정신이 있어야 군인이지 군인정신이 없는 사람은 군인이 아닐 것이다. 원래 조물주가 사람을 만들 때 영혼과 육체로 지었다. 영혼이 빠진 육체는 시체일 뿐이지 사람이 아니다. 사람에게 있어 육체보다 중요한 것이 영혼이기에 정신이 중요하다. 호랑이에게 물려가도 정신만 차리면 산다고 하지 않던가! 국가에도 정신이 필요하다. 건국정신이다. 건국정신이 있어야 나라를 세울 수 있고 건국정신을 이어받아야 나라를 이어갈 수 있다. 가정도 사랑이라는 정신이 있어야 세워지고 유지가 된다. 통일도 마찬가지다. '통일정신'이 있어야 남북통일을 할 수 있고, 통일한국을 유지 발전시켜나갈 수 있다. 111년 전 이승만에게는 '독립정신'이 필요했다. 수천 년 역사를 이어온 우리나라가 처음으로 국권을 잃어버릴 위험에 직면하고 있었기 때문이다. 1904년 2월 8일 일본 함대가 여순군항의 러시아 함대를 기습 공격함으로 러·일 전쟁이 발발했다. 같은 날 일본육군 선발대는 인천에 상륙하여 서울을 향하고 있었다. 이런 상황인데도 대한제국 황실은 러시아를 의지하고 아무런 신경도 쓰지 않고 있었다. 또한 정부대신들은 밤낮으로 미·러·일 각 공관으로 드나들며 사리사욕에만 분주하였다. 이때 이승만은 29세로서 한성감옥서(署)에 갇혀있었다. 1899년 1월 박영효 일파의 고종황제 폐위사건에 가담했다는 혐의로 체포되어 '반역죄인'이라는 중죄수가 되어 곤장 일백 대를 맞고 종신형이 선고되었고 목에 칼을 차고 7년째 옥살이를 하고 있었다(음력으로 하면 7년째지만 실제는 5년 7개월의 옥중생활 함). 당시 이상재, 유성준 선생 등과 함께 감옥생활을 하면서 나라의 형편을 한탄하다가 러·일 전쟁이 끝나면 우리나라의 독립이 없어질 것이니 나중에라도 대한의 독립을 되찾으려면 책을 써서 수만 권을 출판하여 모든 백성들에게 독립을 회복할 방법을 알려주는 길 밖에 없다고 생각하여 황급한 마음으로 『독립정신』을 1904년 2월 19일부터 쓰기 시작하여 6월 29일에 마쳤다. 단 4개월 10일만에 한성감옥서의 그 천만고초 중 끌어 맺힌 의담충혈을 이『독립정신』한 권에 토하여 내었다(김충남, 김효선,『풀어 쓴 독립정신』, 31쪽, 37쪽). 이때 이승만은 대한제국의 형편을 이렇게 썼다. '우리나라에서 중간층 이상의 사람이나 한문을 안다는 사람들은 대부분 썩고 잘못된 관습에 물들어 기대할 것이 없고, 그들의 주변사람들도 비슷하다. 대한제국의 장래가 백성들에게 달려 있다. 진심으로 바라는 바는 우리나라의 무식하고 천하며 어리고 약한 형제자매들이 스스로 각성하여 올바로 행하며, 다른 사람들을 인도하여 날로 국민정신이 바뀌고 풍속이 고쳐져서 아래로부터 변하여 썩은 데서 싹이 나며 죽은 데서 살아나기를 원하고 또 원하는 바이다(같은 책 26, 27쪽)'. 그래서 독립정신을 많은 백성이 읽을 수 있도록 한글로만 쓰고 지명과 인명을 많이 쓰지 않고 일상 쓰는 쉬운 용어로 설명한다고 했다.

지금 우리 한국은 어떤 상황인가? 분명 111년 전 이승만이『독립정신』을 써야만 했던 상황과는 다르다. 무역도 세계 7위, 경제력 세계 10위, 스포츠 세계 10위, 문화적으로 한류가 세계를 풍미하고 있다. 그러나 북한이라는 큰 문제가 도사리고 있다. 자그마한 한반도가 분단되어 있다. 이 사실은 남한이 아무리 잘한다 해도 세계에서 머리를 높일 수 없는 큰 약점이 되고 있다. 분단도 단순한 분단이 아니라 북한이라는 집단은 국가라고 하기에는 너무나 결격사유가 많은, 세계의 골치거리가 되어, 민족의 수치거리가 아닌가. 이런 분단은 남한에 보통 짐이 아니다. 특히 정치적으로 남한에 큰 영향을 끼치고 있지 않은가. 핵폭탄 개발과 미사일 개발로 늘 남한을 군사적으로 위협하고, 약 8만으로 추산되는 고정간첩을 남한에 심어놓고 종북세력을 만들어서 대한민국을 뒤흔들려 하고 있다. 정치계가 제구실을 못하고 민주정치의 룰을 떠나 극한대립을 일삼는 까닭이 무엇인가? 낡아빠져 국제사회에서 폐기 퇴출된 공산주의-주체사상 이념 때문이 아닌가. 이런 이념문제가 왜 아직까지 남한을 괴롭히는가? 북한의 존재 때문이고 분단 때문 아닌가. 그래서 통일은 필요하다. 과거의 공산사회주의 국가들, 중국, 소비에트연방이던 국가들, 베트남, 라오스, 캄보디아, 그리고 이제는 미얀마 쿠바까지도 개혁 개방으로 문호를 개방하고 정상국가로 세계에 합류하는 판인데 유독 북한만 개혁 개방을 거부하며 세계에서 고립되어 있다. 그렇기 때문에 통일이 되어야 한다. 분단상황이 남한에 악영향을 주는 것은 정치뿐이 아니다. 사회, 교육, 경제 각 분야에서 끊임없이 갈등을 유발하고 이념대립, 극한대립을 조성하여 국정에 발목을 잡고 있지 않는가? 이들의 영향을 받는 강성노조 때문에 기업들이 투자를 꺼려하고 공장을 해외로 옮기므로 청년실업이 급증하고 있다. 통일이 되어야 할 또 다른 이유는 북한 동포들의 고통이다. 민족적 윤리문제가 있는 것이다. 북한인의 고통이 심하므로 통일이 되어야 한다. 남한이 자유를 누리고 번영을 구가하지만 북한이 저렇게 되어 있는 것을 그냥 내버려두고 모른 척 할 수는 없다. 그렇지 않아도 세계 선진국들마다 자기들은 북한에 관심을 가지고 어떻게든 해보려고 하는데 정작 동족인 남한과 한국인은 관심이 없는 것이 아니냐고 야단이지 않는가. 그래서 통일은 꼭 되어야 한다. 따라서 '통일정신'이 필요하다.

'통일정신'은 무엇인가?

첫째, 분단의 해악(害惡)을 바로 아는 것이다. 남북분단 상태가 왜 나쁜지를 분명히 아는 것이다. 통일정신은 분단의 폐해를 절실히 느끼는 데서부터 시작된다. 그런데 분단이 하루 이틀도 아니고 무려 70년이 경과하자 무감각해지는 사람도 있는 것 같다. '밤낮 통일 통일하는데 된 게 뭐가 있나? 그냥 이대로 살면 되는 것이다'라고 생각하는 사람이 있다. 그러나 이런 사람은 '비커 안에 개구리'를 기억해야 할 것이다. 개구리를 뜨거운 물이 담긴 비커에 넣으면 펄쩍 튀어나온다. 그러나 찬물이 담긴 비커에 넣고 조금씩 온도를 높이면 개구리는 가만히 있는다. 죽을 때까지 가만히 있는다. 자기가 당하고 있는 위험을 감지하지 못하는 것이다. 이것은 '개구리 정신'이다. 개구리가 그렇게 될 수밖에 없는 것은 개구리 정신을 가졌기 때문이다. 우리는 개구리 정신을 가지고 있을 수 없다. '통일정신'을 가져야 한다. 그것은 분단의 위험과 고통을 제대로 아는 것으로부터 시작된다. 분단이 어떤 고통을 우리에게 주고 있는가? 일천만 이산가족의 아픔을 가져왔다. 한국방송공사(KBS)가 했던 '이산가족 찾기'를 잊었는가? '흥남철수'를 아는가? 영화 '국제시장'은 이런 이산가족의 아픔을 잘 표현했다. 한국 전쟁의 고통은 또 어떠하였는가? 500만의 인명이 피를 흘리지 않았던가? 남과 북이 다 초토화되지 않았던가? 얼마나 많은 고아가 생겼던가? 이것도 다 분단의 고통이다. 그 후 수십 년 동안 오늘날까지 남과 북 간에는 크고 작은 분쟁이 끊임없이 일어나고 있고 그때마다 긴장하지 않을 수 없다. 이로 인한 군비경쟁과 군사비지출은 또 얼마나 국민경제에 큰 부담을 가져다 주고 있는가. 또 전 세계에 남과 북으로 갈라져서 유엔도 가야 하고, 올림픽도 따로 출전하고, 이러면서 분단된 민족이요 국가임을 세계에 내보이는 것도 얼마나 이미지에 손상을 주는가. 이러한 모든 것의 정신적 심리적 경제적 정치적 문화적 교육적 손실은 그 값어치를 따질 수 없을 만큼 크고 심대하다. 도대체 대한민국에서 분단의 영향을 받지 아니하는 분야가 있는가? 개인이 있는가? 어느 분야 어느 개인, 어린아이 하나까지라도 다 분단의 영향을 직접 간접으로 깊이 받고 있지 않는가? 그래서 우리에게 '통일정신'이 필요하다.

둘째, '통일정신'은 반드시 통일해야겠다는 정신이다. 분단의 고통을 절실하게 느낄 때 통일해야겠다는 마음이 생긴다. 이것이 '통일정신'이다. 분단도 괜찮다고 한다면 누가 통일을 하려고 할 것인가. 분단의 고통이 절실할 때 통일을 간절히 바라게 되고 여기서 '통일정신'이 생긴다. 이 통일정신을 우리국민 모두가 가져야 한다. 그런데 실상은 어떠할까? 모든 사람이 통일을 원하고 있을까? 서울대학교 통일평화연구소가 5년마다 한 번씩 '한국인의 통일의식'을 조사해서 발표하고 있다. 이 조사를 보면 한국인의 53%가 통일을 원하지 않는 것으로 나와있다. 중고등학생은 70%나 된다. 최근 1, 2년 사이는 대통령이 '통일은 대박'이라는 말과 더불어 '통일은 해야 한다'는 생각이 조금씩 늘어나고 있다. 한국인의 통일정신 희박성은 여러 면에서 찾아볼 수 있다. 한국에 들어와 있는 탈북자에 대한 무관심이다. 탈북자를 이상하게 보고, 흥미거리로 보고, 친구가 될 생각은 없고, 이방인처럼 대하는 것은 바로 통일정신이 박약하기 때문이다. 탈북자는 동족이요 헌법적으로 남한인과 동일한 시민이요 남한에 오려고 죽을 고비를 여러 번 넘기고 온 사람들인데도 기껏해야 동정이나 하는 정도이니 이 동정

또한 탈북자들에게는 마음에 상처가 된다는 것을 알 리가 없다.

또 남한에서 좌파가 활개치고, 종북세력이 건재하며, 정치인 공무원 군인 판검사 종교인 시민단체 노동단체 교수 학생 등 거의 모든 분야에 고정간첩과 그들의 적극동조자, 추종자들이 존재한다는 사실도 한국인이 아직 '통일정신'이 매우 부족하다는 것을 반증하는 것이다. '통일정신'을 가지면 눈을 부릅뜨고 사면 주위를 다시 보게 된다. 혹시 통일을 방해하는 세력은 없는가? 친구들은 어떤 생각을 가지고 있으며 직장동료는, 주변사람들은 어떤 생각을 가지고 있는가? 통일에 초점을 맞추어서 사물을 바라보고 생각하게 되는 것이다. 건성으로 듣던 방송도 통일에 방해가 되고 있지는 않는지 유심이 듣게 되고, 신문도 가려서 보게 된다. 통일을 기준으로 비판적인 시각이 생기는 것이다. 무엇이 통일에 도움이 되고 무엇이 통일에 방해가 되는 것인지를 터득해 가게 된다. 이런 통일에 대한 각성이 모아지면 체계화되고 하나의 주관이 서게 된다. 그리고 다른 사람들에게 알리고 설득하고 영향을 주게 된다. 이른바 '여론주도층'이 되는 것이다.

셋째, '통일정신'은 통일을 구체적으로 생각하고 지금부터 할 수 있는 일을 하는 것이다. '통일정신'을 가진 사람은 '어떤 모습의 통일한국을 만들어야 하는가?' 하는 문제를 가지고 고민하게 된다. 이 고민의 결과 '바른 통일한국의 상'을 가지게 될 것이다. 무엇이 바른 통일한국의 상인지에 대하여는 뒤에 논의하게 될 것이다. 바른 통일한국의 상을 가지게 되면 이 생각을 나만 가지고 있으면 안 된다. 다른 사람도 가지도록 할 수 있는 노력을 다해야 한다. 그래서 한국인 모두가 다 똑 같은 생각을 하게 하지는 못할지라도 나와 같은 생각을 하는 사람이 다수가 되도록 해야만 한다. 한국은 민주주의 국가이므로 민주주의 원칙에 따라서 다수의 의견을 따라 결정이 된다. 따라서 우리가 생각하는 통일한국의 상도 다수가 지지하는 것이 되지 않는다면 실현가능성이 없어진다. 그래서 우리는 바른 통일한국의 상을 한 사람이라도 더 가지도록 기회 있을 때마다, 아니면 기회를 만들도록 애쓰는 것이 지금부터 우리가 통일을 위하여 해야 할 일이다. 만약 저마다 생각하는 통일한국의 상이 다르면 통일이 되지 않는다. 해방정국에 남한이 대단히 혼란스러웠던 것처럼 그것은 통일은커녕 '혼란' 그 이상도 이하도 아니다. 반드시 통일한국의 상을 한데로 모아야 한다. 이것은 쉬운 일이 아니다. 그러나 반드시 해야 하는 과제이다. 해방정국의 혼란을 딛고 대한민국을 세운 경험이 있으니 이번에도 잘 될 것이다. 이처럼 '어떤 통일한국을 세울 것인가?'하는 것이 '통일정신'의 중요한 축(軸)이다.

바라는 통일한국의 상이 분명해지고 간절히 바라게 되면 그 다음 어떻게 세울 수 있나? 하는 방법, 즉 길이 보이게 된다. 이 방법론이 '통일정신'의 중요한 부분이다. 뜻이 있으면 길이 있다는 말이 있듯이 통일정신이 있으면 길도 발견하게 될 것이다. 이 길에 대해서도 뒤에 논의할 것이다. 이런 모든 것, 즉 분단의 고통을 알고, 통일을 간절히 원하면, 어떤 통일한국을 세울 것인지, 어떻게 하면 되겠는지 고민하며 통일을 위해 노력해야 할 것이다. 이런 통일에 꼭 필요한 것들을 합하면 '통일정신'이 되는 것이다. 남북통일을 하려면 먼저 '통일정신'이 필요하다. 그런데 통일정신은 나만 소유하면 통일이 되지 않는다. 온 백성들이 알게 해야 한다. 그래서 함께 힘을 보태고 같이 수고하고 같이 혜택을 나누어야 한다. 그래서 『통일정신』을 책으로 쓰는 것이다. 온 백성들에게 알게 해야 한다. 남북통일을 하려면 정신부터 통일해야 한다.

제2장
통일비용 문제

대한민국 사람으로서 통일을 꺼려하는 제일의 이유는 아마도 통일비용 문제일 것이다. '통일이 되면 못사는 북한 사람과 함께 살아야 되니까 싫다'라는 어린아이 같은 이기심도 있고, '통일이 되면 북한을 개발하기 위하여 많은 비용이 들 터이고 그러려면 자연히 우리가 세금을 많이 내야 할 것이니까 싫다'는 어른들도 상당히 많다. 여기에 더하여 좀 더 깊이 들여다보면 이념적인 문제가 내재되어 있다. 흡수통일을 반대하고 '무조건 퍼주기'를 주장하는 사람들이 제일먼저 들고나온 문제가 통일비용 문제였다. 이념적으로 대북편향적인 이론을 제시하는 이념그룹이 있고 이들이 통일비용 문제를 제기하자 시민단체들이 나서서 분위기를 잡기 시작하였고 이어서 학자들이 여론에 편승하여 그럴싸한 이론들을 펴놓기 시작하였으며 여기에 정치권과 정책입안자들까지도 합세하였다. 이런 현상이 1980년대 후반부터 2000년대 초반까지 한국사회에 풍미하였다. 지금도 시민단체나 학계 쪽으로 가면 좌편향적인 관점에서 아직도 통일비용 문제 카드에 대한 미련을 버리지 못하는 사람들이 있다.

통일에는 비용이 든다. 그러나 결론적으로 말하면 분단비용이 통일비용보다 훨씬 크다는 것이다. 무엇보다 통일비용의 대부분은 투자에 속한다는 것이다. 설혹 통일비용이 든다 하더라도 통일을 주저해서는 안 된다. 이것은 민족 양심상에서도 그렇고, 신앙 양심 상에서도 그렇다. 내가 조금 아껴 쓰고, 내가 조금 희생하는 한이 있더라도 저토록 고통하고 있는 북한 동포들이 그 무서운 인권유린에서 해방이 되고 굶주림과 미발육, 질병에서 벗어나게 된다면 전혀 마다할 일이 아니다. 독일의 경우 전혀 통일준비를 하지 못한 상태에서 통일을 맞았는데 많은 비용이 들었다. 그러나 지금 독일이 어떠한가? 8천만 인구에 유럽경제를 이끌면서 강국이 되었고 동독지역도 서독지역의 70-80% 정도까지 성장하고 있지 않은가. 이것이 독일통일 25년만에 이룬 성과인데, 이를 보면서도 여전히 부정적으로 한국은 독일처럼 되지 못할 것이라는 이론을 펴는 사람들이 있다. 한국의 금융위원회는 최근에 통일이 되면 북한개발을 위하여 증세 없이도 가능하다는 보고서를 낸 바 있다. 그리고 이것은 이론상이 아니라 100% 실현 가능한 것이라는 주장도 덧붙였다. 한국은 지금 통일을 준비하고 있다. 독일보다 더 잘할 것이라 기대한다. 왜냐하면 한국은 이미 백 년 전의 한국이 아니며 모든 방면에서 초일류를 향하고 있기 때문이다.

통일비용이 얼마나 들 것인가? 하는 것은 연구하는 연구자나 기관에 따라 편차가 매우 크다. 대체로 통일이 늦을수록 비용이 많이 들것으로 예상한다. 삼성경제연구소는(2000년 발표) 2015에 통일이 된다면 546조원(최저생계비, 산업화 지원)로 봤고, 현대경제연구원은(2010년 발표) 2010년에 통일이 된다면 북한 1인당 3000달러 만드는데 10년간 1570억달러가 필요하고, 7000달러 만들려면 15년간 4710억달러 필요하고, 1만달러 만들려면 18년간 7065억달러가 소요될 것으로 봤다. 통일부는(2011년 발표) 2010년에 통일이 된다면 2020년까지 379조2000억에서 1261조1000억원이 소요될 것으로 봤다. 남북협력기금은 1990년 남북 간의 상호교류와 협력을 지원하는 명목으로 기금 설치법령에 따라 조성된 공적 기금이다. 이명박 정부가 들어선 2008년부터 박근혜 정부 1년차인 2013년까지 누적된 남북협력기금 불용액은 5조7940억원 정도이다. 2014년 8월 박근혜 대통령 독일 공식방문에서 '드레스덴 선언'이 나왔는데 이때 전문가들이 제시하는 3000조원 '북한 산업화' 로드맵이 제시되기도 했다. 2015년 현재 국제금융계에서는 남북한 경제통합이 새로운 성장동력이 되는 데 중요한 기반이 될 것이라는 인식이 이미 널리 퍼져있다(조선일보, 권구훈 골드만삭스 수석 이코노미스트).

독일통일이 한국통일에 정치 외교 군사적인 측면에서는 많은 도움이 되겠지만 경제적인 측면에서는 본받을 것이 거의 없다. 독일은 동서독 화폐를 통일했고 동서의 소득격차를 줄이는데 너무 서둘러서 증세와 국채발행, 소득보조금을 동독에 지불하는 방식을 취했다. 이는 한국의 경우에는 현실성이 없고 바람직하지도 않다. 왜냐하면 남북의 소득격차는 너무나 커서 동서독의 소득격차보다 무려 7배나 높고, 인구 비율을 보면 북한의 인구는 독일과 달리 남한인구의 거의 절반에 이르기 때문에 독일방식 경제조치는 독일보다 훨씬 더 큰 비용을 치러야 하기 때문이다. 단일통화를 도입하게 되면 북한지역에 대규모 실업을 초래하여 재정부담을 가중시킬 뿐 아니라 심각한 치안문제를 야기해서 통합자체를 위협할 수도 있다. 단일통화는 유로(EURO)권의 최근 사례에서 보듯이 경제통합에 따르는 많은 경제적 정치적 압력이 한국은행과 한국 정부에 집중되게 되고 통화량 급증, 물가와 환율의 폭등 등 불안정을 초래할 위험이 커진다. 한국 정부가 통일준비를 함에 있어서 경제적인 면에서는 동서독 통합모델을 금과옥조로 삼던 도그마에서 벗어난 것과, 급진적 통일이냐 점진적 통일이냐는 이분법적 사고에서 벗어난 것은 참 다행한 일이다. 러시아 중국 베트남 등 사회주의 국가에서 체제전환 한 국가들의 시사점을 참고하고, 한반도 경제통합 시 정부와 금융당국이 북한경제의 발전과 이행 과정에서 무엇을 해야 하는지에 대한 구체적이고 실질적인 고민을 시작하고 있다.

대한민국 정부의 통일금융 최초 청사진이 금융위원회 주도로 2014년 12월 19일 발표되었는데, 경제통합 기간에 효율적 자원배분의 기본인 시장금융제도를 도입하고 도로 철도 전력의 필수 인프라를 구축하며 사유재산권과 계약보호 등 법적 기반의 확립을 꾀하고 있다. 북한의 제조업 경쟁력을 보호하고 민간투자 활성화로 점진적으로 생활수준을 향상시키고자 이에 소요되는 개발재원을 5000억달러(550조원)로 추정하여 구체적인 조달방안을 설계하였다. 시장경제로 개혁을 한 구 공산주의 국가들의 생활수준이 생산성 향상과 통화절상 등으로 15년 사이에 평균 10배 정도 향상된 사례로 보아 북한의 1인당 소득도 15년 정도 기간에 1만달러 정도까지 오르는 것은 불가능하지 않을 것으로 보았다. 5000억달러 재원조달 문제에 있어서는 한국 수출입은행 등 정책금융기관이 북한에 자회사(은행)를 세운 뒤 채권을 발행하는 방법으로 2500억내지 3000억달러를 마련하고, 수익성 높은 자원개발 프로젝트 등에는 국내외에서 1072억내지 1865억달러의 민간자본을 끌어들일 수 있다는 계산이다. 여기에 통일 이후 북한경제가 나아지면 20년간 추가로 북한에서 걷히는 세금 가운데 1000

억달러를 재투입할 수 있고, 국제금융기구의 저개발지역 지원자금도 170억달러 가량 확보할 수 있을 것으로 보고 있다. 이런 구상이 절대 비현실적인 게 아니라는 확신을 가지고 있다. 60년대 남한의 경제개발 과정을 보면 당시 아무런 조세기반 없이도 경제개발에 성공했고 이렇게까지 성장했으므로 증세 없이도 금융을 활용한 자원개발을 통해 북한을 지금의 남한처럼 발전시킬 가능성은 반드시 있다는 주장이다.

더구나 짐 로저스 같은 투자자는 북한을 매력적인 투자처로 인식하고 있는데 이런 사람들을 끌어들일 수 있는 금융기법 개발도 필요할 것이고, 국가채무비율이 GDP의 30-35% 수준을 넘지 않도록 꾸준히 관리하는 것이 통일 이후 재정부담을 이겨내는데 필요할 것이다. 북한 경제재건에 금융대출이 필요할 것인데, 통일 5년까지 18조원, 10년까지 35조원, 15년까지 68조원, 20년까지 200조원이 될 것이라 예측된다. 또한 북한에서 활동하는 기업들이 돈을 제대로 갚지 못하는 대출부실이 발생할 수 있는데, 이를 감당하려면 은행들이 자기자본을 충분히 쌓아놓아야 한다는 것이다. 통일대박은 가능하지만 통일금융에 대한 국민적 공감대 형성이 중요하다. 정치적 합의가 벽에 부딪힐 수도 있고 지나친 복지주장으로 한국경제가 도저히 감당할 수 없는 정책이 튀어나올지도 모른다. 독일통일이 비용에 대한 공포를 한국인에게 가져다 주었다. 그러나 북한에는 값싼 토지와 풍부한 자원과 노동력이 있다. '북한재개발'이라는 투자개념으로 접근하면 통일비용보다 통일이익이 훨씬 크다.

통일이 되면 난민이 쏟아지지 않을까? 하는 염려도 있다. 뒤에서도 설명하겠지만 통일한국 상황에서는 독일처럼 자유이동이 허락되면 안 된다. "남북통행에 관한 임시조치법"이 바로 공포되어야 하고 이에 따라 당분간은 허락을 받은 자만 통행하도록 해야 한다. 또한 모든 북한주민은 별도의 명령이 있을 때까지 현재의 위치를 지키며 질서를 유지할 것을 공포하게 될 것이다. 긴급 구호와 배급도 실시될 것이다. 그리고 북한주민도 사유재산을 가질 수 있으며 북한에 머물러도 잘 살 수 있다는 희망을 주는 조치도 취해질 것이다. 또 통일을 한다고 하면 북한이 도발하지 않을까? 염려하는 사람도 있다. 북한은 햇볕정책을 펼 때도 도발했다. 북한의 도발은 전두환 정부 16건, 노태우 정부 12건, 김영삼 정부 25건, 김대중 정부 23건, 노무현 정부 17건이었다. 통일 없이 잘 살면 되지 않겠느냐?는 생각도 있다. 한 나라, 한 민족이 두 동강난 채로 지낸다는 것이 얼마나 부자연스럽고 무거운 짐이 되고 있는가. 세계에 얼굴을 들 수 없는 일이다. 통일 없이 잘 살면 된다는 생각은 민족 양심에도 어긋나고 신앙 양심에는 더더욱 어긋난다. 통일을 피하면 북한에 대한 중국의 영향력이 증대하여 국경이 사실상 휴전선으로 줄어들고 국가축소가 일어나고 북한이 계속 도발지수를 높이면 한국의 경제가 어려워지고 선진화가 어렵게 된다는 견해도 있다(박세일 한국선진화재단이사장). 중국 군함이 나선시에서 출발하여 상하이로 이동하는 길이 열린다면 한반도는 중국 안방이 되고 만다는 견해도 있다(김진현 세계평화포럼이사장).

남북 이질화 문제

　대한민국에서 통일을 주저하는 두 번째 이유는 남북 이질화 문제일 것이다. 분단 70년이 이토록 남북 간에 이질화를 가져오리라고는 미처 생각하지 못하였다. 그만큼 북한이 백성들을 세상 그 어디에도 유례없이 강하게 억압하므로 너무도 큰 이질화를 초래하였다. 생각할수록 통곡을 금할 수 없다. 이 이질화는 도대체 어디까지이며 그 깊이가 어느 정도일까? 한국교회는 2006년 [북한교회세우기연합]을 세우고서 2007년에 '한국교회 탈북민 품기' 운동을 벌이면서 한국교회 탈북민 사역에 대한 '성명서'를 발표한 바 있다. 거기에는 15개 조항이 들어가 있는데 이는 그간 15년 이상의 한국교회 탈북민 사역을 평가하고 아울러 앞으로 나아갈 방향을 제시한 아주 귀중한 문건이다. 이에 앞서 수많은 탈북민과 탈북민 단체를 접촉하고 고민하였는데 여기서 남북 이질화의 문제가 매우 심각함을 깨달았다.

　우선 탈북민의 키는 한국인보다 약 15센티미터 작다. 이는 나이 어린 청소년 쪽으로 가면 심각한 문제를 야기할 수 있다. 천신만고 끝에 한국에 와서 학교를 간다 할 때, 학력이 차이가 난다. 북한에서 굶주림

때문에 학교가 정상운영 되지 못했고 그 결과 정상적으로 공부하지 못했다. 탈북하여 제3국에서 여러 해 동안 지내면서 공부하지 못했다. 그러다가 한국에서 학교에 입학하려고 하면 연령보다 훨씬 학년을 낮추어야 한다. 이러한 점부터 이질적인데 그리고도 공부를 잘 못 따라가니 더 이질화된다. 거기다 체격은 몇 살 어린 동급생보다도 작으니 이것도 문제다. 한국학교에 적응못하는 탈북 청소년을 위하여 대안학교가 생겼다. 현재 약 3만 명 정도의 한국 내 탈북민 중에서 청소년은 2000명 정도이다. 이들 중 상당수가 대안학교로 가서 이들에게 맞는 '맞춤형 교육'을 받는다. 대안학교가 대부분 학령인정을 받지 못하고 있으므로 검정고시를 치르게 된다. 검정고시를 쳐서 대학에 들어간 대학생이 현재 약 600명 정도 있다. 문제는 대안학교가 대부분 영세한 규모여서 정부의 지원대상에 들지 못하고 있다는 점이다. 정부가 지원 대상 기준을 하향조정하든지 대안학교 대부분이 기독교계통이니 교회나 독지가가 나서서 돕든지 해서 좀 더 제대로 된 대안학교 교육이 되어야겠다. 탈북 청소년은 앞으로 통일한국에서 남북통합의 귀중한 인적 자원이 아닌가!

    탈북대학생의 이질화 문제는 어떨까? 정부는 탈북민에게 특례입학을 허용하고 있다. 장학금을 지급하고 있다. 매우 잘하는 일이다. 이들이 장차 북한에서 지도자로 쓰일 것을 생각하면 투자가 조금도 아깝지 않다. 문제는 입학을 하고서도 공부를 잘 따라가지 못한다는데 있다. 영어 국어가 딸린다. 컴퓨터도 딸리고 교수의 강의도 이해하기 어렵다. 그래서 귀중한 기회가 주어졌음에도 불구하고 중도에 학업을 포기하는 경우가 적지 않다. 대학수학능력시험을 치열한 경쟁을 통해서 뚫고 들어가는 한국학생과 탈북민끼리 경쟁해서 들어가는 탈북학생의 수학능력이 차이가 날 것은 당연하다. 따라서 정부가 하든지 교회가 하든지 탈북대학생들의 수학능력을 키워주기 위한 대책, 즉 영어 국어 컴퓨터 등 학원에 등록하게 하고 등록하여 공부할 경우 학원비를 학원에 지원해주고 학원은 수학상태를 지원하는 기관에 보고하는 방법이 필요하다. 다행이 대학에서 이질화를 극복하고 박사가 된 사람도 생기고 있고 의사 경찰 공무원 교사도 생겨나니 희망이 있다.

사회에서의 이질화 문제는 어떨까? 현재 한국에 온 탈북민의 약 70%는 함경도 양강도 출신이며, 약 70%는 여성이며, 약 70%는 북한에서도 중하 정도의 소시민 출신이다. 이들의 한국사회에 대한 기대치는 매우 높다. '한국에는 자유가 있으니까 우리도 금방 한국 사람처럼 될 것이다'라는 기대가 있다. 그러나 이 기대는 처음부터 처참하게 무너지게 되어 있다. 한국사회는 탈북민에게는 너무나 고도로 발달된 사회이기 때문이다. 경제적으로 남한이 북한을 추월하게 된 것은 1972년을 기점을 삼는다. 그 후 40년을 남한 사람은 죽을 힘을 다하여 경제발전에 매달려왔다. 그래서 겨우 현재의 한국이 되었는데 탈북민에게는 그런 경험이 없다. 오히려 북한에서 정반대로 한결같이 달려갔던 것이다. 경제적 이질감보다 더 심한 것은 체제, 즉 자유-경쟁-책임이라는 개념이 형성되지 못한 점이다.

북한에서는 양심의 자유, 생각의 자유, 말하는 자유, 직업의 자유, 보고 싶은 책을 보거나 하고 싶은 공부를 하는 자유 등 자유세계가 당연히 누리는 자유가 없다. 오로지 김일성 3부자만 찬양하는 자유만 있었다. 그러니 남한에서의 자유가 이해조차 어렵고 받아들이려면 많은 시간이 필요하다. 북한에서는 경쟁이 없다. 계획경제에 의하여 모든 것이 당에서 하라는 대로 하면 되니까 유일하게 경쟁이 있다면 당에 잘 보이는 경쟁뿐이다. 그것도 출신성분과 토대라는 것이 세분화되어 있어서 경쟁은 더욱 제한된다. 탈북민도 남한에서 경쟁을 하려고 한다. 그러나 욕심만 앞섰지 '경쟁의 룰'을 잘 모른다. 남한에서는 어떻게 경쟁해야 하는지를 잘 모른다. 또 한국인들이 탈북민들을 차별한다고 느끼고 자신들의 토대가 한국인에 비해서 한국사회에서 약하다고 느낀다. 그러니 남한에도 북한처럼 출신성분과 토대가 있다고, 경쟁에서 불공평하다고 실망하여 불평하고 분노하게 된다. 아마도 이것이 탈북민이 느끼는 가장 큰 이질감이 아닐까 싶다. 이 이질화는 극복이 매우 어렵다. 아마도 한 세대라는 기간이 필요할지 모른다.

이상의 남북 이질화 문제는 단지 탈북민과 남한사회만의 문제가 아니다. 통일한국에서 남북의 이질화 문제는 더 심할 것이다. 독일은 동서간에 전쟁을 하지 않았다. 그럼에도 통일 25년이 지난 오늘날에도 동서간에 심적 이질감이 남아 있다고 한다. 한국은 남북 간에 전쟁을 한 형편이다. 휴전 62년이 지났지만 앞으로 어떤 식으로 이 문제가 분출되어 나올지 예측하기 어렵다. 그러나 희망은 있다. 첫째는 시간이고 둘째는 신앙이다. 탈북민이나 북한인들이 남한인과 이질감을 해소하는 데에는 한 세대라는 시간이 들지 않을까 하는 슬픈 예측을 하게 된다. 두 가지 예를 들 수 있다. 한국 사람이 미국으로 이민을 가려는 경향이 있었다. 더 나은 생활을 꿈꾸면서, 또 자식을 잘 키워보겠다는 명분을 앞세워서 갔다. 그러나 미국에 도착하는 순간부터 꿈은 깨지기 시작했다. 우선 말이 통하지 않았다. 한국에서의 신분과 지위가 없어졌다. 일을 하려 해도 블루컬러(한국에서는 3D업종) 밖에 없었다. 더구나 자식들과 대화가 점점 없어지더니 아예 다른 사람처럼 되고 세대갈등이 무서울 정도였다. 탈북민이 지금 남한사회에서 똑같은 경험을 하고 있다. 이런 일이 얼마나 계속될까? 이민 1세대는 15년이 지나야 겨우 허리를 폈고 한 세대를 지나서야 자식들이 겨우 미국 주류사회에 진출하기 시작했다. 그러나 거기에도 인종차별이 기다리고 있었다. 미국에서 흑인과 백인의 이질화를 극복하는 일은 쉽지 않다. 200년이 지나 흑인대통령이 나왔음에도 아직도 진행형이지 않은가. 그러나 남한과 북한의 이질화는 미국의 흑백 이질감보다 가벼울 것이다. 이질화는 70년 진행되었지만 동질화는 30년 한 세대이면 족할 것이다. 어떤 사람은 통일이 오히려 상호 이질감 때문에 갈등만 불러일으키지 않을까 염려한다. 그러나 분단이 길어지면 동질성 약화로 독일-오스트리아처럼 한민족이지만 두 국가가 될 수 있다. 통일이 빠를수록 이질화에 따른 비용을 줄일 수 있다(김석우 전 통일부차관).

또 한 가지 예는 성경에서 찾아 볼 수 있다. 이스라엘이 이집트에서 430년 살았다. 대략 200만이라는 큰 민족을 형성하기는 했지만 매우 이집트화 되었다. 하나님은 모세를 보내어 놀라운 능력으로 그들을 이끌어내고 가나안이라는 소망을 제시하셨다. 아침마다 '만나'를 먹이시고 저녁에는 메추라기를 주셨고 물이 필요할 때는 바위에서도 물을 공급하셨다. 그럼에도 불구하고 이스라엘의 탈 이집트화는 더디기만 했다. 결국 한 세대가 갔다. 그래서 새로운 세대를 이끌고 가나안에 들어갈 수 있었다. 이 두 가지 예는 나를 매우 슬프게 한다. 현재 북한인-탈북민 세대는 얼마나 큰 고통을 많이 당했는가? 그런 고통을 당하고도 당대에서는 좋은 날을 보기 힘들다는 생각을 하면 지금 세대가 너무나 불쌍하지 않은가. 이를 생각하면 잠이 안 온다. 이들을 위하여 울 일이 많을 것 같다.

그런데 한 가지 소망이 있다. 이질화를 극복하고 동질화를 이루는 기간을 단축할 방법이 있다. 그것은 바로 복음이다. 예수 그리스도다. 예수 그리스도는 화목하게 한다. 전쟁의 깊은 골도 메울 수 있다. 안타까운 것은 이런 예를 지금까지 잘 찾아볼 수 없다는 것이다. 그러나 한국인은 할 수 있다고 본다. 한강의 기적도 이룬 사람들 아닌가. 북한도 방향이 틀려서 그렇지 나쁜 방향이지만 대단한 성과를 낸 사람들 아닌가. 이런 남한과 북한이 방향을 한 곳으로 모으면 기적이 일어날 것이다. 이질화를 극복하고 동질화를 이루는 기간이 한 세대 30년이 아니라 그 절반으로 단축할 수 있을 것이다. 사람으로는 할 수 없어도 하나님으로는 능히 하실 수 있다. 이래서 통일에 있어서 복음이 중요하다. 그래서 '북한교회 재건'을 해야 한다. 그냥 통일이 아니라 '북한의 복음화-복지화'를 해야 한다. 그래서 우리는 "복음으로 통일하자"라는 구호를 일찍이 만들었고 한 십 년이 지나자 전국교회가 이 구호를 외치게 되었다. 우리는 남북이질화 문제를 두려워하면 안 된다. 넘어야 한다. 넘을 수 있다.

제4장
통일의 정당성

　한 나라를 이루는 가장 객관적인 기준은 세 가지, 곧 민족 언어 땅일 것이다. 민족이 같고 언어가 같고 땅이 같으면 한 나라를 이루고 사는 것이 당연하고 자연스럽다. 한반도는 정확히 이 세 가지 조건에 일치한다. 그러니 한반도는 통일되어야 마땅하다. 먼저 민족을 살펴보자. 최근에 한국 고대사에서 맥족 부여족 등 여러 족속이 한데 모였다는 학설이 있으나 누가 뭐라 해도 남북이 민족적으로 한 민족임을 부인할 사람은 아무도 없을 것이다. 그 다음 언어를 살펴보자. 분단 70년이 언어의 상당한 이질화를 가져온 것은 사실이다. 남한은 영어를 비롯한 외래어에서 온 단어들이 많이 생겼고 북한은 반대로 한문이나 외래어를 의도적으로 배제하기 위하여 '한글전용'을 하다 보니 전에 없던 새로운 용어들이 만들어졌다. 분단 이후에 생긴 용어들을 통일시키는 '표준화 작업'이 필요할 것이다. 그렇다고 해서 남북이 다른 언어를 쓰고 있다고 말할 수는 없다. 분단 이전에도 지방에 따라 방언이 있었다. 분단 이후에는 좀 더 큰 지방단위인 남한과 북한에 따라 방언이 좀 생긴 것뿐이다. 앞으로 국어학자들이 한반도 각지방 방언을 표준화하는 숙제가 있겠으나 남북의 언어가 하나인 것은 분명하다. 땅도 그렇다. 한반도는 동 서 남 삼면이 바다인 반도다. 그리고 북면은 압록강 두만강으로 만주 땅과 구분이 된다. 이런 지형을 볼 때 한반도 땅이 하나라는 것을 누구나 알 수 있다.

위와 같은 자연적인 기준뿐만 아니라 인위적이고 문화적인 면에서도 남북은 통일되어야 한다. 역사적인 면에서 볼 때 남북은 한 나라를 이루어 산 것이 조선조 518년, 고려 474년, 삼국시대와 통일신라시대 천 년, 이 천 년이나 된다. 그 이전에도 우리 선조들이 이 땅에 자리 잡고 산 지가 얼마인가. 반만년 역사라 하지 않는가. 오래 전부터 백의민족이라, 가무를 즐기는 민족이라, 동방예의지국이라 하여 한 문화를 이루고 살아오지 않았는가. 이렇게 한 역사를 소유하고 한 문화를 향유하는 남북이기에 더 이상 남북이 따로 되어서는 안 되고 통일이 되어야 한다.

정치군사적인 면에서 살펴보자. 누가 한반도를 남북으로 분단시켰는가? 2차 세계대전 막바지에 전후 처리를 하기 위하여, 일본군의 무장해제를 위하여, 정치적 군사적인 목적으로 아주 인위적으로 북위 38도선을 경계로 금을 그은 것이 아닌가. 우리로서는 전혀 계획도 없었고 생각도 못한 일이다. 전혀 원하지 않는 일이었다. 다만 일본식민지화가 기본 원인을 제공했고, 2차 세계대전에 본의 아니게 휩싸이게 되었고, 승전 연합국 측의 전후 처리 협상에 의하여 미국과 소련 양국의 정치가와 군인들에 의하여 편의상, 이해관계상 선이 그어진 것뿐이다. 그러나 그 결과는 우리에게 엄청난 것을 가져다 주었다. 70년분단과 한국 전쟁과 끊임없는 대결과 분쟁이라는 큰 질곡을 가져다 주었다. 천만 이산가족의 애환은 또 어찌 다 말할 수 있으랴. 역사에는 만약

이 없지만 만약 미소가 38선을 긋기로 합의하지 않았으면 어찌되었을까? 당시 소련은 일본 무조건 항복 일주일 전에 선전포고를 하였다. 미국은 대일본 전선에서 엄청난 희생을 치르면서 일본 본토를 폭격하고 있었다. 한반도는 일본식민지였다. 일본을 장악하는 미국이 그 식민지인 한반도를 장악하는 것과 소련이 한반도를 장악하는 것과 어느 것이 더 쉬울까? 당연히 미국이 일본 본토와 아울러 식민지 한반도를 장악하는 것이 쉬울 것이다. 태평양 전쟁 종료라는 마지막 판에서 미국이 수를 조금 잘못 둔 것은 아닐까? 일본의 관동군이 만주에 백만 명이 있었다 하고, 미국이 소련에게 대일본전에 참전을 요구했다고 하지만, 소련군은 만주에 진입하여 관동군을 무장해제시키는 것으로 명분이 서지 않았을까? 그리고 만주에 진입한 소련으로서는 중국대륙을 공산화시키는 것만하여도 엄청난 전리품을 얻은 것이 아닐까? 그때는 이미 관동군과 소련군 사이에 새로운 전선이 형성될 가능성은 없지 않았는가? 소련은 가만 있어도 일본은 미국의 공격에 의하여 항복하게 되었지 않았는가? 이미 전세는 미국 쪽으로 기울어 있었고 소련은 대일선전포고 전에 일본이 항복할 것을 알았을 것이다. 불과 일주일 전 일이 아닌가. 미군이 히로시마에 원자폭탄을 투하한 것은 1945년 8월 6일이었고, 소련이 일본에 선전포고한 것은 8월 8일이었다. 그리고 일본이 항복한 것은 8월 15일이었다. 미국이 오랜 전쟁에 피곤하기도 했겠지만 아무리 빨리 끝내고 싶었다 할지라도 마지막 판세에서 수를 잘못 읽고 한반도 38도선 이북을 소련에 내준 것이 아닌가? 약소민족으로서 어쩔 수 없었다 하더라도, 정말 역사는 한 순간이라더니 아쉬운 마음 가눌 길이 없다. 나중에 한국 전쟁에 미국이 개입하여 수많은 인명피해와 전비손실을 경험할 때 아마도 이때 일을 생각하고 후회했을지도 모른다. 미국이 중국의 공산화는 못 막았을지라도 한국전쟁은 면할 수 있었을 것이다. 문제는 미국의 루즈벨트 대통령이 공산주의를 잘 알지 못하였고, 스탈린을 잘 알지 못한데 있었다. 미국은 1917년 공산혁명이 일어나자 외교관계를 단절하였는데 루즈벨트는 1933년 외교관계를 다시 맺었다. 루즈벨트의 생각에는 스탈린이 공산주의 팽창정책을 펼치지 않을만큼 합리주의자라고 인식한 것이다. 무엇보다 소련이 나치와 타협하거나 항복하는 것을 막아야 한다고 생각했기 때문이었다(최재건, 『대한민국 건국과 기독교』, 121쪽). 그러나 이미 스탈린은 공산주의 팽창정책을 가지고 있었고 대일본전에도 참전 의사를 밝혔음에도 1945년 얄타회담에서 루즈벨트는 소련의 참전을 요청하였고, 참전의 대가로 소련에게 사할린과 치시마 열도를 비롯해 많은 것을 주기로 약속하였다. 그러나 맥아더를 비롯한 군부 일부와 국무성의 관련 참모들은 이미 전쟁 전에 소련이 폴란드 등 동구권에서 보여준 팽창정책을 간파하고 있었기에 소련의 참전을 반대하였다.

그러나 루즈벨트가 이렇게 한 데에는 그의 국제주의 외교정책 때문이었다. 국제주의 외교정책이란 자본주의와 사회주의를 모두 포용하는 것이었다. 루즈벨트가 전쟁 말기에 생각하기를 전후 국제정치는 미국과 소련이 주도할 것으로 예견하고, 세계질서에 공동지배를 지향한 것이었다. 또한 미국이 일본의 관동군을 비롯한 전반적인 전력을 과대평가하여 소련이 참전해야 할 것으로 본 것도 원인이었다. 루즈벨트는 큰 문제들을 미소 중심으로 논의하고 해결해야 한다고 여겼기 때문에 소련의 문제점에 개의치 않고 소련에 협력적, 이상주의적 국제주의 외교정책을 밀고 나갔다. 루즈벨트의 주된 관심사는 일본의 제국주의, 독일의 나치즘, 이탈리아의 파시즘 같은 전체주의가 전후에 다시 세력을 펼치지 못하게 하는데 있었다. 그러나 소련 참전에 지나친 대가를 약속하여 많은 의혹도 낳았다. 실제로는 소련이 관동군과 교전한 것은 8월 8일에 선전포고를 하고 8월 15일 일본이 무조건 항복하였으니 며칠이 되지 않는다. 소련군은 8월 8일 두만강 바로 건너편에 있었고, 8월 9일 나가사키 원폭투하가 있자, 다음날인 8월 10일에 두만강을 건너 북한으로 들어왔다. 그리고 8월 15일 항복 후 8월 21에는 함흥에, 8월 24일에는 평양에 들어왔다. 이때 미국은 당황하게 된다. 파죽지세로 남쪽으로 진격하는 소련군이 한국 전체를 점령할 것처럼 보여 미국은 전쟁성 차관보 매클로이는 딘 러스크 대령과 본스틸 대령에게 미군 점령선을 검토하도록 했다. 이들은 소련군이 이미 북위 40도선상에 진군한 점을 의식하여 서울, 인천, 개성을 포함하는 38도선을 경계로 분할점령 안을 세웠다. 그래서 이 안건은 8월 11-12일에 열린 국무성 육군성 해군성 합동 조정위원회에서 통과되고 13일에 합동참모본부 재가와 대통령의 재가를 얻어 같은 날 맥아더 사령부와 소련 영국 중국 정부에도 전달되었다. 스탈린도 극동전에 늦게 참전했기 때문에 16일 수락했다. 이때까지만 해도 이것이 한반도의 분단이 될 줄은 몰랐다. 1943년 12월 1일 카이로회담처럼 '적당한 과정과 절차를 거쳐 조선을 독립국 단일정부로 만들기로' 한 그대로였다. 그러나 이것이 결과적으로 우리에게 천추의 한이 되는 분단을 가져온 것이다. 한국분단이나 한국 전쟁은 다 소련과 북한 중국 등 공산주의의 팽창정책에 기인한 것이지만 한편 미국이 소련의 팽창정책을 제대로 파악하지 못하고 적절하게 대응하지 못한 것에도 기인한다 할 것이다.

그러나 공산주의의 팽창정책을 일찍이 알아차린 사람이 있다. 그가 바로 이승만이다. 이승만은 미국에서 8.15해방 소식을 접했을 때

첫마디가 '소련이 어떻게 나올 지가 걱정이다. 미국이 일을 지혜롭게 처리하지 못하면 한반도에서 민족주의자와 공산주의자 간에 피를 흘리게 될지도 모른다'(우남 이승만 문서. 전봉관,『새로 쓰는 대한민국 70년』)였다. 이승만은 벌써 한국 전쟁을 예상하고 있었던 것 같다. 미국은 소련에 대처하는데 있어서 한 발짝씩 늦은 경우가 많았다. 소련군이 북한에 진주한 것은 8월 10일이었고 이는 미군이 인천에 상륙한 9월 7일보다 약 한달 빨랐다. 공산주의 팽창정책을 경계하게 되는 것도 1947년 3월 12일 '투르먼 독트린'에서였으니 한참 늦은 것이다. 소련군은 북한에 진주하면서 이미 공산화 계획을 다 세우고 1946년 2월에 "북조선인민위원회"라는 정부를 세운데 비하여, 미군은 남한에 진주하면서 남한을 아는 사람이 한 사람도 없었다. 순진하게도 미소가 공동으로 한반도 단독정부를 세울 수 있으리라 생각했다. 그래서 이승만도 거부하고 상해임시정부도 거부하고 어떤 한국인도 거부하면서 한국인의 정부를 세우는데 3년간의 미군정을 실시하였다. 이승만과 맥아더가 일찍이 파악한 공산주의 팽창정책을 미국 정부와 미군정은 모르고 있다가 1947년 3월에 와서야 알아차리게 되니 그간에 혼란이 어떠했겠는가. 그럼에도 불구하고 자유민주주의 국가 대한민국이 서고, 한국 전쟁도 극복해 낸 가장 큰 공로는 건국대통령 이승만에게 있고, 일본과 조선의 점령군 사령관 맥아더에게 있다. 두 사람은 공히 공산주의의 위험을 알았고, 공산주의를 막으려면 기독교 밖에 없다는 확신도 같았다. 맥아더는 9.28 수복 기념식에 참석하여 모인 사람들에게 먼저 '다 일어나서 주기도문을 하자'고 했을 정도로 기독교로 공산주의를 막아야 한다는 신념을 가졌다. 이때 이승만은 감격하여 눈물을 흘렸다. 광복 3주년인 1948년 8월 15일 오전 11시 20분, 대한민국 정부수립을 국내외에 선포하는 '대한민국 정부수립 국민 축하식'이 구 중앙청에서 열렸는데 이때 일본점령군사령관이자 주한미군을 관할하는 미국 극동사령부 사령관이기도 한 맥아더 장군이 축사를 했는데 이렇게 했다. '정의의 군대가 용진하는 이 시각에, 그 승리는 현대사의 커다란 비극 가운데 하나인 인위적 장벽과 분단으로 무색해졌다. 이 장벽은 반드시 무너져야 하며, 무너질 것이다. 자유국가의 자유로운 한국인들의 궁극적인 통일을 그 무엇도 방해하지 못할 것이다.'(전봉관,『새로 쓰는 대한민국 70년』). 이날 이승만 대통령은 '우리가 목적지에 도달하기에는 앞길이 아직도 험하고 어렵습니다. 오늘을 기뻐하지만 말고 내일을 위해서 노력해야 할 것입니다. 이것은 우리의 평화와 안전뿐만 아니라 전인류의 안전과 평화를 위한 것입니다'. 이날 부통령 이시영은 '우리에게는 남북통일의 역사적 대과업이 남아 있고, 국제 우방들의 정식 승인을 얻어야 하는 정치적 대사명이 남아 있는 만큼 앞으로 민족적 단결을 더욱 공고히 하고, 삼천만 일심으로 중대국면을 돌파해야 합니다' 했다. 이날 김구는 '3년이 지난 오늘에 이르러 과거사를 회상한다면 우리에게는 비분과 실망이 있을 뿐이다. 그러나 우리는 실망과 한탄을 버리고 새로운 결심과 용기를 가지고 깃발과 북을 재정비하여 강력한 통일운동을 추진해야 하겠다' 했다. 과거사는 이제 어찌할 수 없거니와 앞으로 우리가 할 일은 이 잘못 그어진 금을 없애도록 하는 것이다.

성경적 이유

　창세기 10장 5절 "이들로부터 여러 나라 백성으로 나뉘어서 각기 언어와 종족과 나라대로 바닷가의 땅에 머물렀더라"고 한다. 노아 홍수심판 이후에 셈 함 야벳 세 아들로부터 사람들이 온 땅에 퍼진다. 그 때 야벳의 자손들이 여러 나라 백성으로 나뉘어서 살게 되었는데 나라가 각기 언어와 종족과 나라(땅) 대로였다고 한다. 함의 자손도 20절에 '각기 족속과 언어와 지방과 나라대로였더라'고 동일한 말씀을 한다. 셈의 자손도 32절에 '그 족속과 언어와 지방과 나라대로였더라'고 한다. 이는 앞서 언급한 통일의 정당성 중에서 자연적 조건을 뒷받침하는 성경구절이기도 하다. 성경은 '나라'에 대하여 별로 언급이 없다. 따라서 이 창세기의 말씀이 나라의 중요한 근거가 된다.

　이사야 40장 1절-2절 "1 너희의 하나님이 이르시되 너희는 위로하라 내 백성을 위로하라. 2 너희는 예루살렘의 마음에 닿도록 말하며 그것에게 외치라 그 노역의 때가 끝났고 그 죄악이 사함을 받았느니라 그의 모든 죄로 말미암아 여호와의 손에서 벌을 배나 받았느니라 할지니라."고 한다. 통일이 되어야 할 것은 하나님의 공의 때문이기도 하다. '여호와의 손에서 벌을 배나 받았다'는 말씀은 통일과 관계해서 두 가지 의미를 갖는다고 생각된다. 북한이 남한보다 고통을 배나 당했으니까 하나님의 위로도 배나 받게 될 것이라는 말씀으로 받을 수 있다. 또 하나는 북한의 고통이 유달랐던 것은 남한의 고통까지 겸하여 받았다는 뜻으로 새길 수 있다. 한날에 해방된 북한과 남한인데 왜 지금 이처럼 차이가 나는가? 체제의 차이라고 말할 수 있다. 그러나 신령하게 새기면 같이 신사참배를 한 남과 북인데 남은 벌을 덜 받고 북은 그대신 배나 벌을 받았다고 할 수 있다. 그러므로 통일이 되어야 한다. 그래서 북한이 벌을 배나 받은 것처럼 위로도 배나 받아야 한다. '그 노역의 때가 끝났다'고 했다. 통일의 날이, 북한이 배나 위로를 받을 날이 다 되지 않았는가. 통일이 되면 북한이 남한 못지않게 잘 살게 될 것이라는 말을 '너희는 예루살렘의 마음에 닿도록 말하며 그것에게 외치라' 한다. 과거에 '동방의 예루살렘'이라고 일컫던 평양과 북한인들과 탈북자들에게 '마음에 닿도록 말하는' 책임이 우리에게 하나님께로부터 주어졌다.

이사야 51장 12절-14절에는 이렇게 말한다. "12 이르시되 너희를 위로하는 자는 나 곧 나이니라 너는 어떠한 자이기에 죽을 사람을 두려워하며 풀같이 될 사람의 아들을 두려워하느냐. 13 하늘을 펴고 땅의 기초를 정하고 너를 지은 자 여호와를 어찌하여 잊어버렸느냐 너를 멸하려고 준비하는 저 학대자의 분노를 어찌하여 항상 종일 두려워하느냐 학대자의 분노가 어디 있느냐. 14 결박된 포로가 속히 놓일 것이니 죽지도 아니할 것이요 구덩이로 내려가지도 아니할 것이며 그의 양식이 부족하지도 아니하리라." 북한의 집권층이 바로 '학대자'이다. 고통 당하는 북한인과 남한인을 '위로하는 자'는 오직 하나님이시다. 김정은 집단을 '두려워하지 말아야' 한다. 지금 북한인을 사로잡고 있는 것은 두려움이다. 북한인은 지금 두려움에 결박된 포로다. 김정은 직계가족만 빼놓고는 모든 북한인이 '항상 종일 학대자의 분노를 두려워하고' 있다. 이 하나님의 말씀이 저들에게 필요하다. 저들이 두려움을 털고 일어나는 날이 통일의 날이 될 것이다. '학대자의 분노를 두려워하지 말라' 하신 하나님의 말씀은 남한 사람에게도 필요하다. 왜냐하면 많은 남한 사람이 북한의 위협에 두려움을 느끼곤 하기 때문이다. 결코 두려워하면 안 된다. 왜냐하면 '결박된 포로는 속히 놓일 것'이기 때문이다. 양식에 대해서도 하나님은 북한에 식량이 부족한 것을 잘 아신다. 남한 사람이 통일되면 세금을 더 내야 되지 않을까 걱정하는 것도 아신다. 그렇기 때문에 하나님은 '양식이 부족하지도 아니하리라' 하신다.

예레미야 29장 10절에서도 이렇게 말한다. "여호와께서 이와 같이 말씀하시니라 바벨론에서 칠십 년이 차면 내가 너희를 돌보고 나의 선한 말을 너희에게 성취하여 너희를 이곳으로 돌아오게 하리라." 이 말씀은 한국 기독교인들이 분단 70년이 되면 혹시 하나님께서 분단을 끊고 잃어버린 반쪽 북한을 회복시키시지 않겠는가 희망하며 간절히 애송하던 구절이다. 1945년 8월 15일 분단되었으니까 2015년 8월 15일이 70년 되는 때이다. 이때가 너무 이르다고 생각하는 사람도 있고, 아직 준비가 안 되었는데 어찌 하나님께서 주시겠나 하는 사람도 있다. 그러나 하나님이 원하시면 언제든지 통일을 주실 수 있다. '하나님의 때'에 통일을 주실 것이다. 그때는 우리의 때와 다르다.

에스겔 37장 1절-10절에서는 이렇게 말한다. "여호와께서 권능으로 내게 임하시고 그 신으로 나를 데리고 가서 골짜기 가운데 두셨는데 거기 뼈가 가득하더라. 나를 그 뼈 사방으로 지나게 하시기로 본즉 그 골짜기 지면에 뼈가 심히 많고 아주 말랐더라. 그가 내게 이르시되 인자야 이 뼈들이 능히 살겠느냐 하시기로 내가 대답하되 주 여호와여 주께서 아시나이다. 또 내게 이르시되 너는 이 모든 뼈에게 대언하여 이르기를 너희 마른 뼈들아 여호와의 말씀을 들을찌어다. 주 여호와께서 이 뼈들에게 말씀하시기를 내가 생기로 너희에게 들어가게 하리니 너희가 살리라. 너희 위에 힘줄을 두고 살을 입히고 가죽으로 덮고 너희 속에 생기를 두리니 너희가 살리라 또 나를 여호와인줄 알리라 하셨다 하라. 이에 내가 명을 좇아 대언하니 대언할 때에 소리가 나고 움직이더니 이 뼈, 저 뼈가 들어 맞아서 뼈들이 서로 연락하더라. 내가 또 보니 그 뼈에 힘줄이 생기고 살이 오르며 그 위에 가죽이 덮이나 그 속에 생기는 없더라. 또 내게 이르시되 인자야 너는 생기를 향하여 대언하라 생기에게 대언하여 이르기를 주 여호와의 말씀에 생기야 사방에서부터 와서 이 사망을 당한 자에게 불어서 살게 하라 하셨다 하라. 이에 내가 그 명대로 대언하였더니 생기가 그들에게 들어가매 그들이 곧 살아 일어나서 서는데 극히 큰 군대더라." 우리가 북한을 볼 때 보는 눈이 한 가지가 아니다. 여러 가지로 본다. 재미교포 신은미 씨는 북한을 몇 번 다녀와서는 북한을 두둔하고 찬양하는 여행기를 썼을 뿐 아니라 한국에 와서 황선이라는 종북주의자와 함께 '전국 순회 토크 콘서트'까지 열었다가 봉변을 당하기도 했다. 결국 북한찬양, 고무 혐의로 당국으로부터 기소유예처분을 받은 뒤 강제 출국됐다. 신은미 씨가 미국에서 남편과 함께 한 행동 때문에 북한에서 이용가치가 있다고 판단하고 초청해서 좋은 대접을 하고 북한이 보여주고 싶은 것만 보여준 결과 북한이 기대한 것에 사뭇 만족할 만한 결과를 신은

미 씨가 북한에 안겨주지 않았나 생각된다. 반면에 북한에 가서 같은 곳을 보고도 정반대로 인식할 수 있다. 북한이 보여준 어린이 탁아소를 방문한 신은미 씨는 '아이들이 평화롭게 노는 모습을 보았다'고 했지만 다른 사람은 '어린아이에게까지 사상교육을 시키는 소름끼치는 모습을 보았다'고 증언한다. 루이제 린제는 북한을 찬양했지만 북한에서 살던 사람은 북한을 지옥이라 한다. 하나님은 북한을 어떻게 보실까? 에스겔 37장을 읽으면서 북한을 보시는 하나님의 시선을 느끼게 된다. 우리도 그냥 사람의 눈으로만 북한을 보지 말고 영적인 신령한 눈으로 북한을 볼 수 없을까? '여호와께서 권능으로 내게 임재하시고 그의 영으로 나를 데리고 가서'라고 했는데, 우리에게도 하나님께서 역사하시면 우리가 성령으로 하나님의 임재를 느끼면서 신령한 눈으로 북한을 볼 수 있을 것이다. 그것은 '마른 뼈가 가득한 골짜기'다. 북한에는 신앙적으로, 경제적으로, 정서적으로, 정신적으로, 건강적으로, '아주 마른' 사람들이 '심히 많고 가득'하다. 하나님은 에스겔에게 하나님의 말씀을 대언하라 하셨다. 에스겔에게 하신 말씀을 우리에게 적용하면 우리가 북한 사람에게 하나님의 말씀을 전달해야 한다는 뜻이 된다. '내가 생기를 너희에게 들어가게 하리니 너희가 살아나리라.' 생기는 경제적지원만이 아니다. 정신적 지원이 더 큰 것일 것이고 가장 큰 것은 영적인 것, 즉 복음이다, 성령이다. 머지않아 북한에 복음이 들어가고 성령이 휩쓰는 날이 올 것이다. 그때 북한은 살아날 것인데 '극히 큰 군대'로 일어날 것이다.

 에스겔 37장 15절-22절에서는 이렇게 말한다. "여호와의 말씀이 또 내게 임하여 이르시되 인자야 너는 막대기 하나를 가져다가 그 위에 유다와 그 짝 이스라엘 자손이라 쓰고 또 다른 막대기 하나를 가지고 그 위에 에브라임의 막대기 곧 요셉과 그 짝 이스라엘 온 족속이라 쓰고 그 막대기들을 서로 합하여 하나가 되게 하라 네 손에서 둘이 하나가 되리라(중략) 주 여호와께서 이같이 말씀하시기를 내가 이스라엘 자손을 잡혀간 여러 나라에서 인도하며 그 사방에서 모아서 그 고국 땅으로 돌아가게 하고 그 땅 이스라엘 모든 산에서 그들이 한 나라를 이루어서 한 임금이 모두 다스리게 하리니 그들이 다시는 두 민족이 되지 아니하며 두 나라로 나누이지 아니할지라." 여기서 하나님은 남쪽 유다와 북쪽 에브라임이 한 나라가 될 것을 말씀하신다. 이스라엘 역사로 보면 이런 일은 1948년 이스라엘 건국으로 실현되었다. 우리가 이 말씀을 계속 읽는 까닭은 무엇인가? 이 말씀의 뜻이 단지 민족국가 이스라엘의 건국만 의미하는 것이 아니기 때문이다. 이것은 하나님의 그 택하신 백성에게 하신 언약의 성취이고, 신약시대 유대인과 이방인의 구원이다. 아울러 이 말씀을 읽는 오늘날의 한국인에게는 어떤 의미가 되는가? 당연히 남한과 북한의 하나됨으로 들린다. 무리가 아니다. 남한과 북한은 반드시 '둘이 하나가 될' 것이다. '한 임금이 모두 다스리는' 나라가 될 것이고 '다시는 두 민족이 되지 아니하며 두 나라로 나누이지 아니할' 것이다.

요한복음 7장 6절 "내 때는 아직 이르지 아니하였거니와 너희 때는 항상 준비되어 있느니라." '내 때'는 예수님이 죽으실 때이고, '너희 때'는 예수님을 믿을 때이다. 예수님이 다시 오실 때는 정해져 있고 우리가 알 바 아니지만 우리의 때는 언제 주님이 오시든지 '주여 어서 오시옵소서' 하면서 '슬기로운 다섯 처녀'처럼 맞이할 준비를 항상 하고 있어야 한다. 마찬가지로 통일도 하나님의 때에 이루어 질 것이다. 그때가 언제인지 우리가 알지 못하지만, 우리는 언제 하나님이 통일을 주시든지 '주여 주십시오 감사합니다' 환영하며 받아야 한다. 준비가 안 되었다고 당황하거나 불평하지 않도록 항상 준비해야 한다.

　에베소서 1장 10절에서는 이렇게 말한다. "하늘에 있는 것이나 땅에 있는 것이 다 그리스도 안에서 통일되게 하려 하심이라." 하나님은 그리스도 안에서 하늘에 있는 것이나 땅에 있는 것이 다 통일되게 하려 하신다. 하물며 한반도 통일쯤이랴! 이는 하나님께 지극히 작은 일일 뿐이다. 그렇다면 이는 또한 그리스도 안에서 우리의 사명이 된다.

통일반대세력

　한반도가 통일되는 것이 위와 같은 정당성이 있음에도 불구하고 통일을 반대하는 세력이 있다. 그 첫째는 북한의 김정은 일당이다. 북한의 인민대중은 통일을 원한다. 지금처럼 살기보다는 통일이 되기를 원한다. 북한 식으로 통일이 된다면 남한의 부를 얻어먹을 수 있으니 좋고, 남한 식으로 통일이 된다면 남한의 부를 얻어먹을 수 있을 터이니 좋다고 생각한다. 이래도 죽고 저래도 죽을 바에는 통일이 어떤 것인지 한 번 보고라도 죽으면 좋겠다고 생각한다. 그러나 김정은 일당은 다르다. 통일이 되면 그날은 자기들이 죽는 날이라고 생각한다. 남한 사람이 죽이기 전에 북한 사람이 자기들을 죽일 거라고 생각한다. 이들은 소리높이 통일을 외친다. 그러나 속으로는 통일을 진정으로 두려워하고 극력 반대한다. 겉과 속이 완전히 다른 것이다. 이들은 북한 인구 2천 2백만 중에서 1백만도 안 된다. 그들이 분류하는 '핵심계층'은 얼마 안 되는 수이다. 이들은 지금 온갖 특혜를 다 입고 있다. 그대신 인민대중은 죽을 맛이다. 이들은 얼굴에 기름기가 돌고 살도 찌고 옷도 번드레하다. 남한의 물품과 외국의 사치품을 쓴다. 그러나 이들도 불안하기는 마찬가지다. 그래서 외국인을 만났을 경우 공식적으로는 판에 박은 말을 하지만, 사석에 있을 때는 자신들의 고민을 얘기하는데 '이제 세상이 바뀌면 자기들은 어쩔 수 없더라도 자식들은 살아야겠는데 선생 그때 잘 부탁합니다'라고 한다. 앞으로 북한이 얼마 못 간다는 것을 알고 있다. 그래서 그때 자기는 어떻게 되며 자식들은 어떻게 될까? 걱정하고 있는 것이다. 그러나 어떻든 김정은 일당은 통일을 반대하는 세력이다. 여기서 중요한 것은 김정은 일당과 북한 백성을 분명히 구별해야 한다는 것이다.

둘째는 남한의 종북세력이다. 대한민국의 정통성을 부정하고 북한 정권에 정통성을 둔다. 자유민주주의를 우습게 알고 반대하면서도 자기들의 목적에는 이용하려고 한다. 대한민국을 뒤집어 엎고 북한 식으로 통일하려고 한다. 대한민국 헌법을 부정하고 북한 전체주의를 옹호하며 대한민국을 타도의 대상으로 삼는다. 북한을 찬양하고 북한의 지령을 따른다. 이들은 통일되면 설 자리를 잃게 된다. 그래서 통일을 극력 반대한다. 입으로는 통일을 논하고, 한국 정부를 반통일세력이라고 몰아치기도 하지만, 정작 이들이야말로 통일반대세력이다. 만약 북한 식으로 통일된다면 이들은 득세할까? 천만의 말씀이다. 이들은 북한에 의해서도 숙청의 대상이 된다. 그것이 공산주의 이론이다. 그래서 베트남이 공산화 되었을 때 반정부 데모하던 신부 승려 학생 지식인 공무원 정치인 모두 다 숙청을 면할 수 없었다. 남한의 종북세력은 현재 남한에 얼마나 될까? 남한에는 지금 5만의 고정간첩이 있다고 본다. 고첩(고정간첩) 한 명당 평균 20명의 적극 가담자(협조자)가 있다. 이들이 각 처에 포진해서 동조자를 얻는데 평균 다섯 명만 얻어도 500만이 된다. 이명박 대통령이 재임시절 우리나라의 종북세력은 '뿌리가 깊다', '대못이 깊이 박혔다'는 말을 한 적이 있다. 독일이 통일되었을 때 브란트 수상의 제일의 참모도 동독 간첩이었음이 드러났다. 이처럼 종북세력은 한국 속에 깊이 뿌리를 내리고 있다. 이들이 선거철에 불평불만을 일으키면, 악화가 양화를 구축한다는 말처럼, 쉽게 불평불만에 낄 사람이 많아지게 된다. 옛날에 이스라엘이 출애굽할 때 이스라엘 속에 끼어든 허다한 '잡족들'이 있었다. 이들은 동일한 소망을 갖지 않은 자들이었기에 조금만 불편하면 불평을 늘어놓곤 하였다. 그러니까 이스라엘도 덩달아 불만 불평하다가 40년을 지내면서 다 죽임을 당하고 가나안에 들어가지 못했다. 종북세력은 통일의 암초요 대한민국의 암이다(김영한, 『개혁주의 평화통일신학』, 472면).

좌파들은 어떤가? 종북세력을 제외한 좌파를 생각해보자. 순수공산주의자와 일반적 사회주의자로 구분할 수 있다. 소위 운동권 중에 PD(Peoples Democracy)파와 NL(National Liberation)파가 있었는데 NL파는 '주체사상파'이고 PD파는 골수 순수공산주의자이다. 이들이 합작하여 민주노동당(민노당)을 만들었는데 세력다툼에서 주체사상파가 승리하자 순수공산주의파가 이탈하여 '정의당'을 만들었고, 주체사상파는 '통합진보당(통진당)'으로 남았다가 2014년 12월 헌법재판소의 의하여 정당해산심판을 받았다. '정의당'은 '종북노선'을 포기해야 한다고 주장했다. 이들의 주장을 그대로 믿는다고 하면 이들은 종북세력은 아닐지라도 이들은 골수공산주의자이므로 대한민국 헌법과 자유민주주의 통일을 반대한다. 이들은 통일의 반대세력이다. 이와는 달리 사회주의자들이 있다. 독일의 사회당은 노선을 바꾸었다. 독일의 자유민주주의 체제 헌법을 준수하기로 한 것이다. 헌법의 테두리 안에서 사회주의를 추구하고 국민의 신뢰를 얻자 정권을 획득하기도 하였다. 일본의 사회당은 노선을 바꾸지 않고 북한에 우호적으로 나가다가 백성의 지지를 얻지 못하고 몰락하였다. 한국의 사회주의자들은 워낙 주체사상파가 거세고 골수공산주의자가 제도권 속으로 진입한 상황(정의당)이기 때문에 이들의 그늘에 가려서 잘 보이지 않고 있다. 그러나 사회 곳곳에 들어가 있어서 여러 가지 모양으로 사회주의적인 발언을 쏟아내고 있기 때문에 백성들에게 잘 구분이 안 가고 있다. 이들은 정부정책에 있어서 주로 성장보다는 분배 쪽으로 강조하면서 여론을 모아가고 있다. 사회주의자들이 대한민국 헌법을 존중하고 그 테두리 안에서 분배를 강조한다고 하면 구태여 통일의 반대세력이라 하지 않아도 될 것이다. 이들은 통일한국에서도 존재할 것이고 통일상황이 사회주의자들에게는 활동할 수 있는 좋은 기회도 될 것이기 때문에 이들이 통일반대 세력이 되지는 않을 것으로 보인다.

제**2**부

언제 통일이 될 것인가

제1장
아무도 모른다

조금 통일에 관심이 있는 분들이 제일 먼저 하는 질문은 바로 '통일이 언제 될 것인가?'이다. 김일성은 1950년이 통일할 때라고 생각했다. 남북이 각각의 나라를 세운지 2년 밖에 안 되었고 남한은 군대도 제대로 갖추지 못한 상태에서 정신적으로도 단합이 되지 못하였고 정치적으로도 불안했다. 오히려 북한을 지지하는 세력이 많이 있다고 판단했다. 북한은 이미 정권이 안정되었고 소련의 도움으로 군대를 제대로 갖출 수 있었다. 남한이 더 안정되고 자리잡기 전이야말로 통일할 기회라고 생각했을 것이다. 그래서 남침을 감행했고 남침 3일만에 서울을 함락하고 파죽지세로 남쪽으로 내려갈 때 통일이 임박했다고 생각했을 것이다. 그러나 김일성이 생각한 통일의 때는 맞지 않았다. 1950년 9월 28일 서울이 수복되고 한국군과 유엔군은 38선을 돌파하여 계속 북상하였고 평양을 점령하고 드디어 압록강에 다다랐을 때 이번에는 남한이 통일의 때라고 생각했을 수도 있다. 그러나 그때도 통일의 때는 아니었다. 중공군이 개입하였고 다시 전선은 남하하였다. 1972년 7월 4일 남한의 이후락 정보부장이 평양에 가서 북한의 김영주와 '7.4공동성명'을 발표했을 때 남한 사람들은 통일이 되는 것이 아닌가? 생각했다. 그러나 통일의 때는 아니었다. 더 분단이 공고해졌다. 북한은 자기들 헌법개정을 해서 더 체제를 옹호하고 종교를 반대할 자유까지 헌법에 명시했다. 남한은 그 해 10월 유신이 나서 더 독재의 길로 들어섰다. 김대중 대통령이 평양으로 가서 김정일을 만났을 때 자신이 통일의 물꼬를 튼다고 생각했을 것이다. 또 통일을 기대하는 사람도 많았을 것이다. 그러나 그때도 통일의 때가 아니었다. 죽어가던 북한을 기사회생시키는 결과는 되었다. 이렇듯 '통일의 때'에 대한 한국인의 생각은 다 틀렸다. 우리는 통일의 때를 잘 모른다. 독일도 그랬다. '동방정책'을 오랫동안 추구한 서독 수상 빌리브란트가 1989년 10월 30일 서울대학교를 방문하여 연설을 하고, 독일 통일이 언제 될 것으로 보는가? 라는 질문을 받자 '요원하다'고 답했다. 그런데 그 열흘도 못되어서 베를린 장벽이 무너졌다. 동방정책을 실시한 브란트도 새까맣게 몰랐고 독일의 정치가 정보전문가들도 하나도 몰랐고, 전세계 수많은 정치 브레인들이 하나같이 까맣게 몰랐다. 그런데 독일에 통일은 왔다. 동서독인 모두에게 전혀 뜻밖이었고 전세계인에게도 뜻밖이었다. 따라서 '언제 통일이 될 것인가? 에 대한 답은 '아무도 모른다'이다. 그리고 '하나님만 아신다'이다.

한때 '연착륙'이란 말이 유행하였다. 북한을 도와주어서 북한의 경제가 한국의 70-80% 수준으로 올라간 다음에, 북한의 정치도 좀 나아진 상황에서 통일하면 좋겠다는 것이 소위 '연착륙'이다. 그러나 이것은 완전히 소설을 쓰는 것이 되고 말았다. '떡은 줄 생각도 않는데 김칫국부터 마시는 격'이었다. 이것도 모르기는 매 마찬가지였다. 예수님이 부활하신 후 승천하려 하실 때 제자들이 잽싸게 본심을 드러내는 질문을 했다. '주께서 이스라엘 나라를 회복하심이 이때니이까?' 이때 예수님 대답을 기억할 필요가 있다. '때와 시기는 아버지께서 자기의 권한에 두셨으니 너희가 알 바 아니요(사도행전 1장 7절)' 하시면서 때가 반드시 올 터이니 너희는 그때를 준비하라 하셨다(사도행전 1장 8절). 마태복음 24장 36절에서는 이렇게 말한다. "그러나 그 날과 그때는 아무도 모르나니 하늘의 천사들도, 아들도 모르고 오직 아버지만 아시느니라." 이 말을 기억하고, 우리는 하나님의 주권을 믿고 기도하면서 통일을 준비해야 할 것이다.

갑자기 된다

통일의 때는 우리가 알 수 없고 다만 하나님만 아시지만, 우리가 알 수 있는 것이 있다. 갑자기 된다는 것이다. 독일통일이 갑자기 되지 않았는가. 독일인은 통일이 그렇게 빨리 될 줄 몰랐다. 세계도 몰랐다. 그런데 갑자기 됐다. 우리 통일도 갑자기 된다. 성경에 이런 말씀이 있다. 데살로니가전서 5장 2절 "주의 날이 밤에 도둑같이 이를 줄을 너희 자신이 자세히 알기 때문이라." 베드로후서 3장 10절 "주의 날이 도둑같이 오리니." 요한계시록 3장 3절 "내가 도둑같이 이르리니 어느 때에 네게 이를는지 네가 알지 못하리라." 16장 15절 "보라 내가 도둑같이 오리니." 예수님이 다시 세상에 오실 때에 도둑같이 갑자기 오실 것이라 말씀하신다. 2012년 9월 25일 청와대 녹지원에서 민주평화통일자문회의 해외 자문위원들을 초청한 가운데 이명박 대통령이 이렇게 말했다. '적절한 비유일지 모르겠지만 통일은 어느 날 갑자기 도둑같이 찾아올 겁니다. 도둑이 언제 올지 모르기 때문에 항상 문단속을 잘해야 하는 것처럼 남북통일도 평소에 잘 준비하고 대비해야 합니다'. 기독교 장로인 그가 위의 성경말씀을 비유하여 통일의 때를 말한 것임에 틀림없다(이명박, 『대통령의 시간』, 363면). 헬무트 콜 독일수상은 자신이 베를린 장벽이 무너지기 불과 몇 달 전만해도 독일통일이 20-30년 안에 이루어지면 다행이라 생각하고 있었다고 말했다(같은 책). 이처럼 한국의 통일도 갑자기 된다.

더욱이 통일을 바라지 않거나, 준비하지 않는 자들에게는 통일이 갑자기 온다. 누가복음 21장 34절 "너희는 스스로 조심하라 그렇지 않으면 방탕함과 술취함과 생활의 염려로 마음이 둔하여지고 뜻밖에 그 날이 덫과 같이 너희에게 임하리라." 그러나 통일을 원하고 기다리고 준비한 자들에게는 전혀 갑작스럽지 않을 것이다. 정말 기쁨의 날이 될 것이다. 이런 대조적인 면은 마태복음 25장 '열 처녀의 비유'에 잘 나타나 있다. 통일이 갑자기 된다고 해서 가만히 손 놓고 기다리기만 할 것인가? 그렇지 않다. 준비해야 한다. 다만 일희일비(一喜一悲)하지 말라는 말이다. 북한이 공갈한다고 퍼주거나, 협박한다고 두려워하거나 하면 안 된다. 정상회담을 하거나 왕래가 많아진다고 해서 지나친 기대는 금물이다. 어쩐다고 해서 안 되는 것도 아니고 어쩐다고 해서 되는 것도 아니라는 생각을 가져야 한다. 과정과 준비에 있어서 일진일퇴(一進一退)가 있을 것이다. 어떤 경우에도 포기하지도 말고 낙관하지도 말아야 할 것이다. 단, 갑자기 될 것이므로 항상 결정적인 순간을 놓치지 않도록 주시해야 한다. 지금까지 한국에는 5년 주기로 통일의 기회를 하나님께서 주시지 않았나 생각된다. 그러나 번번히 그 기회를 살리지 못했다. 갑자기 될 것이나 하나님이 결정적 기회를 언제 주실지 예의 주시하고 있어야 한다. 때가 오면 순식간에 전광석화처럼 일을 해치워야 한다. 마치 독일이 전혀 생각도 못한 상태였지만 기회가 오자 놓치지 않고 기회를 살렸던 것처럼 말이다.

임박했다

　마태복음 24장 32절에서는 이렇게 말한다. "무화과나무의 비유를 배우라 그 가지가 연하여지고 잎사귀를 내면 여름이 가까운 줄을 아나니 이와 같이 너희도 이 모든 일을 보거든 인자가 가까이 곧 문 앞에 이른 줄 알라." 오늘의 북한 상태는 어떠한가? 김정일 2주기를 지나서 김정은이 올해부터는 본격적으로 자기 스타일을 나타낼 것이다. 그래서 권력기반이 점점 안정되어가고 있다고 보는 사람들도 있다. 그러나 북한은 지금 폭발 직전까지 와 있다. '급변사태' 직전에 와 있다. 장성택의 처형은 김정은의 권력기반을 공고히 하려고 한 것이겠지만 오히려 아주 불안하게 하고 있다. 자기를 권력에 세우 준 자이고 고모부이기도 한 장성택도 체포 3일만에 끔찍하게 엽기적인 방법으로 처형하였다는 사실은 북한 권력 주변인들에게 어떤 시사를 하였을까? 당연히 자신들도 언제 처형될지 모른다는 생각을 하게끔 만들었다. 그러니 앉아서 당할 것인가? 아니면 먼저 손을 쓸 것인가? 누구든지 생각하게끔 되었다. 일촉즉발의 위기가 북한에 장성택 이후에 상존하고 있는 것이다. 더군다나 중국의 시진핑이 김정은과 현재의 북한을 좋아하지 않는다. 북·중 관계가 예전 같지 못하다. 지난 2년 동안 시진핑이 박근혜 대통령은 네 번 만났고 국빈방문을 서로 교환했는데, 김정은은 찾아가겠다고 누차 말해도 만나줄 수 없다고 거절하고 있다는 사실이다. 2013년 12월 이후 중국 단동에서 북한으로 들어가는 원유수송 파이프가 계속 잠가져 있다. 중국은 군대를 동원해서 압록강과 두만강 중국측 강변에, 북한과 마주한 국경에 철조망 시설을 2014년 말에 완공했다. 그리고 한국과 미주한인들의 비정부기구(NGO)들이 북한을 지원하는 것을 막고 있다. 북한과 중국관계가 소원해지는 틈을 타서 러시아가 끼어들고 있기는 하나 러시아는 북한을 지원할 형편이 못 된다. 북한은 지금 고립무원의 상태다.

그럼에도 불구하고 한국 사람 중에는 북한이 아무리 그래도 오래 갈 거라고 생각하는 사람들이 있다. 김정은이 물러가도 북한체제는 유지될 거라는 생각도 있다. 지금까지 70년 간을 여러 번 위기가 있었지만 지나온 북한이니까 그런 생각을 할만도 하다. 북한도 유엔에 가입된 엄연한 하나의 독립국가라는 점에서 북한의 계속 존재를 현실이라고 보려는 입장도 있다. 무엇보다도 통일이 되지 않더라도 북한은 북한대로 그냥 지내면 되지 않겠느냐, 한국은 한국대로 잘 나가면 되지 않겠느냐는 생각이 북한의 임박한 붕괴나 급변사태를 믿지 못하게 하는 것 같다. 그러나 이러한 북한이 지속할 것이라는 생각이 현실적인가? 현실적인 것 같아도 오히려 현실적이지 않다. 오히려 비현실적이다. 북한정권을 세운 공산주의가 실패했고, 주체사상이 허구이며, 북한정권이 백성의 생존권을 위협하고 자유를 말살하고 행복추구권을 전혀 배제시키고 있다는 점에서 정권의 정당성이 전혀 없으며, 독재 사이비종교정권을 유지하기 위하여 개혁개방을 거부함으로써 국가를 고립시켜 파멸로 이끌고 있다. 오로지 핵개발과 미사일 개발에만 총력을 기우려 국제적 제재를 유발하고 있는, 작금 북한이 가지고 있는 현실을 직시하지 아니하므로 현실성이 결여된 생각이다. 또한 표면적이고 현상적인 것만을 가지고 현실적이라 생각하는 것은 옳지 않고 '시류영합주의'에 지나지 않다. 깡패가 선량한 시민을 괴롭히는 것도 현실이라고 생각하고 못 본 척, 나와 상관없는 척, 현실이니까 어쩔 수 없다는 식으로 면피하려는 사람들이 있는데 이를 어찌 현실적이라 할 수 있겠는가. 많이 배운 사람들 가운데도 이런 사람들이 있다. 사회에서 인정받고 지도적인 위치에 오른 사람들도 이런 사람들이 있고, 심지어는 신앙인 가운데도 이런 사람들이 있다. 그러나 이는 현실적이지도 않고, 역사인식이 결여된 것이고, 무책임하고, 양심이 부족하고, 도덕성이 떨어지는 것이다. 적어도 민족을 입에 올리려면, 책임 있는 시민이 되려면, 이런 생각에서는 벗어나야 한다.

제4장
준비하고 있으라

성경은 우리에게 통일을 준비하고 있으라 말한다. 마태복음 24장 44절 "너희도 준비하고 있으라 생각하지 않은 때에 인자가 오리라." 45-47절에서는 이렇게 말한다. "충성되고 지혜 있는 종이 되어 주인에게 그 집 사람들을 맡아 때를 따라 양식을 나눠 줄 자가 누구냐. 주인이 올 때에 그 종이 이렇게 하는 것을 보면 그 종이 복이 있으리로다. 내가 진실로 너희에게 이르노니 주인이 그의 모든 소유를 그에게 맡기리라." 이 '통일정신'도 바로 이 준비에 해당된다. 이 통일론은 한국교회를 준비시키는 것일 뿐만 아니라 한국 백성을 준비시키고자 함이요 정부에 전달해서 정책 기안 단계서부터 입안 실행까지 전 단계에서 참고가 되게 하고, 같이 의논하고, 공동작업을 하기 위한 것이다. 북한교회세우기연합이라든지 북한선교전문대학원 남북기도결연사역 탈북민품기사역은 한국교회를 준비시키는 것이다. 한국민은 '우리의 소원은 통일'을 부르고, 기독교인은 남북통일을 기도해왔다. 그런데 정작 하나님이 통일을 주시면 어떻게 할 것인가? 이에 대한 구체적인 대책을 마련하는 것이 바로 준비다. 마치 전쟁을 하려면 아주 치밀한 준비를 해야 하고 거기에는 목숨이 왔다갔다하는 일이니까 실수가 있으면 안 되는 것처럼 통일준비도 전쟁준비 하듯 치밀하게 준비해야 한다. 이제부터 한국 기독교인은 기도로서 끝나면 안 된다. 각자 구체적으로 무엇을 준비할 것인지 분명히 해야 한다. 국민과 국가 정부도 정치선전 하듯 일시적으로 떠들다 스러지면 안 되고 언제 결정적 계기가 오더라도 조금도 흔들림 없이 대처할 만반의 준비를 실질적이고 구체적으로 갖추어야 한다.

統一精神

제3부
어떤 통일한국을 세우려 하는가

제1장

사랑과 의

한 나라의 정치, 경제, 사회, 문화 모든 문제는 그 나라 백성의 정신문화가 어떠하냐에 달려 있다. 아무리 자원이 없고 땅이 척박해도 정신만 바로 세우면 부유한 경제를 이룩할 수 있고 아무리 강대국에 둘러싸인 소수민족이라도 정신만 바로 세우면 독립과 자존을 지키고 문화를 활짝 피워 다른 나라에 선한 영향력을 끼칠 수 있다. 우리는 어떤 정신으로 통일한국을 세우려 하는가? 앞서 '통일정신'이라 했다. 통일정신의 근거, 핵심은 무엇인가? 이것은 다시 말하면 가치관의 문제이다. 통일한국을 이루고자 하는 사람은 어떤 가치관을 가지고 있어야 하는가? '사랑과 의'이다.

'사랑과 의'는 기독교적인 가치관이다. 기독교는 종교인데 종교에서 윤리가 나온다. 종교 이전에 미신이 있었다. 미신에는 윤리가 없다. 고구려 소수림왕 때 불교가 우리민족에게 들어왔다. 그 이전에는 샤머니즘이 우리민족의 정신세계를 지배했다. 샤머니즘은 고대세계를 정신적으로 지배했고 시베리아 샤머니즘이 한반도에도 들어와 오랜 세월 우리 조상들의 정신을 지배했다. 불교가 들어오자 윤리적으로 많이 발전했다. 불교는 원래 철학이니까 인생철학에도 많은 도움을 주었다. 고려가 건국하자 아예 국가 지도이념을 불교로 삼았다. 나중에 요승

신돈이 나타날 정도로 불교가 혼미해졌다. 따라서 고려가 크게 흐트러지고 망국으로 가게 되었다. 정신이 쇠하니 나라도 쇠한 것이다. 그래서 이성계는 유교를 지도이념으로 삼았다. 유교는 원래 윤리이니 삼강오륜 윤리가 발전하여 도움을 주었다. 그러나 제례를 비롯한 의식에 치우친 나머지 실질적인 것을 저버리고 헛된 예식만 갑론을박하다가 세계가 어떻게 발전하고 있는지를 모르고 왜국 일본에게 나라를 빼앗기게 되었다. 정신이 쇠하니 나라도 쇠한 것이다. 천주교가 200여년 전에 들어왔다. 그러나 극심한 박해를 받아 한국인에게 별 영향을 끼치지 못했다. 130년 전에 기독교가 들어왔다. 기독교는 처음부터 현대적 병원을 세웠고 현대적 학교를 세웠다. 한국인에게 실질적 도움을 주었을 뿐 아니라, 당시 기울어져가는 민족이 서양선진국의 문물을 받아들여야겠다는 뒤늦은 자각과 맞물려 기독교는 정부와 백성의 환영을 받는 입장이 되었다. 선교사들은 전국에 흩어져서 전도를 하여 미신타파를 하고 한국인을 정신적 미개에서 깨어나오게 하였다. 선교사들은 가는 곳마다 학교를 세워 한국인의 문맹을 퇴치했다. 가는 곳마다 병원을 세워 미신적 치료법을 현대적 치료법으로 바꾸고 한국인의 건강을 크게 돌보아주면서 위생개념을 심어주어서 질병을 예방하도록 했다. 중등교육과 기술교육을 하여 국민수준을 향상시키고 경제력도 향상시켰다. 고등교육기관을 세워 새 시대의 지도자를 양성하고 세계를 향한 안목과 독립에 대한 방략을 강구하게 하였다. 더욱이 기독교는 민족 사랑하기를 가르치고 국가에 충성하기를 강조하는 종교이다 보니까 쇠망해가는 대한제국을 염려하는 우국지사들이 물밀듯이 기독교로 들어왔는데 서재필 윤치호 이상재 이승만 등 수많은 애국자들이 기독교 안에서 생겨났다. 드디어 1919년 기미독립만세운동이 일어났는데 독립선언서에 서명한 민족대표 33인 중에 16인이 기독교인이었다. 천도교 손병희 선생이 대표이기는 했으나 당시 천도교가 세력이 있을 때여서 자금력이 있었고 자금을 대는 형편으로 인하여 그렇게 되기는 했으나 만세운동의 모든 기획과 전략과 진행은 기독교 측이 감당하였다. 그 증거는 만세운동으로 일경과 헌병에게 체포되고 감금당하고 고문당하고 죽임을 당한 사람이 상당히 많았는데 그 대부분이 기독교인이었다는 사실이 이를 증명한다. 기독교회당이 불탄 곳만해도 수십 곳이었다. 당시 기독교는 신도수가 전국민의 1.2% 밖에 되지 않았다. 한국에서의 역사도 짧았다. 역사가 긴 불교에서는 한용운 한 사람이 대표로 참가했고, 유교에서는 누가 대표였는지 존재감이 없었다. 한국 기독교는 이렇게 짧은 기간 동안에 적은 수를 가지고도 우리민족의 심저에 깊이 파고들었고, 한민족을 이끄는 자리에 서게끔 되었다. 그래서 3·1운동 이후에는 기독교가 민족의 종교로 자리잡게 되었다. 감히 그 누구도 기독교를 더 이상 외래종교라고 함부로 말할 수 없게 되었다. 기독교가 100여년 전부터 우리 민족을 이끄는 종교가 된 것은 천명이고 하나님의 뜻이다. 역사를 되돌아 본다면 삼국시대 이전에는 샤머니즘이 우리민족을 지배했고, 삼국시대와 고려시대는 불교가 지도이념이 되었고, 조선시대에는 유교가 지도이념이 되었다면, 이제 대한제국시대부터 한국시대에는 기독교가 지도이념이 되는 것은 어쩔 수 없는 역사적 진행이요, 거역할 수 없는 하나님의 섭리이다.

    기독교가 한국의 지도이념이 된다고 할 때, 기독교에서는 어떤 윤리체계가 나오는가? 무릇 종교에서 윤리가 나온다. 윤리가 서지 못하면 나라의 법도 서지 못한다. 법이라는 것은 윤리적 가치관 위에 세워지는 것이기 때문이다. 그러면 기독교윤리는 무엇인가? 기독교윤리의 핵심, 대강(大綱)은 '사랑과 의'이다. 보통 기독교를 '사랑의 종교'라 한다. 맞는 말이다. 그러나 사랑은 사랑만으로 서지 못한다. 반드시 의가 있어야 한다. 의(법, 질서)가 없는 사랑은 사랑이 아니다. 마치 사람에게는 살만 아니라 뼈도 있어야 되는 것처럼, 사랑만 아니라 의도 있어야 한다. 의가 없이 사랑만 있으면 뼈 없는 사람처럼 물렁물렁해져서 아무 것도 되지 않는다. 기독교에서 말하는 사랑은 본능을 뛰어넘는 개념이다. 본능적인 사랑도 사랑이기는 하지만 사람이 본능적인 사랑만 추구하면 짐승이 된다. 반드시 사람에게는 짐승에게 없는 윤리라는 것이 있어야 하고, 윤리에는 반드시 가치관이 있어야 하고 또 그 가치관을 유지시키는 법이 있어야 한다. 이것이 '의'다. 의란 본래 '법에 맞다'는 뜻이다. 법에 맞지 않는 것을 '불의' 곧 '죄'라고 한다. 그러므로 '의'는 꼭 있어야 인간이 되고 인간사회가 된다. 그리고 논리적으로는 의가 사랑에 앞장선다. 왜냐하면 법에 맞지 않는 사람도 참아주고 받아주고 도와주고 세워주고 만들어주고 살게 하는 것이 사랑이기 때문이다. 법이 먼저 있고 법을 잘 지켜서 잘 살게 하는 것이 사랑이고, 법을 잘 못 지켜서 벌을 받고 화를 당해야 할 처지이지만 법대로만 하지 아니하고 어리고 약한 백성을 감싸서 마침내 사람이 되게 하고 좋은 시민으로 잘 살도록 해주는 것이 사랑이기 때문이다. 그러니까 개인이나 사회나 국가에 있어서 이 두 가지, '사랑과 의'가 정신이 되고 가치가 되고, 사회의 기초가 되고 법의 기초가 되어야 한다. 이것이 바로 '통일정신'이고 통일한국의 가치관이고 윤리이다.

한국은 벌써 100년 전부터 기독교 가치관이 한국사회를 이끌고 있다. 오늘의 대한민국이 된 것은 그저 쉽게 된 것이 아니다. 엄청난 희생과 피땀 위에 된 것이다. 사람의 희생과 피땀 만이 아니라 하나님의 특별한 은총 속에서 된 것이다. 이승만이 1904년 한성감옥에서 『독립정신』을 쓸 때 그는 이미 미국이 기독교로 인하여 부강하게 된 것도 알고 있었다. 구미 문명의 근간이 기독교라는 것도 잘 알게 되었다. 『독립정신』이라는 책은 무지한 백성을 계몽하여 나라의 독립을 찾고 서구 선진국처럼 번영하는 나라 민족이 되어야 한다는 내용이지만 그 정신은 바로 기독교 가치관 위에 나라를 세워야 한다는 것이었다. 그는 기독교 입국의 꿈을 평생 잃지 않았다. 이 꿈은 그 후 44년 후에 제헌국회에서 '대한민국헌법'으로 나타나게 된다. 이 헌법에 따라서 '대한민국'이 1948년에 탄생하게 된다. 그리고 이승만이 대한민국 초대대통령이 되니 그의 나이 73세였다. 대한민국 헌법은 유진오가 기초하였지만 그 정신은 이승만이 주었음에 틀림없다. 대한민국 헌법을 보면 기독교를 기반으로 한 서구의 헌법정신이 그대로 잘 살아나 있다. 비록 그 하위 법인 형법 민법 등은 독일법의 영향을 받은 일본 법에 크게 의존하였지만 헌법은 이승만의 기독교 입국이 그 기반이 되었던 것이다. 그리고 제헌국회가 이윤영 의원의 기도로 시작되었다는 세계 유례없는 역사도 이와 무관하지 않다. 그 후 대한민국의 자유와 번영은 바로 이 대한민국 헌법이 가져다 준 체제 덕분이었다고 말할 수 있다. 북한이 저렇게 못살고 망해가는 것은 북한 백성의 잘못이라기보다는 체제가 잘못되었기 때문이다. 공산주의 주체사상이라는 체제의 잘못이고 그런 체제를 채택하고 만든 북한의 김일성 일가를 위시한 권력층의 잘못이다. 대한민국은 체제를 잘 택하여 복을 받았다. 체제는 대한민국 헌법에 있고, 대한민국 헌법은 하나님의 '사랑과 의'를 핵심으로 하는 기독교 가치관 위에 세워져 있다. 이처럼 한국은 벌써 100여년 전부터 기독교 가치관으로 이끌림 받고 있다. 그 결과 오늘날 세계가 깜짝 놀랄만한 자유와 번영을 누리고 있는 것이다. 그러니 앞으로 통일한국도 당연히 대한민국과 같은 체제로 나아가야 한다. 기독교 가치관 위에 세워져야 한다. '사랑과 의'를 기반으로 하여야 한다.

제2장

통일한국의 상(像)

자유가 많은 나라

통일한국의 상을 논할 때 무엇보다 먼저 자유를 말하지 않을 수 없다. 자유보다 앞서 생명, 생존이 중요하다. 그러나 우리는 인간을 논하는 것이 아니라, 나라 곧 통일한국을 어떤 나라로 세울 것인가를 논하는 자리이기 때문에 나라를 이루는 사람들에게 있어서 제일 먼저 중요한 정치적 가치는 '자유'이다. 그러면 자유란 무엇인가? 자유란 어떻게 생겨났을까? 왜 인간은 자유를 필요로 하는가? 자유하려면 어떻게 해야 할까? 자유의 시작과 근원을 알려면 성경으로 돌아갈 수밖에 없다. 왜냐하면 사람의 정치학은 처음과 끝을 말할 수 없기 때문이다. 모든 사물과 일의 처음과 끝은 성경이 말한다. 그래서 성경으로 갈 수밖에 없다. 성경은 자유에 대하여 어떻게 말씀하는가? 성경이 말씀하는 자유를 간단히 말하면 인간은 본래 하나님께로부터 자유로운 존재로 지음 받았다는 것이다. 그러나 죄로 말미암아 자유를 상실했다. 그러다 예수 그리스도 안에서 자유를 회복하고, 영원한 천국에서 완전한 자유를 영원토록 누린다는 것으로 요약할 수 있다.

먼저 '자유의 시작'은 이렇다. 하나님께서 사람을 지으실 때 자유로운 존재로 지으셨다. 자유는 하나님께서 인간에게 주신 것이다. 그래서 누구도 사람으로부터 이 자유를 제한하거나 빼앗을 수 없다. 창세기 1장 27-28절에서는 이렇게 말한다. "하나님이 자기 형상 곧 하나님의 형상대로 사람을 창조하시되 남자와 여자를 창조하시고 하나님이 그들에게 복을 주시며 하나님이 그들에게 이르시되 생육하고 번성하여 땅에 충만하라, 땅을 정복하라, 바다의 물고기와 하늘의 새와 땅에 움직이는 모든 생물을 다스리라 하시니라." 하나님은 사람을 자신을 닮은 뛰어난 존재로 지으시고 다른 피조물들을 다스리도록 하셨다. 이렇듯 모든 사람은 존귀한 존재이며 영광스러운 하나님의 형상이다. 그때의 사람의 모습이 얼마나 자유롭고 평화롭고 행복했을까. 경제문제로부터 자유했다. 건강문제에서 자유했다. 인간관계에서 자유했다. 그럼에도 인간은 하나님은 아니었다. 그래서 자신을 지으신 하나님 안에 있어야 했다. 하나님 안에서 인간은 모든 면에서 자유로웠다. '하나님 안에서'라는 것도 어려운 것이 아니었다. 그냥 한 가지 금령, 에덴 동산에 있는 수많은 나무열매는 네가 임의로 먹되 '선악을 알게 하는 나무의 열매는 먹지 말라 네가 먹는 날에는 반드시 죽으리라'는 것이었다. 이것은 하나님이 한 나무를 사람에게 주기를 아까워서 금하신 것이 아니었다. 다만 이 한 가지를 지킴으로 하나님이 하나님 되심을 사람이 인정하는 것, 자기는 피조물이며 하나님은 창조자이심을 인정하는 것뿐이었다. 하나님을 하나님으로 인정만 하면 모든 자유를 누리도록 인간에게 특별한 특권이 주어졌다.

그 다음 '자유의 상실'은 이렇다. 안타깝게도 인간이 그 열매를 따먹었다. 뱀의 모양으로 나타난 사탄의 유혹을 받아서 인간은 자기에게 주어진 자유의지, 즉 그 열매를 따먹을 수도 있고 안 따먹을 수도 있는 권한을 잘못 사용하게 된다. 유혹한 뱀, 곧 사탄도 벌을 받게 되지만 주어진 권한을 잘못 사용한 인간도 책임을 면할 수 없게 된다. 인간은 하나님이 금하신 열매를 따먹은 후로부터, 다시 말하면 인간이 하나님을 하나님으로 인정하기를 잊은 날부터 인간은 자유를 상실하였다. 죄로 인해 건강문제가 생겨서 늙고 병들어 마침내 죽게 되었다. 사는 날 동안도 늘 경제문제에 허덕여서 무엇을 먹을까 염려하게 되었고, 땀 흘려 수고하여야 겨우 먹을 수 있게 되었다. 인간관계 자유도 없어져서 남편과 아내가 다투게 되었고 부모와 자식 간에도 갈등이 발생하였으며 형제 사이에도 미움이 생겨나고 이웃에 대하여도 시기하고 다투고 싸우고 죽이게 되었다. 마음의 자유도 없어져서 평안과 기쁨을 잃고 걱정 근심하게 되었고 즐거움을 잃어버려 억지 즐거움을 위하여 이상한 짓을 하게 되었다. 오늘 우리가 보는 보통 사람들의 모습이다.

그 다음은 '자유의 회복'이다. 예수 그리스도 안에서 자유를 회복한다. 어떻게 그렇게 될 수 있는가? 예수는 하나님의 아들, 곧 하나님으로서 인간이 되었다. '죄 없는 유일한 인간'이다. 그가 인간의 죄를 제거하기 위하여 십자가에 달려 피 흘려 죽었다. 인간의 죄값을 다 치른 것이다. 그래서 그는 십자가 위에서 '다 이루었다'고 했다. 그가 이 땅에 온 것은 바로 이 일, 인간의 죄값을 치러서 인간을 죄의 속박으로부터 자유롭게 하려는 것이었다. 요한복음 8장 32절에서는 이렇게 말한다. "진리를 알지니 진리가 너희를 자유롭게 하리라." 여기서 진리는 예수 그리스도를 말한다. 또 여기서 자유는 '영적인 자유'를 말한다. 지금의 그리스도인에게서 보는 바와 같다. '자유의 완성'은 '영원한 천국'에서이다. 요한계시록 21장 4절에서는 이렇게 말한다. "모든 눈물을 그 눈에서 닦아 주시니 다시는 사망이 없고 애통하는 것이나 곡하는 것이나 아픈 것이 다시 있지 아니하리니 처음 것들이 다 지나갔음이러라."

정치에서 말하는 자유는 얼마 되지 않았다. '인간의 자유는 하늘이 주신 것'이라는 '천부인권설(天賦人權說)'이 나온 것은 17세기이다. 그 이전에는 서양이건 동양이건 정치적 자유라는 개념조차 없었다. 오랜 왕정시대와 그 이전의 고대사회에는 오늘날과 같은 자유개념은 없었고 힘있는 자가 약한 자를 억눌러도 그저 세상은 다 그런 줄로만 알았고, 왕이 백성 위에 군림하여 무소불위의 권력을 세습적으로 행사해도 그저 그것이 당연한 것으로 알았다. 이러던 인간의 정치의식이 17세기 들어와서 영국의 토마스 홉즈(1588-1679)가(『동아세계대백과사전』, 24권, 100면) 자기보존권과 자연적 자유권을 주장하고, 존 로크가 재산권과 저항권을, 프랑스의 장 자크 루소가 평등권 사상을 주장하는 등, 근대 자연법론과 국가계약설이 제기되었다. 이것이 17-18세기 영국 미국 프랑스에 있어서 시민혁명의 사상적 지도이념이 되었으며, 시민혁명의 성공으로 근대 입헌민주주의 헌법상의 기본적 인권보장으로 성문화되고 확립되었다. 1698년 영국의 권리장전, 1776년 미국 버지니아 주 헌법의 인권선언과 미국 독립선언, 1789년 프랑스 인권선언에 나타났고, 그 후 모든 입헌국가의 헌법에서 기본적 인권이라는 실정법적 권리로 보장하게 되었고, 1945년 유엔헌장과 1948년 세계인권선언에서도 확인되었다. 특히 미국 독립선언문에서 "우리는 모든 사람이 평등하게 창조되었고, 조물주에 의하여 일정한 불가양의 권리가 부여되었으며, 그 가운데에는 생명 자유 및 행복의 추구가 포함되어 있는 것을 자명의 진리로 믿는다"하였고, 프랑스 인권선언 전문에 "누구라도 침범할 수 없는 자연적인 인권"이라 했으며, 제1조에는 "사람은 나면서부터 자유이며 평등한 권리를 가진다", 제2조에는 "모든 정치적 조직의 목적은 인권의 옹호에 있으며 인권은 자유 재산 안전 및 압제에 대한 반항의 권리를 보유하는 데 있다"라고 하였다. 세계인권선언에서도 그 전문에 "인류사회의 모든 구성원의 고유의 존엄성과 평등하고 불가양의 권리를 승인함은…."이라 하였다.

대한민국 헌법상으로는 제9조에 "모든 국민은 인간으로서의 존엄과 가치를 가지며, 행복을 추구할 권리를 가진다. 국가는 개인이 가지는 불가침의 기본적 인권을 확인하고 이를 보장할 의무를 진다"라고 했고, 제10조에서는 구체적으로 평등권을, 제11조에서는 신체의 자유권, 22조에서는 재산권의 보장을 밝히고 있다. 제35조 1항에서 "국민의 자유와 권리는 헌법에 열거되지 아니한 이유로 경시되지 아니한다"라고 하여 포괄적으로 보장하고 있다. 그러나 동 2항에서는 "국민의 모든 자유와 권리는 국가안전보장 질서유지 또는 공공복리를 위하여 필요한 경우에 한하여 법률로써 제한할 수 있으며, 제한하는 경우에도 자유와 권리의 본질적인 내용을 침해할 수 없다"고 제한과 한계를 규정하고 있다. 서양나라가 근대 민주적 자유사상을 3-4백년에 걸쳐서 발전시켜온 반면에 우리민족은 자유사상에 접한 지가 백 년 남짓 일천한데도 불구하고 대한민국 헌법상에 자유를 이와 같이 규정하게 된 데에는 서구사상에 힘입은 바 크고, 우리의 선각자들의 공로이기도 할 것이다. 다만 자유역사의 짧음과 특히 북한의 존재로 말미암아 부득이 일정한 제한을 둘 수밖에 없는 것도 인정하여야 할 것이다. 이렇듯 인간의 기본적인 권리인 자유는 성경적으로 보나 실정법 상으로 보나 통일대한민국에서 있어야 할 제일의 가치가 된다.

자유를 위협하는 것들이 있다. 옛날은 물론이고 지금도 있고 앞으로도 있을 것이다. 이를 알고 경계하고 노력하지 않으면 자유를 지킬 수 없고 발전시켜 나갈 수도 없을 것이다. 자유를 위협하는 것은 자연보다도 인간이다. 인간이 어떻게 인간의 자유를 위협하는가? 강한 자가 약한 자의 자유를 빼앗는 것이다. 왜 그런 짓을 하는가? 인간의 '탐욕' 때문이다. 탐욕은 정당하지 못한 과도한 욕심이다. '정당하지 못하다' 함은 가깝게는 실정법에 맞지 않는다는 뜻이고, 좀 더 깊게는 양심법에 맞지 않는다는 뜻이며, 최종적으로는 하나님의 법에 맞지 않는다는 뜻이다. 이 탐욕이 '자유의 원수'이고 사람으로부터 자유를 빼앗아 간다. 힘있는 자의 탐욕이 힘없는 자의 자유를 빼앗는 일은 예부터 있었고 지금도 있으며 지구 끝날까지 앞으로도 있을 것이다. 역사상 처음으로 남의 자유를 빼앗은 사람은 누구였을까? 니므롯이었다(창세기 10장 8절). 그가 메소포타미아 지역에 그의 나라를 세웠는데(10장 10절) 이들은 바벨탑을 건설하였다. 바벨탑을 건설하려면 얼마나 강력한 지배가 있어야 하는가? 많은 백성의 노역이 필요하고 감독자의 회초리 아래 신음해야 한다. 이렇게 인간사회에 자유는 사라졌다. 사실 니므롯 이전 노아 시대에도 네피림(장부)이 있었고 용사가 있어서 고대에 명성이 있었는데 이는 그만큼 남의 자유를 속박하는 일이 있었다는 말이다. 그들을 닮아 당시 사람들 모두가 악하여 자비하신 하나님조차 홍수로 심판하지 않으면 안 되었으니 그 속에 얼마나 자유를 서로 빼앗고 뺏기는 일이 있었겠는가!

그 후 사회가 발전하여 왕국이 세워졌다. 왕이 세워졌다는 것은 무엇을 의미하는가? 온 백성들이 다 왕의 종이 되었다는 뜻이다. 성경이 이를 반증한다. "너희를 다스릴 왕의 제도는 이러하니라 그가 너희 아들들을 데려다가 그의 병거와 말을 어거하게 하리니 그들이 그 병거 앞에서 달릴 것이며. 너희가 그의 종이'될 것이라. 그날에 너희는 너희가 택한 왕으로 말미암아 부르짖되 그 날에 여호와께서 너희에게 응답하지 아니하시리라."(사무엘상 8장 11, 17-18절) 이렇듯 인간의 오랜 왕정시대를 통하여 자유는 없었다. 1789년 프랑스 대혁명이 일어났다. '자유 아니면 죽음을 달라'고 외치며 공화정을 세웠다. 영국에서도 대헌장 산업혁명 청교도혁명 명예혁명 등을 거치면서 민주주의가 발전했다. 미국에서도 '국민의, 국민에 의한, 국민을 위한' 정치로 민주주의는 좀 더 발전했다. 정치적 자유를 위한 이러한 민주주의 발전을 위하여 많은 희생을 치러야 했다. 그러나 그 후에도 자유를 위협하는 일은 계속 일어났다. 열강들의 제국주의, 독일의 나치즘, 이탈리아의 파시즘, 일본의 군국주의, 러시아의 공산주의가 나와서 인간의 정치적 자유를 위협했다. 인종차별이 나와서 또 인간의 자유를 위협했다. 오늘날 자유를 가장 크게 위협하는 것은 이슬람의 '샤리아 법'이고, IS같은 이슬람 근본주의 극단세력들이다. 그리고 북한에서 심각한 자유의 침해가 벌써 70년 간 계속되고 있다.

통일한국에서 자유를 적어도 지금의 대한민국만큼은 누리며, 나아가 더 자유가 신장되려면 어떻게 해야 할까? 첫째는 법체계를 자유민주주의 법체제로 잘 세워야 한다. 헌법도 자유민주주의 헌법체제가 되어야 하고 그 이하 하위법도 이를 충실히 뒷받침하는 것이 되어야 한다. 둘째는 국민이 자유를 알고 체질화해야 한다. 어떤 잘못된 지도자가 선동하더라도 현혹되지 말아야 한다. 독일은 매우 민주주의적이라 정평이 나 있는 '바이마르 공화국 헌법'을 만든 민족이었지만 히틀러에 현혹되어 국민의 93%가 그를 지지하여 나치즘으로 나갔으며 마침내 2차 세계대전을 일으켜 수천만 명을 죽이고 유대인을 학살했다. 일본도 민주적인 헌법을 가진 선진국 중에 하나이지만 지금 군국주의를 반성하지 못하고 다시 침략을 정당화하는 방향으로 나아가고 있는데 여기에는 국민들의 지지를 기반으로 하고 있다는 사실이다. 잘못된 지도자와 그 잘못된 지도자를 뒤따르는 어리석은 백성, 이 두 가지가 자유를 위협하는 매우 큰 요인이 되고 있다. 그러므로 자유라는 것은 백성이 어리석으면 얻기 불가능한 것이다. 일본은 군국주의로 인하여 자유를 잃고 백성들이 큰 피해를 입었다. 그런데 그 역사적 경험을 제대로 살리지 못하고 있다. 역사를 잊으려 하고 부정하려고 한다. 독일은 역사적인 교훈을 잊지 않고 잘 챙겨서 자유를 잃지 않고 발전시키는 방향으로 백성과 지도자들이 나아가고 있다. 그러나 일본은 역사적인 교훈을 일부러 부인하고 자유를 지키고 발전시키는 방향이 아니라 잃어버리고 이웃나라의 자유까지 잃어버리게 하는 방향으로 지도자와 백성들이 나아가고 있다. 그러므로 통일한국에서 자유를 지키고 발전시키려면 백성들이 자유의 가치를 잊지 않아야 하고, 지키려는 의지를 가져야 하고, 자유를 지키기 위해서는 지도자와 백성의 가는 방향이 자유를 향한 방향인지 역방향인지를 분별할 수 있어야 한다. 무엇보다 자유를 지키기 위해서는 무슨 희생이라도 감수하는 결연한 행동이 있어야 한다.

남한 백성은 6·25 한국동란을 통하여 자유가 얼마나 귀중한지를 뼈저리게 느꼈다. 미국 수도 워싱턴 DC에 있는 한국전기념공원에 서 있는 동상 글귀처럼 "자유는 공짜가 아니다 Freedom is not free." 한미 양국과 연합군은 엄청난 희생을 치르고 남한의 자유를 지켜냈던 것이다. 그런데 세월이 흐르자 새로운 세대들은 부모세대들의 이 깨달음을 알지 못한다. 자유가 그냥 주어진 줄로 안다. 자유의 가치를 모르니까 방종하게 된다. 자유를 위하여 희생한 세대들에게 감사할 줄을 모른다. 자유의 소중함을 모르기 때문에 그것을 지켜야 한다는 생각도 없다. 그래서 북한에서 간첩이 와서 불만 불평을 퍼뜨리면 쉽게 동조하고 넘어간다. 소중한 대한민국의 헌법을 우습게 알고, 대한민국을 폄하하고 북한을 찬양하는 데까지 그 입을 벌림에 있어서 주저함이 없다. 그래서 남한이 북한 간첩의 낙원이 되기도 한다. 통일한국에서는 이런 현상부터 깨끗이 청소되어야 한다. 대한민국의 헌법과 자유민주주의 체제의 우월성과 자유의 가치를 분명히 알고, 차세대에 제대로 가르치며, 통일한국에서 확고히 지켜나갈 결의를 분명히 해야 한다.

동시에 북한에서 살던 사람은 어떠할까? 북한인에게는 자유를 체질화할 기회가 없었다. 구한말에 기독교가 들어와서 기독교를 통하여, 선교사들이 전하여준 서양문물을 통하여, 자유라는 것이 무엇인지를 머리로만 알게 되었다. 그러나 이것도 백성들 일반은 아니고 일부 지도자급들에게만 한정되었다. 그러다 곧 일본 군국주의가 들어왔고 그 다음은 공산주의가 들어왔다. 그 후 지금까지 북한인은 자유를 학습하거나 몸소 느끼거나 생활화할 기회가 전무하였다. 따라서 통일한국 상황에서 북한인에게는 교육이 필요하다. 자유가 무엇인가? 하는 것부터 시작해서, 어떻게 만들어졌는가? 하는 역사발달 과정과 그 희생을 알아야 한다. 그래서 남북체제의 차이가 어떤 결과를 가져왔는가? 하는 것도 실감해야 한다. 통일한국 상황에서 있을 수 있는 북한시대의 사상적 잔존을 일소하고 사상적 전환이 일어나야 한다. 이 전환이 뜻밖에 쉬울 수도 있다. 북한시대 위정자들의 허구성이 드러나는 날에는 북한인 스스로가 지난 70년 간의 속은 것을 원통히 여기며 반기를 들고 자유민주주의 사상을 수용하려 들 수 있기 때문이다. 또 북한인의 과거체제에 대한 향수를 경계할 필요가 있다. 러시아에서나 구 공산권 국가들에서 개혁개방을 통하여 자유민주주의 시장경제로 돌아섰음에도 불구하고 체제 전환의 과도기에서 발생할 수 있는 불편함과 곤란 때문에 불만 불평이 생기고 선동하는 자들이 생겨서 다시 구시대로의 향수를 나타내는 개인과 집단행동을 우리는 여러 번 목도한 바 있다. 그러나 이런 향수가 오래가지는 못하고 진정되곤 했다. 통일한국 상황에 북한지역에서도 이런 과거회귀적인 향수현상이 발생할 수 있음을 알고 미리 대비해야 한다.

통일한국의 자유를 위하여 가장 중요한 것은 기독교이다. 북한이 제일 위험시하고 철저히 배제하려고 한 것이 기독교이다. 남한에서도 종북세력들이 '대한민국을 다 먹을 수 있었는데 기독교 때문에 실패하고 있다'고 한다. 이처럼 기독교는 공산주의나 주체사상과 상극임이 현실적으로 증명되었다. 통일한국 상황에서 남한지역뿐 아니라 북한지역에서도 기독교가 성장하면 할수록 자유를 지키는데 도움이 된다. 자유민주주의 체제나 시장경제, 그리고 사회복지도 다 성경에 뿌리를 두고 있고, 공산주의나 전체주의는 기독교를 이용하려 했으나 근본적으로는 기독교의 반대편에 서 있었다. 이러한 사실은 남한과 북한에서, 그리고 전세계에서 역사적으로 다 증명되고 있다. 그렇기 때문에 통일한국에서 자유를 지키고 발전시키려면 성경을 알고 기독교인이 많아지는 것이 아주 근본적인 대책이 될 것이다. 현실적으로도 자유를 지키는 가장 큰 방벽이 될 것이다.

경제적으로 번영한 나라

창조적인 과학과 기술을 바탕으로 뛰어난 산업화와 교역으로 통일한국은 선진국 대열에 들어간다. 대한민국의 경제적 발전에 대하여 전 세계 사람이 다 놀란다. '한강의 기적'이라 한다. 우리 스스로도 놀랍다. 어떻게 이렇게 될 수 있었을까? 우리 사람들의 노력만 가지고 된 것이 아니다. 어떤 신적인 가호, 즉 하나님의 은총이 있었기 때문에 가능한 일이었다. 해방정국의 그 좌우충돌이라는 대혼란 가운데서 대한민국이라는 국가가 탄생하는 것도 기적이다. 또한 한국이 경제적으로 이렇게 뛰어나게 발전한 것도 기적이라고 말할 수밖에 없다. 물론 사람의 수많은 노력이 있었다. 그러나 그에 못지않은 수고를 했음에도 불구하고 우리와 같은 경제성장을 이룩하지 못한 수많은 나라들이 있음을 무엇으로 다 설명할 수 있으랴. 그러면 통일한국에서도 계속 이러한 경제적 번영을 나타내려면 어떻게 해야 하는가?

우선 물질관을 바로 세워야 한다. 공산주의는 유물론을 가졌지만 가난해졌고 70년 만에 실패했다. 1917년에 러시아에서 공산혁명이 났고 1991년에 공산주의 종주국 소련이 해체되었다. 왜 실패했는가? 사상이 잘못되었기 때문이다. 몸이 잘못된 것이 아니라 정신이 잘못되었기 때문이다. 유물론이 무엇인가? 모든 것은 물질에서부터 나와서 물질로 되돌아간다는 것이다. 이는 모든 것이 하나님께로부터 나와서 하나님께로 돌아간다는 유신론과 정반대이다. 유물론은 물질을 하나님 자리에 놓은 것이다. 그러니 물질이 사람을 배신할 수밖에 없다. 왜냐하면 물질은 하나님이 아니기 때문이다. 물질은 인간을 위하여 하나님이 만드신 것이다. 창조할 때 다른 모든 것을 창조한 다음에 맨 마지막에 인간을 창조했다. 왜 그렇게 했는가? 앞선 모든 창조는 인간 삶의 무대 조건으로써 인간의 삶에 필요한 것이기 때문이다. 또 물질은 인간이 다스리도록 된 것이다. 천둥 번개 낙뢰(落雷)를 신의 노여움을 생각한 적이 있었다. 그러나 벤자민 프랭클린은 낙뢰가 전기현상인 것을 알아내고 피뢰침(避雷針)을 발명하였다. 모든 물질과 자연현상에는 그 성질이 있고 변화운영의 법칙이 있다. 인간이 물질을 다스리려면 물질을 알아야 한다. 어떻게 구성되고 어떻게 기능하는지를 알아야 한다. 이렇게 물질을 아는 만큼 인간은 물질을 잘 다스릴 수 있다.

그러나 인간은 시작부터 악하게 사용하기 시작했다. 집단의 힘과 과학기술의 악용은 인류역사 처음부터 일어났다. 창세기 11장 1절-9절에서는 이렇게 말한다. "온 땅의 언어가 하나요 말이 하나였더라 이에 그들이 동방으로 옮기다가 시날 평지를 만나 거기 거류하며 서로 말하되 자, 벽돌을 만들어 견고히 굽자 하고 이에 벽돌로 돌을 대신하며 역청으로 진흙을 대신하고 또 말하되 자, 성읍과 탑을 건설하여 그 탑 꼭대기를 하늘에 닿게 하여 우리 이름을 내고 온 지면에 흩어짐을 면하자 하였더니…." 여기서 '벽돌로 돌을 대신하며 역청으로 진흙을 대신하고'는 과학의 발전을 의미한다. 그리고 '성읍과 탑을 건설'한다는 것은 기술의 발전과 문명의 발전을 의미한다. 이를 뒷받침하는 것은 '흩어짐을 면하자' 곧 '인구의 증가'였고, 이들이 하나의 집단을 이루는데 결정적 요소는 다름아닌 '언어의 통일' 곧 '언어가 하나요 말이 하나'인 데 있었다. 사실 인간이 아담과 하와라는 한 조상에게서 났으니 다 한 가족일 것이다. 그래서 기독교에는 '사해동포주의 四海同胞主義'가 있다. 그러나 인간은 본래 악하다는 것이 여기서도 드러난다. 이 좋은 점을 악용하여 하나님을 대적하는 경향을 나타낸 것이다. '하늘에 닿게 하여 우리 이름을 내고 지면에 흩어짐을 면하자'한 것이 바로 그것이다. 하나님이 인류를 한 형제자매로 지으시고 '여러 나라 백성으로 나뉘어서 각기 언어와 종족과 나라대로(창세기 10장 5, 20, 31절).' 거하게 하신 것은 서로 싸우지 말고 사랑하며 서로 돕고 평화롭게 지내라 하심이다. 과학과 기술의 발전을 주신 것도 한 나라 한 민족만을 위한 것이 아니다. 인류의 공동번영과 평화를 위하여 주신 것이다. 그래서 통일한국에서는 과학과 기술이 발전해야 한다. 아울러 그 사용에 있어서도 인류의 공동번영과 평화를 위하여 선하게 사용하여야 한다.

물질 스스로는 무엇을 원할까? 생각해본 적이 있는가? 놀랍게도 성경은 물질의 소원에 대하여 말씀하고 있다. 로마서 8장 19-22절에서 이렇게 말한다. "피조물이 고대하는 바는 하나님의 아들들이 나타나는 것이니. 피조물이 허무한데 굴복하는 것은 자기 뜻이 아니요 오직 굴복하게 하시는 이로 말미암음이라. 그 바라는 것은 피조물도 썩어짐의 종 노릇에서 해방되어 하나님의 자녀들의 영광의 자유에 이르는 것이니라. 피조물이 다 이제까지 함께 탄식하며 함께 고통을 겪고 있는 것을 우리가 아느니라." 물질이 지금은 '썩어짐의 종 노릇' 하고 있다. 그것은 물질의 뜻이 아니고 다만 물질이 사람에게 굴복하게 하신 하나님의 뜻으로 말미암은 것이다. '피조물이 고대하는 바'가 있다. 그것은 물질을 다루는 사람이 달라지는 것이다. 지금은 사람이 악하여져서 자기들도 썩을 뿐 아니라 물질도 썩고 있다. 따라서 물질이 고대하는 바는 자기를 다루는 사람이 달라지는 것이다. 사탄의 아들들이 아니라 '하나님의 아들들'로 변화되어 나타나는 것이다. 그렇게 되면 물질도 '썩어짐의 종 노릇에서 해방되어 하나님의 자녀들의 영광의 자유에 이르는 것'이다. 이 얼마나 좋은 일인가. 이따금 물질이 반란을 일으킨 적도 있었다. 사람이 하도 악하게 물질을 사용하니까 물질이 자기의 임시 주인 된 인간에게 본의 아니게 반란을 했던 것이다. 예를 들면 질병의 확산, 자연재해의 발생 등이다. 물질이 인간의 탐욕을 향하여 분노를 발한 것이다. 세계가 다 그러하지 않았던가?

그러나 통일한국은 달라야 할 것이다. 세계 유일의 분단국가가 된 섭리도, 또 통일한국을 세워주시는 섭리도 따로 있을 터이다. 그것은 통일한국에서는 과학과 기술이 발달할 것이고, 그래서 경제가 발전할 것이다. 그러나 그것을 악한 목적으로 개발하지도 않아야 할 것이며, 선한 목적으로 개발하고, 악한 목적으로 쓰지도 않고, 선한 목적, 인류의 공동번영과 평화를 위하여 써야 할 것이다. 그리하여 통일한국에서는 과학과 기술이 매우 발달하고 경제도 좋아지면 모든 환경도 함께 살아나는 '피조물도 썩어짐의 종 노릇에서 해방되어 하나님의 자녀들의 영광의 자유에 이르는 것'을 보게 될 것이다. 물질관(物質觀)이 달라져야 할 것이다. 물질을 대할 때 사람들이 악한 마음, 욕심, 감사함이 없는 인격, 물질을 과용하고 남용하는 습관으로 하지 않아야 할 것이다. 이는 물질을 욕되게 할 뿐 아니라 사람도 욕되게 하는 것이다. 그러나 물질을 제대로 쓰면 물질은 자유한다. 제 기능을 발휘한다. 아주 영광스럽게 된다. 인간 생각 이상의 기능을 발휘한다. 아주 좋은 것으로 임시주인(진짜 주인은 하나님이고)인 인간에게 보답한다. 그러므로 같은 물질이라도 사람이 어떻게 물질을 다루느냐가 중요하다. 따라서 사람이 "어떤 사람인가" 하는 것이 중요하다. 하나님을 믿는 사람, 하나님을 경외하는 사람, 물질의 주인은 하나님이심을 아는 사람, 그래서 물질을 자기 맘대로 사용하기보다는 하나님의 뜻에 합당하게 사용할 줄 아는 사람이 필요하다. 재작년에 스위스를 가보니까, 스위스 국민소득이 6만달러가 넘는다고 해서 깜짝 놀랐다. 도대체 깊은 산골만 있지 해먹을 것이 거의 없는 스위스가 어떻게 독일의사들이 와서 근무하며 돈 벌어가는 나라가 되었을까? 그들은 절대로 낭비하지 않았다. 옛 궁벽하던 시절부터 몸에 철저히 절약하고 아끼는 습관이 배어있었다. 그들에 비하면 한국 사람은 다 '졸부근성'을 가진 사람들이 아닐까 하는 생각이 들 정도였다. 물질은 하나님의 것으로 귀한 것이며 귀한 선물로서 우리에게 주신 것이다. 그래서 물질을 아껴 써야 하고, 귀하게 알아야 한다. 작은 물질로도 감사하고 행복할 수 있어야 한다. 이런 정신 이런 마음이 어디 저절로 생기겠는가? '하나님의 자녀들'이 될 때 가능할 것이다. 물질을 남용하고 오용하면 물질은 화를 낼 것이다. 독이 될 것이다. 썩을 것이고 우리를 또한 썩힐 것이다. 물질은 허무하게 될 것이며 물질을 그렇게 쓰는 사람의 인생도 허무하게 될 것이다. 통일한국에서는 물질의 남용과 오용을 금기로 여기자. 그것이 죄악인 줄 알자. 그러면 통일한국은 반드시 세계에서 제일가는 경제를 선물로 받을 것이다.

통일한국에서는 경제적 평등이 될 것이다. 개인의 자유, 정치적 민주, 경제적 평등, 이 세 가지는 자유민주주의가 추구하는 양보할 수 없는 가치이다. 통일한국에서 이 세 가지가 세계 어떤 나라보다 잘 실현되기를 바라고 노력하고 이룩해야 할 것이다. 경제적 평등은 무엇인가? 자유개념과 평등개념은 본래 서로 상충하는 면이 있다. 그런데 자유가 없으면 경제가 발전하지 못할 것이고, 경제가 없으면 평등 또한 불가능할 것이다. 경제적 평등은 먼저 경제적 자유로부터 시작된다. 경제적 자유가 없으면 경제적 평등은 있을 수 없다. 공산주의는 모든 생산수단을 국유화 내지 공유화했다. 그리고 집단농장을 세웠다. 공장도 철저히 계획경제로 갔다. 상부에서 설정된 생산계획에 의하여 생산량이 결정되고 분배도 철저히 계획에 의하여 결정되었다. 개인의 경제적 자유는 전혀 없다. 생산수단을 소유할 수 없으므로 소유의 자유가 상실되었다. 생산의 자유도 없었으므로 생산의 자유도 상실되었다. 소비의 자유도 상실되었다. 개인은 기계와 같이 생산도구에 지나지 않게 되었다. 경제적 자유의 상실은 인간의 비인간화를 초래했다. 당연히 생산의욕이 상실되었다. 갖은 방법의 생산독려가 진행되었지만 생산저하를 막을 수는 없었다. 경제를 수직화 계량화 집단화 관료화 하므로, 초기 잠시 동안은 군대와 같이 생산의 효율성이 있는 듯 보였다. 그러나 그것은 겉만 본 착시현상에 지나지 않았다. 진실이 나타나기 시작했다. 균등한 분배는 근로의식의 저하로 나타나게 되었다. 이는 인간이 남을 위해 일할 만큼 선량하지 못하다는, 인간의 죄성(罪性)에 대한 무지에서 기인한 것이다. 잘못된 인간관이 공산주의 실패의 근본 원인이었다. 모든 사람이 함께 일하고 균등하게 배분 받는다는 생각은 천사 같은 소리였다. 그러나 그것은 천사가 아니었다. 천사를 가장한 악마였음이 드러나게 되었다. 소련은 군사력에서 두각을 나타냈다. 핵무기와 미사일에서 미국을 앞질렀다. 그러나 무기가 밥이 될 수는 없었다. 오히려 밥을 줄이는 원흉이었다. 소련인의 생활은 날로 궁핍해져 갔다. 유물론이 하나님 대신에 물질을 숭상했기에 도덕도 형편이 없어졌다. 에덴 동산에서 하와를 유혹하던 뱀처럼 공산주의는 인류를, 특히 지식인을 유혹했지만, 그리고 고통 받는 농민 노동자 소상인을 유혹했지만, 뱀의 유혹이 인류에게 죽음을 가져왔듯이 공산주의 유혹은 인류에게 물신(物神)숭배로 인한 물질파탄을 가져다 주었다. 공산주의의 몰락은 당연한 것이었다. 공산주의가 가져다 준 것은 경제적 평등이 아니었다. 공산주의가 주장한 무산계급 해방 생산수단공유화 배급제 실시 등이 경제적인 평등을 가져다 줄 것으로 생각한 적도 있었으나 그것은 경제적 자유를 앗아갔을 뿐 평준화된 빈곤을 결과하므로 그들의 평등사상이 허구에 지나지 않음이 증명되었던 것이다. 공산주의는 무신론이라는 '시날' 땅 위에 전체주의라는 '역청'으로 쌓아 올렸던 현대판 '바벨탑'이었다. 이의 붕괴는 하나님을 향했던 도전에 대한 당연한 심판이었다(김중석, 1993년, 『교회는 통일을 대비하라』, 98면).

자본주의는 어떠한가? 기계의 발달과 더불어 산업혁명이 일어났다. 기계를 사용하면 짧은 시간에 더 많은 생산을 하게 된다. 그런데 그 많은 생산의 이익은 누구에게 돌아가는가? 생산수단을 소유한 사람에게로 돌아가고 생산활동을 직접 수행한 노동자 농민에게는 적게 돌아갔다. 생산자는 더 많은 이익을 얻기 위하여 노동자 농민에게 돌아갈 몫을 더 적게 했다. 더 많은 것을 소유한 생산자는 더 많은 생산수단을 소유하게 되었고 여기서 자본가가 태어났다. 금융업도 발달되면서 자본주의는 더 발전하게 되었다. 그러나 소수의 자본가는 이익이 늘어갔지만 다수 피고용자의 삶은 나날이 피폐해갔다. 고용자의 탐욕 때문이었다. 여기에 반발하여 공산주의가 생겨났다. 공산주의를 겪으면서 자본주의는 반성하게 되었다. 자기들이 가진 경제적 자유를 다소 제한하더라도 피고용자에게도 좀 더 나누어주어 불평을 없이하고 평등을 좀 더 실현하려 하게 되었다. 이것이 복지정책이다. 이름이 참 좋다. 그러나 복지정책을 취한다고 피고용자들이 불평을 덜할까? 만족할까? 감사할까? 아니다. 미국에서 복지정책의 혜택을 받는 사람들이 감사하는 모습을 보지 못한다. 만족하지 않는다. 늘 더 주지 않는다고 불평이다. 한편 복지재원을 마련하기 위해서는 세금을 더 걷어야 하는데 주 대상이 재산이 많거나 소득이 많은 사람이다. 세금을 많이 내는 사람은 어떤가? 기쁜 마음으로 내는가? 그렇지 않다. 마치 강도 당한 것처럼 생각한다. 그래서 세금도피처를 찾아서 회사도 옮긴다. 세금 때문에 사업의욕이 줄어들어서 처분하고 놀러 다니는 사람도 생긴다. 복지혜택을 받는 사람도 일하지 않아도 먹고 사니까 근로의욕이 저하되어서 일하지 않고 게을러지는 경향도 생긴다. 이런 모순이 있는 자본주의를 왜 계속하는가? 자본주의 체제가 그래도 지금까지 어떤 제도보다 낫기 때문이다. 세금내기 싫고 복지가 부족하다고 피차에 아우성이지만 그래도 자본주의 때문에 빵이 커지고 있고 나누는 몫도 커지고 있기 때문이다.

하나님께로 돌아가는 방법이 최선이다. 통일한국은 경제적 평등을 할 수 있다. 하나님 사회를 만들면 통일한국에서는 자본주의의 한계를 뛰어넘어 경제적 평등이 실현되는 놀라운 나라가 될 것이다. 자본주의가 좋지만 자본가는 세금을 내면서도 불만이고, 이들의 세금으로 혜택을 받는 사람은 아무리 받아도 불평이다. 이런 모순을 해결하고 양쪽 다 만족하고 풍족한 경제를 누리는 방법이 있다. 하나님께로 돌아가는 방법이다. 사람이 하나님께로 돌아가면 자본가나 수혜자나 성실하게 자기 삶에 임하게 된다. 돈이 많건 적건 자기 일에 충실하게 된다. 왜냐하면 성경 에베소서 6장 5-9절에서는 이렇게 말하기 때문이다. "종들아(근로자들) 두려워하고 떨며 성실한 마음으로 육체의 상전(직장 일)에게 순종하기를 그리스도께 하듯 하라. 눈가림만 하여 사람을 기쁘게 하는 자처럼 하지 말고 그리스도의 종들처럼 마음으로 하나님의 뜻을 행하고, 기쁜 마음으로 섬기기를 주께 하듯 하고 사람들에게 하듯 하지 말라. 이는 각 사람이 무슨 선을 행하든지 종이나 자유인이나 주께로부터 그대로 받을 줄을 앎이라. 상전들아(자본가 사업주) 너희도 그들(근로자)에게 이와 같이 하고 위협을 그치라 이는 그들과 너희의 상전이 하늘에 계시고 그에게는 사람을 외모로 취하는 일이 없는 줄 너희가 앎이라." 하나님께로 돌아가면 수입이 많건 적건 간에 수입에 대하여 만족하고 감사하게 된다. 자기가 성실하게 일하고 얻은 소득을 귀하게 여기고 감사할 줄 아는 것이다. 남의 소득과 구태여 비교하려 하지 않는다. 바보여서가 아니라 나의 삶 자체가 소중하기 때문이다. 소득이 남보다 적다고 내 인생이 남의 인생보다 못한가? 그렇지 않다는 것이다. 삶이란 것이 그 소득의 많고 적음에 따라 결정되는 것이 아니라는 것을 안다. 또 소득을 쓸 때도 그렇다. 자기 소득이라고 함부로 쓰지 않는다. 자기 소득 이전에 하나님이 것이라고 생각하기 때문이다. 소득은 하나님이 주신 것이기 때문에 적어도 소중하고 많아도 소중하다. 따라서 소중한 것을 잘 써야 한다. 잘 쓴다는 것은 주신 분, 곧 주인이신 그분의 뜻에 맞게 쓰는 것이다. 자기에게 필요한 만큼만 쓴다. 음식도 필요한 만큼 먹는다. 어떤 때는 간단하게 먹고 어떤 때는 좀 잘 먹는다. 그러나 어느 때나 필요한 만큼 먹는다. 자식을 키우고 집안 살림하는데도 쓴다. 자식을 키우는데도 지나치게 쓰지 않는다. 지나치게 쓰면 자식을 망치기 때문이다. 공부도 자식 스스로 하는 것이 기본이다. 좀 모자라면 부모가 좀 도울 수 있다. 그러나 자식의 공부를 부모가 하듯이 나서는 것은 자식을 무시하는 것이고 자식의 공부 의욕을 꺾는 것이고, 자식을 사랑하는 것 같지만 자식을 사랑하는 것이 아닌, 자기를 오히려 사랑하는 것이니까 자식교육에도 지나치게 쓰지 않는다. 하나님은 우리에게 필요한 것은 다 주신다. 그래서 필요한 것에 대하여는 구애 받지 말고 써야 한다. 검소하게 한다고 공연히 필요한 것조차 안 하면서 궁상을 떨 필요가 없다. 하나님은 부족함이 없는 분이시기 때문이다.

이렇게 자기 필요를 따라서 쓰고 남은 것이 있을 것이다. 이것은 어떻게 하는가? 미래를 위하여 저축할 수도 있다. 기본적으로 수입의 십분지 일은 저축하며 살아야 할 것이다. 그런데 더 중요한 것이 있다. 남에게 주는 것이다. 기독교인은 십일조를 낸다. 또 저축을 한다. 그리고 부모도 공경한다. 그리고 또 남을 돕는다. 남을 도울 여유가 없다는 생각을 할 수 있다. 그러나 사실은 남을 도울 생각이 없는 것이다. 통일한국에서는 모든 시민이 남을 도울 생각을 하자. 소득이 적어서 내 필요를 충당하기도 어려운 사람까지도 남을 도울 생각을 하자. 그러면 다 풍부할 것이다. 가난한 사람이 없을 것이다. 경제적으로 평등은 여기서 이루어진다. 경제적인 평등은 숫자에 관한 것이 아니다. 삶의 질에 관한 것이다. 많이 번 사람은 남에게 많이 주고, 적게 번 사람은 남에게 적게 주면 된다. 이것이 바로 하나님 사회(The community of God's people)이다.

미래학자 제러미 리프킨이 최근에 '재생에너지와 사물인터넷이 결합되면 생산비 제로의 3차 산업혁명이 온다'고 주장했다. 태양열발전 풍력발전은 그 생산단가가 빠르게 저렴해지고 있다. 태양열로 전력 1와트 생산하는데 1970년에는 78달러였으나 지금은 36센트이다. 태양열이나 풍력은 기본적으로 원료가 무료이다. 따라서 앞으로 생산비 제로가 될 것이라는 것이다. 사물인터넷이란 일이나 물건에 센서를 장착하여 진행상황을 다 감지하는 장치이다. 가로등에 부착된 센서는 주변 빛을 감지해 가로등이 스스로 밝기를 조절하게 해준다. 대형 마트나 물류센터에 설치된 센서는 어떤 물품이 잘 팔리는지 관련 정보를 판매 및 생산부서에 전달한다. 이렇게 되면 기업의 재고나 물류, 생산비용이 획기적으로 줄어들게 될 것이다. 센서들은 태양열 에너지를 쓰기 때문에 유지비용도 거의 들지 않게 된다. 세계에 깔린 센서 수는 2007년에 1000만개였는데 2013년에는 35억개를 넘었다. 2030년에는 100조개가 사물인터넷으로 연결된다는 것이다. 한계비용이 제로가 된다고 해서 소유가 없어지는 것은 아닐 것이라 한다. 정작 중요한 것은 '소유는 하되 독점은 않는 협력적 공유사회'로 발전하게 된다는 것이다. 이 말은 바로 우리가 생각하는 '하나님 사회'와 닮았다. 소유는 하되 독점하지 않고 협력적 공유사회는 정말 자본주의를 극복할 수 있는 대안이 될 수 있지 않을까? 독일 등 유럽과 중국은 태양열전기 풍력전기 등 재생에너지에 힘을 쏟고 있다. 통일한국도 태양열 풍력 조력 발전에 힘써서 3차 산업혁명에 뒤지지 말아야겠다는 생각이다. 또한 앞으로 로봇이 굉장히 발전할 것이라 한다. 한국은 지금 로봇에서 상당히 앞서가고 있다. 통일한국에서는 산업을 잘하여 생활도 발전시키고 경제력도 더 강화하면 좋겠다.

통일한국에서는 과학이 많이 발달해야 한다. 지금까지 한국은 남의 과학을 가져다가 쓴 경우가 많았다. 부득이했다. 그러나 통일한국에서도 그렇게 하면 안 된다. 이제 한국은 과학 최일선까지 왔다. 앞에 누가 없는 것이다. 이른바 '창조과학'이 되지 않으면 안 되는 이유가 여기에 있다. 통일한국에서의 과학은 지금까지 아무도 가보지 못한 전답미문의 미지의 과학세계, 창조과학이 되어야 한다. 통일한국은 정말 창조과학에 소위 목숨을 걸다시피 해야 한다. 그래서 노벨상 수상자도 많이 나와야 한다. 과학을 인류생활에 적용하는 것이 기술이다. 한국은 아직까지는 창조과학이 되지 못했다. 그래서 기술도 남의 기술을 가져다 써왔다. 그러나 앞으로는 과학도 창조과학이어야 하고, 기술도 우리가 개발해서 우리가 쓰고 남도 줘야 한다. 이 둘은 아직 우리에게 있어서 숙제이다.

그 다음 산업화가 있다. 과학에서 기술로, 기술에서 산업화로, 산업을 교역으로, 국부의 창출로 진행된다. 산업화와 교역은 한국이 벌써 선수가 되었다. 그러니 산업화와 교역은 크게 염려하지 않아도 되지 않을까? 이리하여 통일한국에서는 경제적으로 잘사는 나라가 되어야 한다. 지금 남한의 일인당 국민소득은 약 3만 달러이다. 북한이 1천달러 내외이다. 곧 남한은 4만달러가 될 것이다. 통일한국에서 북한지역이 굶주림을 면하게 되는 것은 1년내로 가능할 것이다. 도로 항만 전기 등 사회간접자본을 확충하는 데는 10년이 걸릴 것이다. 통일 20년이 지나면 북한지역이 남한지역의 절반수준은 되지 않을까? 통일이 되면 경제적으로 다시 한 번 크게 웅비하게 될 것이다.

물질은 그것을 다루는 사람에 따라서 가치가 달라진다. 칼이 의사에게 주어지면 사람을 살리는 도구가 되지만 강도에게 주어지면 사람을 죽이는 도구가 된다. 성경에 이런 말씀이 있다. "창세로부터 그의 보이지 아니하는 것들 곧 그의 영원하신 능력과 신성이 그가 만드신 만물에 분명히 보여 알려졌나니 그러므로 그들이 핑계하지 못할지니라."(로마서 1장 20절) 여기서 '그가 지으신 만물에 하나님의 신성과 능력이 들어가 있고 분명히 보여 알려졌다'는 말씀에 주목할 필요가 있다. 이 말씀에 따르면 사람은 마땅히 만물을 관찰하여 창조주가 지으신 그 구조와 성질, 역할과 활용가능성을 분명히 보고 알아야 한다. 여기에 바로 인류에게 주어진 '과학적 사명'이 있다. 사물과 현상을 연구하고 과학적으로 알아야 한다. 따라서 통일한국에서는 이런 정신으로 과학을 연구하여 과학에서 지금까지는 선진국을 뒤따라 갔지만 앞으로는 선도해야 한다는 명령을 받고 있다고 생각해야 한다.

아울러 과학연구의 열매는 그것을 사용하는 사람에 따라서 가치가 달라진다. 그래서 여기에 하나님의 '능력'만 아니라 하나님의 '신성'도 발견하라고 되어 있다. 물질과 현상을 과학적으로 연구하면서 하나님의 능력만 발견하면 안 된다. 하나님의 신성도 분명히 보고 알아야 한다. 즉 과학적 연구를 했으면 그것을 만드시고 유지관리 하시는 분, 창조주의 거룩하시고 선한 목적도 마땅히 알아야 한다. 그래서 과학연구의 열매를 선하게, 거룩하고 신성하게, 취급하고 사용할 줄도 알아야 한다. 그래야 과학이 진정 인류에게 복이 된다. 만약 '능력'만 알고 '신성'은 알지 못하여 과학연구의 열매를 잘못 사용하면 인류에 큰 재앙이 될 수 있다. '잘못 사용한다'는 것은 인간의 탐욕을 위하여, 악한 목적으로, 자기만 위하고 남은 어렵게 만드는 방법으로 사용하는 것을 말한다. 독일이 전쟁을 하면서 잠수함을 발명했다. 미국이 2차 대전 때 원자폭탄을 발명했다. 과학연구가 전쟁목적 때문에 촉진되었던 것이다. 그러나 과학과 기술은 하나님이 선한 목적으로 인간에게 주신 것이다. 따라서 선하게 사용해야 한다.

도덕성이 높은 나라

통일이 되면 건전한 사람들이 일어나겠지만, 이들보다 더 나서고 설칠 사람들이 있는데 곧 불건전한 사람들이다. 남한에서 경제활동을 하면서도 불건전하게 부동산투기나 고리대금업이나 성을 사고파는 사람이나 사기협잡을 하던 사람들이 더 날칠 것이다. 종교적으로도 정통파보다 이단들이 더 날칠 것이다. 러시아가 개방이 되자 마피아가 세력을 잡는 것을 보았다. 북한에서도 그럴 가능성이 충분하다. 간첩훈련 받은 자들, 특수부대요원들, 제대군인들, 이들이 제대로 직장을 잡지 못할 때 어디로 가겠는가? 1988년 한국이 올림픽을 개최할 때, 소련에 고르바초프가 대통령일 때 소련 동쪽 유즈노사할린스크부터 하바로브스크, 모스크바, 페테르스부르크, 카작스탄의 알마아타, 우즈베키스탄의 타쉬켄트까지 3만마일을 여행한 적이 있다. 그때 가는 곳마다 그곳 사람들이 밝히는 것은 두 가지, 돈과 성적욕구였다. 이는 사회주의하던 국가들의 공통점이었다. 북한에도 반드시 그럴 것이다. 그것은 인간의 본능이니까. 지금 북한의 부패현상은 그 폭압정치만큼이나 지능적이고 광범위하게 퍼져 있다. 뇌물 없이는 되는 것이 없다. 북한은 지금 돈이면 안 되는 것이 없다. 최근(2015.1.9 조선일보)에 북한에 투자한 중국기업에 관한 보도가 있었다. '열에 아홉은 쪽박'을 찼다는 것이다. 북한에서 공장을 운영하거나 무역사업을 했던 중국인 기업가들은 북한의 계약 파기와 약속불이행 등으로 10명 중 9명은 실패하고 나오는데 기업철수도 마음대로 못하여 오도가도 못한 채 북한에 묶여서 통역관으로 이용당하는 중국기업가가 300명쯤 된다는 것이다. 북한당국이 발급한 합법적인 허가증을 갖고 있어도 가는 곳마다 뇌물을 요구한다. 뇌물을 주지 않으면 원자재나 생산품 등 물건을 통과시켜주지 않는다. 북한간부에게 뇌물을 주지 않으면 노동자들을 출근시키지 않거나 일을 지연시켜 공장운영을 어렵게 만든다. '대박을 기대했다가 쪽박을 차고 나오기 십상'인 것이 대북사업이라고 말한다.

이익이 나도 과실을 가져나올 수 없다. 내각에서 나온 사람들이 오전에 계약한 것을 오후에 다시 계약하자며 뒤집기를 한다. 계약이고 약속이고 허가증이고 기업윤리고 다 없는, 도덕이란 개념이 존재하지도 않는 북한이라는 것을 바로 안다면 대북투자는 아직은 무리라고 본다. 종교를 말살했기 때문에 종교 대신에 인민의 마음에 미신이 자리잡는데 지금 북한에서 점치는 것이 막 확산되고 있다.

남한은 어떠한가? 자기직업에 충실해야 하는데 자기직업에 충실하지 아니하는 도덕불감증이 사회에 만연하고 있다. 청와대는 아마 밤낮없이 자기직업에 매진하고 있을 것이다. 그러나 정부부처로 내려가면 어떨까? 관리들의 적폐가 많이 쌓여 있어서 대통령이 기를 쓰고 적폐해소에 나서고 있는 실정이 아닌가. 부처마다 온갖 규제가 첩첩이 쌓여 있어서 경제의 발목을 잡는 규제를 철폐하기가 그렇게도 어려운 상황이다. 2014년 4월 16일 세월호 사건이야말로 자기직업에 충실하지 않는 대표적인 사건이다. 선장은 제일 먼저 도망을 갔고 선원들과 해양경찰과 해운조합 등이 자기직업만 제대로 했더라면 그 수많은 학생들과 선객들이 죽지 않았을 것이고 구조가 가능했을 것이다. 지금도 금융기관의 직원이 고객이 맡긴 돈을 빼돌려 도망갔다는 뉴스가 끊이지 않고 있다. '고양이에게 생선을 맡긴 꼴'이다. 사람 사는 어느 곳에나 부정과 부패는 있을 것이다. 그러나 대한민국은 좀 심하다. 노태우 대통령 때 관공서가 특히 많이 부패해졌다. 공무원 사회의 기강이 무너지고 애국심이나 자부심이 상실되고 책임감을 잃고 부패해졌다. 민주화를 한다면서 부패도 같이 왔다. 민주주의를 각자 자기 이익을 위하면 되는 것으로 착각하여 부패하였고, 자유는 책임이 따르는 것임을 망각하고 방종으로 나아갔다. '민주'를 '부패'로 바꾸고, '자유'를 '방종'으로 바꾼 것이다. 이는 후진국이 민주와 자유를 추구할 때 공통적으로 나타나는 현상이기도 하다. 이 점은 앞으로 북한에서 더 심하게 나타날 것이다. 남한에서 정부의 부패를 감시하기 위하여 '비정부기구'인 시민단체(NGO)들이 1980년대와 1990년대에 많이 나타났다. 그런데 이들 시민단체들도 부패해졌다. 시민단체의 상당수는 애당초 잘못된 이념을 추구하기 위한 친북, 종북의 위장단체들이 많았다. 이들에게는 도덕이라는 것이 없었으므로 당연히 부패하여 갔다. 그렇지 않은 시민단체들도 점점 힘을 얻게 되자 그 얼마 안 되는, 권력도 아닌 권력에 취하여 부패하여 갔다. 2015년 1월에는 외환은행을 인수하였다가 비싸게 팔고 떠나가는 미국의 단기투기집단 '론스타'의 비리를 캐나 하던 한 시민단체 대표가 론스타에 8억원을 요구하여 받고 재판부에 선처를 요청하는 '탄원문'까지 보낸 사실이 적발되었다. 이렇듯 '도덕불감증'은 남한에 만연되어 있는 실정이다. 정말 '부패공화국'이라는 비난의 말이 실감나고 귀에 쟁쟁하다.

　이런 남북의 도덕적인 상태를 어떻게 하면 통일한국에서 도덕이 매우 고양된 나라로 만들 수 있는가? 먼저 제도적인 장치를 들 수 있다. 법을 잘 세우고 법을 엄정하게 집행하는 것이다. 도덕문제를 법으로 다스린다는 것은 쉬운 일이 아니다. 또 바람직하지도 않다. 도덕은 본래 개인의 문제이기 때문이다. 그러나 개인의 도덕이 잘못되어 타인에게 악영향을 미치게 되고, 그 악영향이 많이 퍼져서 사회악이 되고, 사회구성원 모두의 건전한 노력을 위협하고 악이 선을 위협하게끔 되면, 부득이하게 국민의 복리라는 공익을 위하여 법으로써 도덕적 비행을 억제하고 벌을 주게 된다. 또 법은 최소한의 제한으로 그쳐야 한다. 싱가포르는 백성이 중국 광동 사람들이지만 리콴유 수상이 영국식으로 모든 법을 제정하면서 높은 사회적 도덕성을 반영하였다. 자유무역을 중심하고 관광이 발달한 도시국가이지만 법이 잘 제정되고 또한 잘 시행되는 관계로 아시아에서는 상당히 높은 수준의 청렴도를 유지하고 있다. 한국도 최근에 소위 '김영란 법'이라 해서 부패방지를 위한 법이 제정되었다. 여기에 교사와 언론인도 포함시킬 것인가 하는 것이 논란이 되고, 위헌의 소지가 있다고도 한다. 하지만 교사와 언론인이 포함되는 것은 합당하다고 생각된다. '교사'라는 것이 본래 우리나라에서 '스승'이라 하여 높이 존경 받는 직업이었다. 스승의 그림자도 안 밟는다 하였고 스승은 뒷간에도 안 가는 줄 알았다 하였다. 그러나 근대에 들어와서 국민은 누구나 기본적인 교육을 받아야 된다는 '의무교육' 제도가 실시되고 교사도 많아지게 되었다. 또 '정신교육'보다는 '실용교육'이 중시되면서 교사세계의 도덕성이 떨어지게 되었다. 최근 한국에서는 공교육이 무너지고 사교육이 그 자리를 대신하게 되면서 '스승'이라는 개념 자체가 사라지게 되었다. 통일한국에서는 교육이 정상화 되어야 한다. 공교육이 살아나야 한다. 교사의 자부심도 살아나야 하고 교사에 대한 존경심도 회복되어야 한다. 그러려면 '김영란 법' 같은 부패방지법에 교사가 포함되어야 한다. 언론인도 마찬가지다. 우리민족에게 근대언론이 시작된 것은 백여 년에 불과하다. 그리고 선각자들에 의해서 근대언론이 시작되었다. 언론은 보도기능만 아니라 계몽기능도 담당했었다. 지금 언론은 그 권력이 대단하여 3권인 입법 행정 사법부와 더불어 제4의 권부를 형성하고 있는 것이 사실이다. 따라서 언론인도 부패방지법 대상에 포함되는 것은 너무나도 당연하다. 그러나 통일한국이 도덕이 높이 고양된 나라가 되려면 법으로만은 너무나 부족하다.

도덕이라는 것은 원래 법 이전에 개인차원의 문제이다. 법보다 더 중요한 것이 도덕으로써 도덕이 무너지면 법도 성립될 수 없는 것이다. 도덕을 알고 지키고 높이려면 교육이 중요하다. 초급학교에서는 '도덕과목'을 가르치고, 상급학교에서는 '윤리과목'을 가르친다. 그런데 교육계에서 날이 갈수록 '윤리도덕 과목'의 중요성이 떨어지고, 학생이나 교사나 공히 이를 경시하게 되었다. 통일한국이 도덕적으로 높이 고양된 나라가 되려면 윤리도덕 교육이 지금부터 잘 되어야 한다. 윤리에는 '가정윤리', '사회윤리', '직업윤리' 등이 있다. 세월호 사건은 우리나라에 현재 직업윤리가 얼마나 땅에 떨어져있는가를 분명하게 보여주었다. 어떤 목사님이 한 번은 병원을 갔는데 병원에 입원한 아내를 방문하러 온 한 아빠가 열 살인 딸에게, 열두 살 이상이 아니면 못 들어가는 병실에 데리고 들어가기 위해 '야, 너, 물어보면 열두 살이라고 해!'라며 딸에게 거짓말을 가르치는 것을 바로 옆에서 보면서 입에서 깊은 신음소리가 저절로 나오더라고 한다. 전화가 왔을 때 아이가 받았는데 엄마가 이렇게 아이에게 외친다. '엄마 없다고 그래.' 부모가 자녀에게 어려서부터 거짓말을 가르치는 것이다. 이것이 장차 사회를 얼마나 거짓말로 더럽히며, 불필요한 비용을 만들겠는가. 장성한 아들이 부모가 용돈을 잘 안주고 잔소리를 한다고 부모를 살해하는 일이나, 엄마와 동거하는 남자가 딸을 겁탈하고 아이까지 낳게 하였는데 엄마는 오히려 딸에게 동거남과 결혼하라고 강요까지 한 일은 가정윤리가 어디까지 타락하였는지를 보여준다. 경제적으로 유족하든 어렵든 가정에서 가정윤리를 자녀들에게 어려서부터 제대로 가르쳐야 한다.

학교에 가면 학교에서도 학령에 맞게 윤리를 제대로 교육하면서 시상도 하고 징벌도 하여 윤리의식을 높여서 사회로 내보내야 한다. 최근 어떤 기관이 중학생들에게 설문조사를 해보니 '1억원이 생긴다면 부정을 저지르겠다'는 학생들이 많았다고 한다. 이것은 바로 우리 다음 세대가 어떤 사회가 될지를 말하고 있지 않은가. 학교폭력이 있다. 학교폭력은 학교 내에서 윤리가 실종되고 있음을 나타낸다. 학교폭력은 학교 내에서 극복되어야 한다. 할 수 있는 일이다. 안 해서 그렇지 하려고만 하면 반드시 될 수 있는 일이 학교폭력 근절이다. 한두 명의 불량학생이 학급에서 못된 짓을 한다. 학급의 다수가 하는 것이 아니다. 문제는 다수의 학생이 소수학생의 학교폭력을 그냥 보고만 있다는 데 있다. 이기적인 생각에서, 또 두려운 마음에서다. 자기 힘으로는 부족하여 할 수 없을 거라는 패배주의에서다. 당장은 자기가 당하지 않으니까 모른 척 한다는 것은 곧 자기에게도 닥칠 일을 키우는 것이다. 당연히 다수가 일어나서 소수의 불량학생을 제지해야 한다. 교실에서 불량한 행동을 인정하면 안 되는 것이다. 나만을 생각하지 말고 학급 동료를 생각해서 내가 먼저 나서면 다른 아이도 나설 수 있다. 신성한 교실이 이런 불량학생의 불법의 온상이 되게 할 수는 없다는 공분이 학생들에게 일어나야 한다. 불량학생을 학급에서 극복하지 못하면 사회에서도 마찬가지 현상이 일어나게 된다. 당장 내가 당하지 않으니까 못 본 척한다는 것은 다 '미필적 공범'이 되는 것이다. 교사도 불량학생과 피해학생을 알아야 한다. 특별관리를 해야 한다. 왜 그러는지, 가정사정은 어떤지, 그 학생을 만나고, 한 번 만나서 마음을 열지 않으면 여러 번 만나고, 그 학생의 고민을 알고, 같이 고민하고 해결책을 찾아나가면 학급이 아주 좋아질 수 있다. 학교폭력을 학급동료가 나 몰라 하고, 교사가 나 몰라 하면, '학교보안관'이 해결할 것인가? 경찰이

배치된들 해결될 것인가? 검사가 배치된들 해결될 것인가? 해결이 안 된다. 이것이 사회로도 그대로 번져나간다. 가정윤리는 먼저 가정에서 해결이 되야 하고, 학교폭력은 먼저 학교에서 해결이 되야 한다.

직업윤리가 얼마나 중요한지 세월호를 통해서 한국 백성은 교육을 받았다. 그런데 직업윤리는 어디서 배워야 하는가? 학교가 아니다. 직장에서 배워야 한다. 직장에 들어가면 먼저 들어온 상사에 의해서 직업윤리 내지는 직장윤리를 배워야 한다. 기껏 배운다는 것이 요령이나 배우고 하극상이나 배우고 우월한 지위를 이용한 성추행이나 배우면 안 된다. 요즘 새롭게 생겨나는 직장에서는 회식문화도 달라지고 있고 '사원단합대회' 같은 것도 종래와 다른 모양을 보이고 있음은 다행한 일이다. 오래된 직장은 아직도 고루한 직장문화를 가지고 있다. 회식을 한답시고 술판이나 벌이고 술을 강요하고 폭탄주를 돌린다. 이 추태를 대학생들도 배워서 아직도 해마다 신입생환영회에 한두 명씩 술 때문에 죽곤 한다. 또 과마다 비상금을 마련하여 비정상적으로 쓰는 것을 과장의 능력으로 평가하는 직장문화가 있었다. 이런 것이 사회 곳곳으로 퍼져서 비리가 독버섯처럼 퍼지고 그렇게 안 하면 오히려 불편해하고 비난의 대상이 되기도 한다. '다 하는데 왜 당신만 깨끗한 척 하느냐' 하면서 도태시키려고 든다. 직장문화를 지금부터 바로잡아야 한다. 직업윤리, 직장윤리가 바로 서야 그 회사에 근무할 맛이 나고, 충성할 동기가 부여되고, 회사가 어려움이 닥쳐도 살아남을 수 있다. 그러므로 직장의 상사는 반드시 후배들에게 바른 직장윤리 직업윤리를 가르쳐야 한다.

공중도덕 사회윤리는 누가 가르치는가? 나이 먹은 사람들이 젊은 사람들을 가르쳐야 한다. 젊은 사람이라도 사회윤리 공중도덕을 아는 사람들이 솔선수범하므로 그렇지 못한 사람들이 스스로 부끄러워하게 해야 한다. 그러니까 사회구성원 서로 가르치고 배우는 것이다. 시내에서 가끔 시민대중집회가 열린다. 기독교인들이 모인 집회는 거의 예외 없이 그 모임이 끝난 자리가 아주 깨끗하게 정돈 된다. 그러나 기독교인이 아닌 시민단체 주도 집회장은 거의 예외 없이 그 모임이 끝난 뒤에 쓰레기가 산더미처럼 쌓여서 트럭이 여러 대 동원되고 환경미화원들이 생고생을 한다. 이것은 교육이 되고 안 된 문제이다. 기독교인은 교회에서 교육을 받는다. 집회를 할 때도 교육을 받는다. 그러면 잘 따른다. 왜냐하면 기독교인의 명예가 있고 자기들의 부주의로 자기들이 섬기는 예수님의 이름에 욕이 되기를 원하지 않기 때문이다. 이렇게 윤리도덕을 위해서는 교육이 중요하다. 통일한국에서 도덕이 높이 고양되려면 지금부터 위와 같은 교육을 각급 각처에서 해야 한다.

　도덕에서 성윤리가 빠질 수 없다. 실제로 성윤리가 국가 사회에서 차지하는 비중이 크다. 2015년 2월 26일 대한민국 대법원은 간통죄를 폐지했다. 간통은 성인 스스로 알아서 할 일이고 법적으로 죄가 될 수 없다고 결정한 것이다. 구미선진국 각국이 이미 간통죄를 폐지한 것을 따른 것으로 보인다. 그러나 이것은 통일한국을 윤리가 고양된 나라로 만드는데 역행하는 것이라 생각된다. 앞으로 한국에서 이혼이 많아질 것이다. 따라서 가정이 파괴되고 자녀들에게 씻을 수 없는 상처를 안겨줄 것이다. 특히 여성에게 비극이 많아지리라 예측된다. 독립적 경제권을 형성하지 못한 여성들은 불안할 것이며 직업전선에 내몰리는 여성들의 삶은 보다 고달플 것이다. 엄마의 자상한 보살핌을 받지 못하고 자라는 아이들이 많아질 것이고 이는 장차 사회문제를 낳게 될 것이다. 부모자식간의 관계설정도 점점 변화할 것이고 가정중심에서 개인중심으로 나아갈 것이다. 인간에 대한 불신이 강해질 것이다. 아이들의 부모에 대한 신뢰도 떨어질 것이다. 결혼은 신성한 부부간의 약속인데 약속을 파기하는 일을 거리끼지 않게 할 것이다. 그래서 언제 헤어질지 모르는 부부가 되므로 부부간의 신뢰도 낮아질 것이다. 가정의 해체가 증가할 것이고 가정의 건강성이 낮아질 것이다. 따라서 사회의 건강성이 낮아질 것이고 개인의 삶의 질도 낮아질 것이다. 결혼의 중요성이 약해지면 가정의 중요성도 약해질 것이다. 그렇지 않아도 결혼기피 현상이 점증하는 한국사회에서 더욱 결혼을 하지 않고 성을 즐기려는 경향이 나타날 것이다. 이는 주택문제나 사회적 비용의 증가로 나타날 것이며 결혼을 하지 않거나 결혼이 더 늦어지는 현상이 늘어날 것이다. 서구화라는 것이 다 좋은 것은 아닌데 이번 대법원의 간통죄 폐지 결정은 한국이 서구를 배우지 않았으면 하는 것 중에 하나를 뒤따르게 된 셈이어서 매우 슬프다. 구미선진국이 선진국이 된 것은 기독교 정신을 잘 기초해서였다. 그런데 구미가 기독교에서 점점 떠나고 있다. 따라서 구미도 언젠가는 쇠락할 것이다. 구미선진국을 떠받치고 있는 기틀인 기독교 정신이 빠져나가고 있기 때문이다. 소돔 고모라가 몰락한 이유가 동성애를 비롯한 성적타락이 주 원인이었음을 기억할 필요가 있다. 통일한국이 윤리적으로 고양된 나라가 되어야 하는데 성적으로 구미를 닮아간다면 과연 그렇게 될 수 있겠는가. 가정은 참으로 중요하다. 성윤리가 제대로 서지 않으면 가정이 제대로 설 수 없다.

    종교가 종교의 기능을 담당해야 한다. 도덕은 종교를 기반으로 한다. 도덕은 개인의 문제이고 개인의 양심문제이다. 개인의 생각에 이것은 옳고 이것은 그르다 하는 판단이 있어야 한다. 이 판단을 하려면 판단의 기준이 있어야 한다. 이러한 도덕적 판단의 기준은 종교에서 온다. 그래서 종교에서 도덕이 서고, 도덕에서 사회가 서게 되는 것이다. 무종교인도 있다. 무종교인 가운데 높은 도덕의 소유자도 있다. 그러나 일반적으로 종교가 없으면 되는대로 살게 되어 있다. 종교도 종교 나름인데 미신에는 도덕성이 없다. 그냥 위험은 피하게 되기를 바라고, 좋은 일과 복이 오기를 바라는 본능적 욕구에서 온 미개 종교가 미신이다. 한국인의 정서 깊은 곳에는 샤머니즘이라는 미신이 자리잡고 있다. 그러나 미신 가지고는 높은 도덕적 사회를 만들 수 없다. 따라서 고등종교가 필요하다. 불교가 들어와 도덕과 철학에 도움이 되었다. 유교가 들어와 윤리에 도움이 되었다. 마지막으로 기독교가 들어와 강한 종교성과 윤리, 그리고 실용을 가져다 주었다. 이것은 일반론이다. 그런데 종교가 있더라도 그 종교가 그 사람에게 제대로 기능하지 못한다면 별 소용이 없게 된다. 그래서 통일한국이 도덕적으로 높이 고양된 나라가 되려면 지금부터 고등종교를 갖되 종교가 종교의 기능을 잘 감당할 수 있어야 한다. 제대로 믿고 그 가르침을 실제 생활에서 생활화하여야 한다는 말이다. 그렇게 되면 이 사람은 높은 도덕성을 갖게 되고, 주위 사람들에게도 도덕적으로 선한 영향력을 끼치게 된다. 사회가 점점 도덕적으로 높아지게 된다. 그러면 통일한국이 도덕에서 높이 고양된 참으로 살기 좋은 나라가 될 것이고 세계가 통일한국을 부러워하고 배우려 하게 될 것이다.

그래서 십계명 외우기를 제창하는 분도 있다. 십계명의 5계명은 가정윤리를 가르치고, 6계명은 생명존중윤리를 가르치고, 7계명은 성윤리를 가르치고, 8계명은 경제윤리를 가르치고, 9계명은 거짓말 하지 말라고 정직 양심윤리를 가르치고, 10계명은 이웃의 것을 탐내지 말라고 자족(自足)윤리를 가르친다. 아닌 게 아니라 통일한국이 도덕적으로 높이 고양된 나라가 되기 위해서는 십계명을 어려서부터 가정에서 외우게 하고, 학교에서도 가르쳐야 한다. 직장과 사회에서도 누구나 십계명을 아는 것이 필요하다고 생각된다. 왜냐하면 십계명이 모든 세상 법체계의 기본으로 알려져 있고, 실제로 개인의 삶에 도덕적으로 좋은 영향을 주고 있기 때문이다. 우리가 보통 돈이 많고 지위가 높으면 훌륭하다 하고 부러워하는데, 사실은 무엇을 부러워하고 무엇을 부끄러워해야 하는지를 아는 것이 도덕에 중요한 면이다. 십계명이 가르치는 바 도덕률을 잘 지키며 사는 것을 부러워해야 하고, 십계명이 가르치는 가장 기본적인 도덕률조차 지키지 못하는 것을 부끄러워해야 한다. 이제부터 시작하여 통일한국에서는 연공서열보다는 능력을 알아주고, 학력 인맥보다는 실력을 높이 사는 사회가 되어야겠다. 도덕성을 고양하기 위해 모든 직장이 나서고, 언론이 나서고, 교육기관이 나서면 될 수 있다. 무엇보다 직업을 귀히 여기고 정직하여야 한다. 만약 한국이 통일이 되어도 도덕이 서지 못하면 어떻게 될까? 통일한국은 제대로 시작해보기도 전에 주저앉을 수도 있다. 왜냐하면 도덕은 법보다 더 근본이며 도덕이 무너지면 사회도 무너지기 때문이다.

세계성을 가진 나라

통일한국은 세계성을 가진 나라가 될 것이다. 우물 안 개구리가 되어서는 안 된다. 북한은 지금 진실로 우물 안 개구리이다. 평양과학기술대학의 한 학생이 '세계 각국에서도 조선말을 하나요'라고 물어서

담당 영어선생을 아연실색하게 하였다는 말처럼 북한은 정말 외부세계와 단절되어 있다. 얼마나 안타까운 일인지 모른다. 요즘 북한에서 남한의 드라마 대중가요 가정용품 화장법 옷차림이 유행하기도 한다. 그러나 세계에 대하여는 모르고 있다. 북한의 지배층은 좀 더 알 것이다. 남한이 어떻게 살고 세계에서 위상이 어떻게 높아지고 있는지를 알 것이다. 그러나 세계가 자기들을 어떤 눈으로 보며 어떻게 여기고 있는지를 아직도 잘 모르고 있음이 분명하다. 북한지배층은 지금과 같은 폭압정치가 앞으로도 가능할 것으로 생각한다. 그래서 일부러 세계에 대하여 눈을 가리려고 한다. 이 폐쇄성은 북한과 북한 백성에게 얼마나 비극적인 결과를 가져오고 있는가. 중국같이 땅이 넓고 인구가 많은 나라도 혼자서는 살지 못하고 빈궁을 면치 못하다가 미국과 핑퐁외교로 문을 열고 미국에 물건을 팔고 세계무역 체제에 가입하면서 놀라운 경제성장을 이룩하여 지금 세계 2위 대국이라 하지 않는가. 그런데 북한같이 땅도 작고 인구도 작은 나라가 어떻게 '우리끼리', '명령만 내리시면 우리는 한다'는 식으로 살 수 있겠는가. 김일성 왕조 유일체제를 유지하기 위하여 아무도 못 들어오게 하고, 아무도 못 나가게 하는, 극도의 폐쇄체제를 고수하면서 당연히 못살게 된 것을 '미국이 제재해서 못산다' 투정이나 부리니 누가 그들을 도울 수 있는가? 자기들이 도울 수 있는가? 중국이 도울 수 있는가? 남한이 도울 수 있는가? 아무도 없다. 왜냐하면 스스로가 자기를 꼭꼭 잠가놓고 있기 때문이다. 중국이 아무리 북한에게 너희들도 도와달라고만 하지 말고, 스스로 살 수 있게 중국처럼 개혁개방을 하라고 권하지만 개혁개방을 못하고 있다. 체제가 무너질까 봐 못하는 것이다. 그러니 북한 백성이 살려면 그 체제가 무너져야만 하는 것이다. 더욱이 최근에 미국 오바마 대통령이 북한을 향하여 북한을 더욱 압박하는 행정명령에 서명하고, 북한이 그렇게 하면 망할 수밖에 없다면서 '북한 멸망'을 공식적으로 언급하는 데까지 이르렀다. 그리고 압박에는 군사작전보다는 정보를 북한에 넣는 방법이 훨씬 더 효과적일 것이라는 말까지 하자 북한은 더욱 미사일을 쏘고, 여러 모로 반발하면서, 더 백성을 정보로부터 옥죄고, 폐쇄성을 더 강화하고 있다. 그러면 그럴수록 북한의 멸망 시계가 더 카운트다운 하는데도 말이다.

통일한국에서 북한지역의 개혁개방은 급속하고도 눈부실 것이다. 사회간접자본인 고속도로 철도 전기 같은 인프라만 열리는 것이 아니라, IT 정보화 인적 교류 등 북한 사람이 정신을 차릴 수 없을 정도로 개방화와 세계화가 진행될 것이다. 북한인의 고착화된 사상도 변할 것이고, 사고방식도 변할 것이고 생활방식도 변할 것이고 언어습관도 변할 것이다. 개인적으로 가정적으로 직장에서 사회에서 모든 변화를 급격하게 체험하게 될 것이다. 통일한국 정부가 독일과는 다른 점진적인 경제성장을 추구할지라도 북한인이 느끼는 변화는 대단할 것이다. 한편 역사를 좀 더 거슬러 올라가면 100년 전만해도 북한인이 사실은 남한 사람보다 덜 보수적이었고 더 개방적이었다. 북한에 기독교가 남한보다 배나 성했으며, 북한의 지형이 산악이 많아 '맹호출림猛虎出林' 강인한 성격과, 변화를 두려워하지 않는 성품이었고, 진취적 기상이 강한 지역이었다. 기독교가 성한 것도 이런 지역적 특성과도 관계가 있었지 않았나 생각된다. 이 점을 생각하면 북한이 통일한국 상황에서 아주 발 빠르게 새로운 체제를 받아들이고 나아가서 적극적으로 세계를 받아들이고 세계화를 할 가능성이 있다.

남한은 북한에 비하면 지금 매우 세계화 되어 있다. 무역이 그렇고, 사람들의 넘나듦도 그렇다. 아주 개방되어 있다. 한민족이 세계에 750만 명이나 나가 있다. 외국인이 한국에 160만 명이나 들어와 살고 있다. 유엔사무총장이 한국인이고 세계은행총재도 한국계이다. 한국기업은 세계에 나가서 사업을 펼치고 있고 세계적 기업이 상당수이고 한국문화가 세계를 풍미하는 것을 본다. 가히 세계적이라 할 수 있다. 그러나 아직도 여러 곳에서 '우물 안 개구리'를 본다. 한국에 아직도 '종북'이 판을 치고 있다는 것이 바로 그렇다. 어떻게 간첩의 아들이 국회에서 지도자로 나서며, 북한을 오고 가면서 공개적으로 북한을 두둔하고, '북한인권법' 국회통과를 그토록 막을 수 있단 말인가. 이것은 비상식적인 것이다. 이런 비양심과 비상식과 초법적인 행태가 어떻게 가능할까? 이것은 한국의 자유를 악용한 반민주적인 것이며, 반민족적인 것이다. 왜 이것이 용인되는가? 그만큼 남한에 간첩이 많고, 종북이 많고, 그들이 머리를 내저으며 광화문을 활보하도록 내버려둔 사법당국 때문이며, 일반 백성들조차 '무엇을 용납하며 무엇을 쳐내야 하는지' 분별을 못하여 헷갈리기 때문이다. 이것은 아량과 관용과 기독교가 말하는 사랑의 문제가 아니다. 이것은 대한민국을 헐고 북한식으로 통일하려는 대역죄(大逆罪)에 다름 아니다. 한국에 이런 정치사회적인 현상이 남아 있다는 것은 몰(沒)시대적인 것이다. 역사의 흐름을 거꾸로 가게 하는 현상이다. 세계인이 볼 때 이것은 도저히 납득이 안 가는, 희한하고 어처구니 없는 일이다. 도대체 대한민국에 자유가 구미각국보다 넘쳐나서 그런 것도 아니고, 이런 자들을 귀중한 세금으로 국비로 먹여 살려주고, 그 악행을 하는 비용을 대다니 말이 되는가. 이런 것은 한국이 아직 세계성에서 부족함을 보여준다.

남한의 복지논쟁도 세계성의 부족을 보여준다. 남한에 있는 간첩과 좌익들이 한국을 위하는 척하면서 시민단체를 만들고, 교수들을 앞장세우고, 언론플레이를 하면서, 복지를 주장한다. 한국이 감당하기 어려운 수준의 복지를 주장한다. 그러면 사이비 정치꾼들이 여기에 달라붙어서 맞장구를 치면서, 나라는 어떻게 되든지 자기들이 백성의 표를 얻어서 권력 얻기를 바란다. 그러면 이들과 연결된 야당도 표를 얻을 욕심으로, 또 당 내부 좌익들의 강경노선으로 말미암아 '묻지마 복지'를 소리높이 외친다. 그러면 백성 중에 어리석은 이들이 여기에 동조하고, 불만이 많은 사람들이 여기에 동조한다. 그러면 여당도 권력을 빼앗길까 봐 어쩔 수 없이 같은 배를 탄다. 이러면 대한민국이 흔들리고 좌초할 수도 있다. 이것이 오늘의 대한민국에 복지와 상관된 정치상황이 아닌가 싶다. 여기서 그리스를 볼 필요가 있다. 그리스는 1929년부터 1980년까지 연평균 경제성장률 5.2%를 기록하며 고속성장을 거듭했다. 1인당 실질국민소득은 세계 최고수준이었고, 국가부채도 GDP대비 23퍼센트에 불과한 우량국가였다(이명박, 『대통령의 시간』, 662면). 그러나 1981년 진보정당인 사회당이 복지예산을 무리하게 늘리는 공약을 내걸어 선거에 승리하면서 상황은 달라졌다. 보수정당인 신민주당까지 뒤질세라 복지경쟁을 벌였다. 그 결과 그리스는 재정피폐와 국가부채 급상승으로 부도위기에 빠졌다. 그리스는 2010년 재정위기로 EU에 긴급구제금융을 신청하면서 유럽금융위기를 일으켜 한국도 2011년 고통을 당했으나 정부의 신속한 대응으로 잘 위기를 넘긴 적이 있다. 그런데 또 2015년 긴축재정을 반대하는 야당이 집권하면서 다시 유럽과 세계의 경제를 위협하고 있다. 남미의 강국이었던 아르헨티나도 무책임한 선심성 복지정책으로 주저앉았다. 한국의 불순한 복지론자들이 항상 모델로 제시하는 스웨덴이나 노르웨이는 그런 복지를 지금 철회하고 있다. 영국과 프랑스 독일도 그런 복지에서 벗어나려고 애를 쓰고 있다. 그런데 한국의 복지논쟁은 실패한 서구의 복지모델을 뒤따라 하지 못해서 안달이니 이 또한 세계성의 부족임에 틀림이 없다 하겠다.

한국의 관료조직이나 나라일꾼을 임명 동의하는 국회 청문회제도가 세계성에 뒤떨어진다. 박근혜 정부가 시작될 때 특색 있게 '미래창조과학부'라는 것을 아주 중시하여 만들었다. 대통령이 된 그가 국가 장래를 위하는 마음으로 한 것이라 생각된다. 그런데 김종훈이라는 미국에서 성공하여 미국 주류사회에 들어갔고, 거기서도 성공하여 그 유명한 벨 회사의 사장도 지낸 사람을 장관후보로 지명하였다. 많은 백성의 기대를 모았고 본인도 조국에 봉사하고자 하는 마음이 충만했다. 그런데 하나 의심되는 것이 있었다. 과연 한국의 경직된 관료조직이 그의 세계화된 방식을 잘 소화할 수 있을까? 하는 것이었다. 특히 '미래창조과학'이라 하면 정말 경직된 사고로는 도저히 따라갈 수도, 뒷받침할 수도 없는 것이 아니겠는가. 그런데 아니나 다를까, 일은 시작도 되기 전부터 좌초하고 말았다. 국회청문회에서 난리를 부린 것이다. 지금 한국 국회가 하는 청문회는 청문회가 아니라고 생각된다. 완전히 쇼이다. 더구나 텔레비전 현장 방송도 하지 않는가. 정책이나 능력은 검증하지 않고 오로지 신상털기식 주변 잡사와 개인적인 문제에만 초점을 맞춰 무슨 연예인 골탕먹이기 쇼프로처럼 만들고 있다. 그래서 김종훈 씨는 모처럼 조국에 헌신하려던 선한 마음이 왜곡 보도되어 본인과 가족까지도 상처를 크게 받고 취임도 못하고 말았다. 얼마나 아쉬운지 모른다. 미래창조과학이라면 그런 인물들이 좀 나서줘야 했는데 이렇게 시작도 못해보고 우물 안 개구리 같은 사람들에 의하여 낙마하게 되니 개인의 불행뿐 아니라 국가의 불행 아닌가. 그 후에 미래창조과학부라는 것이 지금 뭐하고 있는지 나는 아는 바가 없다. 한국의 관료조직이나 국회청문회는 세계성이 매우 결여되어 있다. 이대로 통일한국에 갈 수는 없다. 맹렬히 반성하여 세계성을 갖춰야만 한다.

문화한국

한민족은 본래 흥(興)이 많은 민족이다. 고구려 때부터 중국에 알려지기를 가무(歌舞)를 즐기는 민족이라 했다. 이탈리아가 지중해의 온화한 기후와 맑은 하늘과 바다, 풍부한 햇빛을 가지고 있어서 일찍이 문화가 꽃피고 예술이 발달했던 것처럼, 우리 한반도도 이탈리아처럼 반도이고 하늘이 맑고 삼면이 바다고 햇빛이 많은 땅이어서 지형적으로도 예술이 발전할 소지를 가지고 있다. 그리고 애환도 많아서 아리랑이라든지 창(판소리)이 발달했다. 이 점은 마치 유대인이 애환이 많아서 음악이 발달하고 미국 흑인들이 애환이 많아서 흑인영가를 발달시킨 것과도 통한다. 고구려의 벽화는 지금도 금방 그린 것처럼 물감이나 화법이 지금보다 뛰어나고 그 기풍과 기상은 지금보다 훨씬 뛰어나다. 백제의 향로, 신라의 불상과 탑, 고려의 팔만대장경과 인쇄술과 청자(도자기), 한글의 과학적인 창제, 조선의 백자와 김홍도 정선 장승업의 그림, 신라의 최치원으로부터 문장가들은 또 어떠한가. 여수에서 먼바다에 거문도가 있다. 그 이름이 거문도가 된 연유가 청나라 말기 북양 수사 제독 정여창이 거문도에 와서(1885년 4월 영국군함 6척과

상선 2척이 러시아의 남진을 막기 위한다는 명분으로 군사적 요충지요 천혜의 양항인 거문도를 2년간 점령한 거문도 사건이 있었는데 이때 청나라 북양대신 이홍장이 중재하여 영국 해군이 물러간 일이 있음) 거문도의 한 필부(匹夫)와 필담을 하다가 그의 문장과 글씨를 보고 놀라서 과연 보통사람이 이 정도이니 이 섬사람들의 글 수준이 놀랍다 감탄하여 일컬어 거문도(巨文島)라 했다고 한다. 거북선도 조선사(造船史)에서 뛰어난 것이다.

지금 음악에 있어서 한국의 성악가들이 유럽의 각종 콩쿠르를 석권하고 있다. 세계적인 바리톤 강병운 고성현 베이스 연광철 테너 김우경 이용훈 강요셉 소프라노 홍혜경 신영옥 임세경 등이 유럽과 미국에서 눈부신 활약을 했거나 하고 있다. 밀라노 라스칼라 극장 뉴욕 메트로폴리탄 오페라 런던 로열오페라 빈오페라 독일 뮌헨 바이에른오페라 베를린 오페라에서 주역으로 활동하고 있다. 지휘자도 안익태가 있었고 정명훈이 나왔다. 피아노도 한동일에 이어서 젊은 연주자들이 독일 그라마폰 회사에서 녹음하는 일들이 생겨나고 있다. 작곡도 윤이상이 있었고 유럽에서 주목 받는 진은숙 같은 작곡가들이 등장하고 있다. K팝이 세계에서 환영을 받으며 뻗어나가고 있다. 한국의 방송 드라마가 중국 동남아 중동국가 등 세계로 팔려나가고 있다. 미술도 이응로가 있었고 백남준은 세계적인 비디오 설치미술가였다. 지금도 수많은 미술가가 유럽과 미국 등 세계에서 활동하고 있다. 골프도 한국 여성골퍼들이 미국 등 해외에서 휩쓸다시피 하고 있다.

통일한국에서는 문화 면에서 더욱 크게 창달될 것이다. 체육도 남북이 합하며, 세계에 스포츠 강국이 될 것이다. 음악도 클래식 음악에서 이미 세계적인 수준에 올라가 있지만 통일이 되면 세계적인 연주자 작곡가가 더 많이 나오고 세계적인 연주자가 더 많이 한국을 찾게 될 것이다. K팝 음악도 단명하지 않고 계속 생명력을 이어가게 될 것은 이미 서양을 소화하고 거기에다 한국적인 것을 덧입힐 수 있기 때문에 가능할 것이다. 통일한국에서는 단순히 세계적 수준이 중요한 것이 아니다. 음악 미술 문학 연극 영화 모든 문화분야에서 한국적인 요소를 가미할 것이다. 독창성을 발휘한다는 말이다. 디자인이나 소재에서 한국적인 것을 살리면 무궁무진한 새로운 아이디어가 나올 것이고 독창성을 발휘하므로 엄청난 경제적 효과도 부수적으로 얻을 수 있을 것이다. 한국인은 유대인 못지 않게 창의력을 발휘할 수 있다. 이를 위하여 예술 문화 인재 양성을 하는 교육방식을 좀 바꿀 필요가 있다. 미술대학이 학원 다녀서 조금 잘 그리는 것에 치중하지 않고 가능성을 중시하여 뽑는 새로운 시도를 하고 있는 것은 다행한 일이다. 문화대국이 되기 위하여 음악대학 미술대학 체육대학 모든 문화 예술 교육은 입시부터 확 고치고 교육방식도 아주 창의력을 키우는 방식으로 확 고칠 필요가 있다.

　그리고 지원을 해줘야 한다. 국립극장에 속한 국립오페라단 발레단 창극단 합창단 무용단 극단 등이 문화관광체육부의 하부직원의 통제를 받는 체제 하에서는 발전하기가 어려울 것이다. 한국이 많이 발전하여 이제는 국립 도립 시립 군립 문화단체 기관들이 많다. 연주장 공연장도 많이 건립되었다. 처우도 많이 개선되었다. 그러나 아직도 한국은 예술가를 대접하지 않는 나라에 속한다고 할 수 있다. 최근에 서울시립교향악단에 관하여 적지 않은 물의가 있었다. 단장을 시에서 음악과는 상관없는 사람을 임명했다. 문제는 적절치 못한 인사에 있었는데 트집은 공연히 정명훈 지휘자에게 돌아갔다. 빈 국립오페라 지휘

때문에 서울시향 공연일정을 바꿨다는 말부터 시작하여 연봉이 많다는 소리까지 별의별 말이 많았다. 누가 이런 설명을 했다. 빈 오페라 지휘는 축구로 치면 프리미어리그 중에서도 첼시나 멘체스터 유나이티드에서 결승전에 주공격수로 나서는 것보다 비중이 크다. 거기서 정명훈은 서울시향 예술감독으로 소개됐고 유럽에 서울시향을 알리는 기회였다. 연봉도 정명훈급 지휘자들이 10억원 이상의 연봉을 받는 것은 세계에서 상식에 속하는 일이고 과다다 할 것이 없다. 외국인 국가대표 축구감독에게 고액연봉은 당연하게 생각하면서 서울시향 예술감독에게 주는 연봉을 아깝게 생각한다면 이런 인식 이런 수준 가지고 어떻게 문화대국을 이루겠는가. 문화 예술은 사실 따지고 보면 가장 적은 투자로 가장 큰 효과를 창출하는 가장 경제적인 분야이다. 따라서 문화 예술에 대한 지원은 아까워하지 말아야 한다. 특히 재능을 아끼는 풍토가 되어야 한다. 사실 뛰어난 재능은 개인의 것이 아니다. 하나님이 주신 것이요 전 인류를 위한 귀중한 자산이다. 무엇보다 재능 있는 청소년은 무슨 수를 쓰든지 잘 개발해서 발휘하도록 해야 한다. 정부든지 기업체든지 개인이든지 막론하고 지원하고, 국경도 상관없이 지원해야 한다. 노르웨이가 작곡가 그리그 한 사람으로 얼마나 덕을 보고, 오스트리아가 모짜르트 한 사람으로, 스페인이 돈키호테를 쓴 세르반테스 한 사람으로 얼마나 덕을 보는가. 그 덕이 어찌 그 한 나라에게만 국한되겠는가, 세계인이 덕을 보고 있지 아니한가. 문화 예술은 이처럼 한 사람만 잘 키워도 대대로 덕을 보는 것이다. 우리나라는 세계 최초로 활자인쇄술을 발명하고 보급시켜 사용한 나라이고, 과학적인 한글을 만든 나라이다. 흥이 나면 예상치 못했던 일을 만들어내는 민족이다. 통일이 되면 러시아와 중국의 문화적인 요소까지 합하여 더 풍부하고 다양하면서 창의적인 문화를 이루게 될 것이다.

의식이 개조된 나라

북한주민들은 지난 70년 동안 의식화 교육을 받았다. 김일성을 신으로 받드는 우상화 의식교육을 아주 강렬하고 강압적으로 받았다. 김정일 우상화 의식교육도 뒤따랐고 지금은 김정은 우상화 의식교육을 시작하고 있다. 한국교회는 북한이 얼마나 주민들에게 우상화 의식교육을 시켰는지 잘 모른다. 남한 정부도 잘 모르고 남한 시민들도 잘 모른다. 그래서 통일상황에서 북한주민의 의식체계에서 이 우상을 빼내는 문제에 대하여 심각성을 모르며 문제의식도 매우 낮다. 아주 쉬운 문제로 치부하고 있다. 그러나 북한주민의 의식개혁 문제는 그렇게 쉬운 문제가 아니다. 20년 전에 탈북하여 11년 전에 탈북민교회 새터교회를 개척한 강철호 목사를 통하여 탈북민들의 증언을 들어보면 북한주민 의식개혁이 얼마나 어려울지를 알 수 있다.

첫째로, 북한주민에게 주어진 김일성 김정일 우상화 의식교육이 너무나 철저했다는 사실이다. 그래서 북한주민의 의식 속에는 마치 한국교회 교인들에게 하나님 의식이 박혀있는 것만큼이나 철저하게 김일성 김정일 우상이 박히게 되었다. 북한의 유아교육은 남한보다 철저하다. 왜냐하면 사회주의 인간을 만드는데 있어서는 기성인보다는 어린아이때부터 사회주의 인간으로 양육해야만 한다는 김일성 교시가 있었기 때문이다. 이 또한 교회를 모방한 것이다. 유아원에서 김일성이 하나님이라는 의식을 주입한다. 아이들이 입은 옷도 김일성 대원수님이 주신 것이라고 노래한다. 음식 간식도 다 김일성 대원수님이 주신 것이니 감사하다고 노래한다. 이 아이들은 정말 김일성이 하나님인 줄로 안다. 유치원에 가면 교과서나 교육부자재가 모두 김일성 대원수님이 하나님이라는 식으로 되어 있다. 물론 하나님이라는 용어는 쓰지 않는다. 그러나 자유세계에서 하나님을 쓸 자리에 바로 김일성을 집어넣는 것이다. 그래서 어린아이의 의식 속에서 김일성은 바로 하나님이 되는 것이다. 소학교 고등중학교 교육과정을 보면 더 기가 막히다. 국어 수학 영어 과학이 중요한 것이 아니다. 오로지 김일성의 어린 시절을 알고 달달 외우고 그를 따라 하는 것이 중요할 뿐이다. 교육과정이 올라감에 따라서 김일성 우상화 의식교육은 강화된다. 이 과목들은 달달 외우지 못하면 집에 돌아가지도 못한다. 교실마다 김일성 김정일 사진이 정면에 걸려 있다. 이 사진을 닦는 당번이 매일 정해져 있다. 당번은 집에서부터 가장 좋은 천으로 된 '수령님 사진 닦기'를 준비해와야 한다. 그리고 쉬는 시간에 책상을 놓고 올라가서 사진을 정성껏 내려서 정성껏 닦아서 다시 정성껏 걸어야 한다. 만약 실수로 떨어뜨려 사진이 깨지기라도 하면 부모까지 불려 나와서 전체 학생들 앞에서 반성을 해야 한다. 충성심이 모자라서 그런 실수를 했다는 것이다. 김일성 우상 의식교육은 대학 때도 계속되고 사회 일반인이 되어도 계속된다. 어떤 집에 화재가 나서 동네사람들이 몰려나와 걱정하며 애를 써도 감당이 안 된다. 그런 중에 그 집 막내가 미처 빠져 나오지 못했다는 것을 알고 모두 발을 동동 구르며 어쩔 줄을 몰라 한다. 그때 그 집 아버지가 도착했다. 그리고 불 속으로 용감히 들어갔다. 사람들은 다 아버지가 그 막내를 꺼내 올 것이라 여겼다. 아버지가 나왔다. 그런데 놀랍게도 아버지가 꺼내온 것은 막내가 아니었다. 김일성 김정일 사진이었다. 정상적인 사회라면 그 아버지가 비정상적일 것이다. 사진이 중해도 그렇지 어찌 아비로서 자식의 생명보다 사진을 더 중요시한단 말인가라고 생각할 것이다. 그러나 북한사회는 다르다. 북한주민의 의식은 다르다. 화재 다음날 북한의 모든 언론매체는 이 아버지의 이야기로 도배되다시피 했다. 이 아버지는 영웅이 된 것이다. 자식의 생명보다 김일성 김정일의 사진을 더 중요하게 생각하고 행동했으니 그 충성심이 가히 영웅적이라는 것이다. 이것을 본 학생들도 생각하기를 아! 나도 이런 상황이 된다면 저 아버지처럼 행동해야겠구나. 그래서 나도 영웅이 되어야겠다는 생각이 들더라는 것이다. 이 김일성 김정일 우상화 의식교육이 얼마나 무서운가. 이 우상이 북한주민의 의식 속에서 쉽게 사라질 수 있을까? 그렇지 않다. 탈북자들이 북한을 탈출하고 여러 해가 지나도 김일성을 욕하지 못한다. 김일성은 자기의 어버이고 자기의 신이기 때문이다. 조선일보가 2014년 3월에 북한이탈주민지원재단의 협조를 받아 미디어 리서치에 의뢰해 최근 탈북한 200명을 대상으로 실시한 조사결과를 보면, 북한거주 당시 김일성에 대한 지지도는 80% 김정일은 19.5% 김정은 9%로 나왔다. 김정일은 혹 욕하고 김정은이는 많이 욕하더라도 김일성을 욕하는 법은 없다. 김일성 우상이 북한주민과 탈북민의 의식 속에 살아있기 때문이다.

　둘째로, 탈북민, 북한주민에게서 김일성 우상을 제거하는 일은 매우 어렵다는 것이다. 1994년 7월 8일 김일성이 죽고 북한에 '고난의 행군'이 시작되었고 대량 탈북이 발생하게 되었다. 이때 한국교회는 탈북민 전도에 관심을 가지게 된다. 한국교회가 큰 사랑을 가지고 탈북민들을 품고 돕고 전도한지가 벌써 20년이 되었다. 그러나 그 성과는 매우 미미하다. 한국교회가 너무 쉽게 생각하고 접근했기 때문이다. 우선 탈북민을 만났을 때 처음 하는 질문이 '얼마나 배고팠는가? 얼마나 가난했는가? 국경은 어떻게 넘었는가? 죽을뻔한 고비는 없었는가?'였다. 이 질문들은 탈북자들이 다시는 생각하고 싶지도 않은 가장 끔찍한 순간들의 기억들을 후벼 파는 것이다. 어디를 가나 이런 질문을 받게 되니 '이 사람들이 나를 단지 호기심의 대상으로만 보는구나. 동물원의 동물 보듯 하는구나. 나를 불쌍하게만 보는 구나?' 생각하게 되고, 자신이 비참하게 여겨지면서 동시에 이런 질문하는 사람들에게 오히려 반발심이 생기게 되었다고 한다. 한국교회가 탈북민을 포용하면서도 겉으로만 그들을 보았지 그들의 속을 드려다 보려 하지 않았다. 탈북민이 무슨 생각을 하고 있는지? 설교를 얼마나 이해하는지? 한국교인들을 어떻게 보고 있는지? 예수를 얼마나 아는지? 개인적으로 어떤 고민이 있는지? 에 대하여는 관심이 없었다. 알려고도 하지 않았고, 들으려고도 하지 않았다. 교회가 이 정도였으니 일반시민이나 정부 공무원들은 오죽했겠는가. 탈북민들에게 들으려 하지 않는 것은 한국 사람들의 공통된 특징이다. 참 이상한 일이기도 하다. 탈북민사역을 한다면서 탈북민을 알려고 안하고 이해하려고도 안 하다니 이게 말이 되는가? 그러나 사실이 그러하다. 통일하려고 한다면서 북한주민이 무슨 생각을 하고 있는지? 그들의 사상은 어떠한지? 남한에 대하여는 어떤 생각을 하는지? 알려고도 하지 않는다. 들으려고도 하지 않는다. 오로지 피상적으로 나타나는 현상만 보려 한다. 그들이 얼마나 굶주리는지? 북한경제는 어떠한지? 북한의 권력상황은 어떠한지? 이런 것만 관심이 있다. 북한주민을 모르면서 어떻게 통일을 하겠는가. 북한주민의 겉만 알려 하지 속은 알려고도 하지 않고 들으려고도 하지 않으면서 어떻게 통일을 하겠는가. 탈북민의 속을 알아야 한다. 북한주민의 속을 아는 것이 겉을 아는 것보다 훨씬 중요하다. 속을 알아야 그들에게 진정으로 가까이 갈 수 있는 길을 찾을 수 있다. 속을 알아야 그들의 친구가 될 수 있다. 속을 모르고 탈북민을 대하고 북한주민을 대하면 물에 기름이 섞이지 않듯 계속 이질감만 생기고 갈등이 생기고 오해가 생기고 반발심이 생기는 것이다. 브라이언 마이어스 동서대 교수는 북한의 우상화 및 체제선전 분야를 오랫동안 연구했는데, 2014년 2월 6일 조선일보와 인터뷰에서 통일 이후에도 북한주민들의 김일성 사랑은 쉽게 식지 않을 것이다. 대다수 북한인은 통일 이후도 김일성 신화에 대해서는 여전히 충성을 바칠 것이고 동상도 그대로 유지하려 할 것이다. 한반도 북부에서 그들만의 정당도 등장할 것이다. 심지어 탈북자들 사이에서도 김일성은 여전히 매우 인기가 있다. 북한인이 주체사상을 좋아한다고 말할 때 사실은 김일성이 통치하는 방식을 지지한다는 말을 하고 있는 거나 다름 없다고 말했다. 그만큼 김일성 우상을 제거하는 일은 쉽지가 않다.

셋째로, 김일성 우상을 벗기려면 '자유', '풍요', '예수'로 나아가야 한다. 김일성 우상의식은 북한의 집요하고도 철저한 교육에 의하여 주민들에게 주입되었다. 강압적인 교육방법이었다. 이론을 제기할 수 없음은 물론 질문도 허용되지 않는, 완벽한 주입식 암기식 반복교육이었다. 이제 우리가 다시 이런 교육방법을 쓸 것인가? 그런 방법은 북한이 이미 최고도로 사용하였기 때문에 아무리 잘한다 해도 먹히지 않는다. 전혀 다른 교육방식을 써야 한다. 억압적인 교육방식이 아니라 '자유로운' 교육방식이어야 한다. 질문이 가능하고 이의제기가 가능해야 한다. 자유로운 토론을 통해서 바른 결론에 도달하는 방식이어야 한다. 김일성 우상화 교육은 그 내용 자체가 잘못되었기 때문에 자신감을 가지고 임해야 한다. 교육방식도 잘못되었기 때문에 자신감을 가지고 임해야 한다. 이상은 교육방식에 관한 것이다. 이제 기대심리에 대하여 말할 차례다. 북한은 김일성 우상교육을 하면서 만약 피교육자가 잘 받아들이지 않으면 육체적 고통과 굶주림이 따를 것임을 충분히 예측할 수 있게 했다. '두려움'을 가지고 김일성을 신으로 받아들이도록 강요했다. 이제 우리는 어떻게 할까? 정반대로 나가야 한다. 육체적 고통과 굶주림이라는 두려움이 아니라 '풍요'가 앞에 어른거리는, 기대심리를 가지게 해야 한다. 두려움보다 풍요가 얼마나 더 교육효과가 높을 것이며 흡입력이 강할 것인가 생각해 보라. 그러니 승산이 있는 것이다.

북한주민의 의식을 결정적으로 바꾸는 의식의 핵심은 무엇인가? 북한은 김일성을 신격화하는 우상을 제시하였다. 우리는 예수를 제시할 것이다. 왜 예수여야 하는가? 그 답은 바로 여기에 있다. 북한이 다른 어떤 종교보다 기독교를 반대하는 이유가 무엇인가? 북한은 불교나 미신은 우습게 여긴다. 심지어 천주교도 크게 두려워하지 않는다. 그러나 기독교는 철저히 반대한다. 두려워하는 것이다. 왜 일까? 김일성은 권력을 잡는 것으로 만족할 수 없었다. 독재하는 것만으로도 만족할 수 없었다. 아예 자신이 신이 되어야 했다. 이것은 김일성만이 아니다. 공산독재자는 하나같이 자기가 신이 되고 싶어했다. 루마니아의 차우체스크도 그래서 김일성처럼 궁전도 짓고 기념물도 만들었다. 스탈린도 그랬고 공산주의 독재자들은 다 개인숭배에 열을 올렸다. 로마황제들도 자신이 신임을 자처했다. 이집트의 파라오도 신이 되었다. 이것은 인간 본능이기도 하다. 아담과 하와에게 하나님은 모든 것을 주셨다. 다만 하나님을 하나님으로 인정하라고, 자신은 하나님이 되려

하지 말라고, 선악을 알게 하는 나무 하나만을 금지하셨다. 그러나 인간은 그것마저 따먹었다. 무슨 뜻인가? 인간 자신이 하나님이 되려 했던 것이다. 이후 아담과 하와의 후손들 속에는 이와 같은 죄가 도사리고 있다. 사람이 형편이 안 되어서 그렇지 권력을 얻고 권력이 더 높아지면 누구나 다 자신이 하나님이 되어보고 싶은 것이 인간의 죄악 된 본성이다. 그래서 김일성도 자신이 하나님이 되려고 하는데 진짜 하나님이 있으면 안 되는 것이다. 그래서 교회를 철저히 없애버렸다. 그리고 자신이 하나님이 되었다. 주체사상이라는 것이 바로 그것이다. 유일사상이라는 것이 바로 김일성이 유일신이라는 것이다. 조선그리스도교도연맹 서기장 고기준이 죽으면서 '김일성은 하늘님이시다'고 했다. 평양 봉수교회 여자 전도사가 외신기자의 질문에 답하면서 '김일성 하나님을 믿는다', '과학시대에 죽은 사람이 살아났다는 부활을 어떻게 믿겠느냐?' 한다. 김일성은 실제로 북한을 통치함에 있어서 모두 교회체제를 흉내 내어 했다. 탈북민들이 교회에 와서 교육을 받다가 어느 순간에 깜짝 놀란다. 교회에서 하는 말이 북한에서 하는 말과 너무나 똑같기 때문이다. 북한에도 삼위일체가 있고 십계명이 있다. 회개하는 총화가 있고 성경공부 같은 공부가 있다. 김일성과 그 체제는 기독교를 베낀 가짜인 것이다. 김일성 우상을 부수려면 '예수' 밖에 없다. 그 어떤 다른 사상이나 종교를 가지고서는 김일성 우상을 부술 수 없다. 예수님을 앞세워 나아가면 김일성 우상은 전혀 힘을 쓸 수 없게 되어 있다. 왜냐하면 김일성 우상은 가짜이고 기독교는 진짜이기 때문이다. 진짜가 오면 가짜는 자연적으로 물러가게 되기 때문이다.

북한주민에게 있어서 김일성 우상은 결코 간단한 것이 아니다. 그러나 반드시 이 우상을 제거해야 한다. 방법은 두려움 대신에 '풍요'를 제시하고, 강압적인 교육 대신에 '자유교육' 방법을 쓴다. 그러나 이것으로 완전하지 못하다. 북한주민의 의식을 개혁하려면 결국은 그들 머리 속에 김일성 우상 대신에 '예수'가 들어가야만 한다. 왜 예수여야만 하는가? 대한민국이 자유와 풍요를 누리게 된 까닭이 무엇인가? 시민의 노력이나 자유민주체제만으로 된 것이 아니다. 세계에 없는 현상, 곧 교회들이 방방곡곡에 있었고, 새벽마다 하나님께 찬송하며 기도하는 일이 있었다. 하나님이 복을 주셔서, 2차 대전 후에 150개국이 똑같이 자유민주주의 체제를 하고, 경제개발 정책을 했어도 대한민국만이 유일하게 자유와 풍요를 얻게 되었다. 따라서 '예수' 없는 '자유', '풍요'는 희망사항일 뿐이다. 예수 없는 자유는 방종이 되고, 풍요는 부패가 된다. 한국교회에 뼈아픈 경험이 있다. 탈북민을 품고 애를 많이 썼지만 열매는 미미했고 오히려 불만을 샀다. 왜냐하면 불쌍히 여기고 돕기는 했지만 정작 중요한 〈예수〉는 탈북민들의 마음에 심어주지를 못했기 때문이다. 예수 없는 자유, 예수 없는 풍요는 다 물거품과 같은 것이다. 북한주민에게 무조건 자유, 무조건 풍요를 들고 나가면 잘 될 것인가? 결코 그렇지 않다. 2만 7천 명 탈북민을 통하여 우리는 이 문제에 대하여 톡톡히 학습하였다. 하나님이 통일이 되기 전에, 북한주민을 만나기 전에, 탈북민을 통해서 학습을 제대로 하도록 하기 위해서 하나님은 탈북민을 남한에 보내주신 것이다. 그러므로 '자유', '풍요'만 가지고 북한주민에게, 탈북민에게 나아가면 안 된다. 특히 북한에서 그러하다. '자유', '풍요', '예수'를 함께 들고 나아가야만이 북한의 김일성 우상을 무너뜨릴 수 있다. 그래야 한반도의 겉만의 통일이 아닌 속과 겉의 통일, 참된 통일을 이룰 것이다.

통일한국에 필요한 의식개조에는 국가에 대한 애국심 충성심이 있어야 한다. 이스라엘 청년들은 국가에 대한 충성심이 대단하다. 남자 청년은 3년 징병제이고 여자는 2년이다. 불평이 없다. 그래서 숙련병이 된다. 실탄을 가득 차고 외출하고 술을 마셔도 총기사고 하나 없다. 예비군은 소집이 되면 현역과 함께 전투기도 몰고 탱크도 몰고 똑같이 복무한다. 군 출신이 무기 만드는 회사에 취직하고 군대에 무기를 납품하는데 관여하기도 한다. 그러나 부정을 저질렀다는 얘기는 없다. 왜 일까? 1억 명이 넘는 아랍국가에 둘러싸여 있고 아랍은 이스라엘을 원수로 여기고 있는데 이스라엘은 반드시 자기 땅을 지키고 살아남아야 한다는 절대 절명의 목표의식이 뚜렷하기 때문이다. 통일한국도 마찬가지다. 주변에 중국 러시아 일본 등 강국이 둘러싸고 있다. 내부로는 통일의 이질적인 요인이 많이 도사리고 있다. 이스라엘 못지않은 애국심과 충성심이 요구된다. 한국군 사병과 장교와 예비군의 의식이 이스라엘 정도는 되어야 한다. 한국군은 복무연한이 날로 짧아져서 숙련병이 없어져 하사관을 더 뽑아야 전쟁을 할 수 있을 정도다. 애국심이나 충성심도 별로 없다. 사고치기 쉬운 '관심병'이 많다. 싸울 줄도 모르고 충성심도 없는 병사가 왜 '후임병'을 그렇게 못살게 구는지, 옛 일본제국 군대의 썩은 유산을 왜 그토록 간직하고 있는지 신기한 일이다. 그리고 군인들이 왜 그렇게 부정을 많이 하는지. 그래가지고 전투가 벌어질 때 어떻게 싸울 마음이 나겠는가.

2015년 3월 3일 소위 '김영란 법'이 국회를 통과했다. 부패방지법이다. 국회의원을 비롯한 공무원들이 반가워하지 않았을 것이고 사립교원과 언론인도 마찬가지로 반발이 없지 않다. 그러나 나라를 위하여, 일반 백성들을 위하여 다행한 일이다. 우리나라는 공무원들이 경제개발 과정에서 공로도 많았다. 그러나 부패도 많아서 '부패공화국'

이라는 부끄러운 명칭을 국제사회로부터 부여 받았다. 우리 스스로도 그렇게 느끼고 있었다. 이제 대한민국이 선진국 문턱에 이르렀는데 더 이상 부패할 수는 없기에 뒤늦게 이런 부패방지법을 마련한 것이다. 앞으로 이 법이 잘 정착되어야 한다. 그래서 부패가 위에서부터 아래까지 한국에서 정화되고 깨끗해져야 한다. 물론 이 세상에 있는 나라가 아주 깨끗해지지는 못한다. 그러나 미국 일본 수준은 되어야 한다. 북한은 지금 부패가 극심하다. 뇌물 없이는 아무것도 할 수 없는 세상이 되었다. 통일이 되면 이런 백성 2250만 명이 우리와 함께하게 된다. 여간 정신차리지 않으면 통일한국이 더 부패해질 수 있다. 그러면 통일을 안 한 것보다 못할 수도 있다. 중국도 급격한 경제발전 과정에서 부패가 많아졌다. 그래서 지금 부패와의 전쟁 중이다. 러시아는 마피아가 지금 어마어마하다. 범죄조직만 5000개이고 조직원은 30만 명이 된다고 한다. 그 역사도 길어서 1700년대 제정 러시아 때부터 시작해서 시대를 따라 양상을 달리해가며 명백이 이어져 왔다. 지금은 50여 개국에 지부를 둔 초국가적 조직이 되었다. 통일상황에서 북한 지역에 러시아식 마피아 조직이 생길 수 있다. 중국식 부패가 스며들 수도 있다. 남한의 부패공화국 잔재가 퍼질 수도 있다. 이제 대한민국은 김영란 법을 시작으로 해서 대대적이고 근본적인 부패척결을 해서 앞으로 통일상황에서 벌어질 수 있는 부패 요건들을 잘 대처할 수 있는 노하우를 축적하고 체질화해야 할 것이다.

　미국이 1776년 독립하고 100년 뒤에는 세계 강국이 된 까닭이 무엇인가? 그것은 미국의 건국이념 때문이다. 또 미국을 건국한 '건국의 아버지들 Pilgrim Fathers'의 인간성 때문이다. 미국의 건국이념은 '언덕 위의 도시 City on the Hill' 즉 성경에서 가르치는 신앙을 잘 유지하고 그 가치관 위에 세워진 사회를 이룩하는 것이었다. 건국의 아버지들 인간성도 성경을 기반한 가치관을 가지고 그런 인격이 되고, 그런 가정과 학교를 꾸리고, 그런 교육을 하며 그런 국가를 무슨 희생을 치르고서라도 이룩하여야 한다는 것이었다. 이제 통일한국에 있어서 가장 중요한 것도 인간성이다. 히브리서 11장 3절 "보이는 것은 나타난 것으로 말미암아 된 것이 아니니라." 로마서 8장 24-25절 "보이는 소망이 소망이 아니니 보는 것을 누가 바라리요. 보지 못하는 것을 바라면 참음으로 기다릴지니라." 고린도후서 4장 18절 "우리가 주목하는 것은 보이는 것이 아니요 보이지 않는 것이니 보이는 것은 잠깐이요 보이지 않는 것은 영원함이라." 통일한국의 구성원이 어떤 인간성을 가져야 하겠는가? 어떤 인간이 되어야 하는가? 이것에 따라서 통일한국도 결정될 것이다. 앞의 '통일정신'에서도 언급했지만 가장 바람직한 인간성은 역시 성경에서 찾을 수 있을 것이다. 성경은 무엇을 말하는가? 모든 것은 인간이 만든 것이 아니라는 것, 인간도 인간이 만들지 않았다는 것, 조물주 하나님이 계시다는 것, 모든 것은 하나님으로부터 나오며 하나님께로 돌아간다는 것이다. 따라서 인간성도 하나님으로부터 나와서 하나님께로 돌아간다는 것이니 이는 특별하다기보다 보편적인 것이라 하겠다. 그러면 성경이 말하는 인간성은 어떤 것인가? 당연히 '하나님을 닮은 것'이다. 왜냐하면 인간은 하나님에게서 나왔고, 하나님을 닮게 지어진 '하나님의 형상'이기 때문이다. 따라서 가장 바람직한 인간성은 '하나님을 닮은 인간성'이다.

좀 더 구체적으로 말하면 우리의 인격이 자꾸 고매해져서 마치 천사처럼 되는 것이다. 사실 인간은 인간다우면 된다. 그러나 하나님이 만든 인간은 죄로 말미암아 변질되었다. 그래서 하나님을 닮은 면을 많이 상실하고 반대로 악마를 닮은 면을 많이 지니게 되었다. 따라서 우리가 지금 '인간답게'라는 말을 쓴다면 그 기준이 상당히 모호하게 되었다. 인간이 하나님을 닮아야 인간다운 것인데 실상인즉 하나님을 닮은 것이 아니라 악마를 닮은 면이 많기 때문이다. 그래서 바람직한 인간성을 찾으려면 현재의 인간을 떠올리면 의미가 없다. 천사를 떠올리는 것이 더 이해하기 쉽겠다. 왜냐하면 지금의 인간과 다르기 때문이다. 천사는 어떠한가? 거룩하다. 어찌 거룩한가? 하나님의 사자(使者)이기 때문이다. 그는 우리와 같은 육신을 가지고 있지 않기 때문에 우리와 같은 욕심이 없다. 또 하나님의 명령에 100% 순종한다. 그리고 하나님이 공급하시는 것으로 만족한다. 그래서 천사는 거룩하다. 그리고 하나님의 힘을 행사하기 때문에 능력도 많다. 천사는 하나님의 지혜로 움직이기 때문에 유혹을 받거나 어리석지 않다. 성경에 천사 같은 사람들이 많다. 모세가 그랬다. 선지자들이 그랬다. 사도들이 그랬고 순교자들이 그랬다. 그 후에도 기독교 2천년 동안 이 땅에 수많은 천사 같은 사람들이 있었다. 이들은 우리처럼 육체를 가졌지만 영은 거룩한 영을 소유했고 마음과 정신도 그 거룩한 영의 지배를 받았으며, 그들의 삶과 행동도 여느 사람과 다름이 있었다. 한마디로 거룩했다. 사람이었지만 천사 같았다.

지금도 이런 사람이 가능한데 그 방법은 성경과 성령으로 된다. 통일한국에는 이런 천사 같은 사람이 많아야겠다. 의식개혁이 필요한데 그것이 단지 부패를 떠나고 애국심 충성심을 가지는 정도의 의식개혁이 아니라 보다 근본적이고 전반적인 의식개혁이 필요하다. 많은 사상과 생각과 주장이 있을 수 있겠지만 결국은 성경으로 돌아가야 하고, 성경이 말하는 인간성으로, 천사 같은 인간성으로 개혁되어야 한다. 가능할까? 미국이 했던 것만큼은 가능할 수 있지 않을까? 아니 미국보다 좀 더 잘 할 수도 있지 않을까? 그 이상 좋은 것을 우리는 알지 못한다. 그러니 이것을 우리는 해야 하지 않겠는가. 이제 우리에게 필요한 것은 이 일을 위해 어떤 희생도 두려워하지 않겠다는 사람들이 일어나는 것이다. 아무리 좋은 일도 '돌파해 나가는 사람'이 필요하고, 이어서 따라 나서는 사람이 많아서 무리를 이루고, 대세를 이룰 때에 실현된다. 이미 이 일은 시작되었다고 할 수 있다. 선택의 여지는 없다. 오로지 이 일에 나서자. 여기에 통일도 있고, 우리가 바라는 통일한국이 있다.

천사 같은 인간성이란 어떤 것일까? 곧 예수의 마음이다. 빌립보서 2장 5절에서는 이렇게 말한다. "너희 안에 이 마음을 품으라 곧 그리스도 예수의 마음이니." 예수의 마음은 어떠한가? 성경은 우리가 가져야 할 품성을 아홉 가지로 말한다. 이른바 '성령의 아홉 가지 열매'라는 것인데 갈라디아서 5장 22절을 보라! "오직 성령의 열매는 사랑과 희락과 화평과 오래 참음과 자비와 양선과 충성과 온유와 절제니 이 같은 것을 금지할 법이 없느니라." 이것은 내적인 면이고 이것이 외적으로 표현되면 어떻게 나타나는가? 고린도후서 6장 8절-10절에서는 이렇게 말한다. "속이는 자 같으나 참되고. 무명한 자 같으나 유명한 자요 죽은 자 같으나 보라 우리가 살아 있고 징계를 받는 자 같으나 죽임을 당하지 아니하고. 근심하는 자 같으나 항상 기뻐하고 가난한 자 같으나 많은 사람을 부요하게 하고 아무 것도 없는 자 같으나 모든 것을 가진 자로다." 그리고 악한 영과 악한 정신과 악한 사조에 대항하여 거룩한 싸움을 싸움에 있어서는 얼마나 강해야 하는가? 그 무장은 대단해야 한다. 에베소서 6장 10-18절에서는 이렇게 말한다. "너희가 주 안에서와 그 힘의 능력으로 강건하여지고. 마귀의 간계를 능히 대적하기 위하여 하나님의 전신 갑주를 입으라. 우리의 씨름은 혈과 육을 상대하는 것이 아니요 통치자들과 권세들과 이 어둠의 세상 주관자들과 하늘에 있는 악의 영들을 상대함이라. 그런즉 서서 진리로 너희 허리 띠를 띠고 의의 호심경을 붙이고. 평안의 복음이 준비한 것으로 신을 신고. 모든 것 위에 믿음의 방패를 가지고 이로써 능히 악한 자의 모든 불화살을 소멸하고. 구원의 투구와 성령의 검 곧 하나님의 말씀을 가지라. 모든 기도와 간구를 하되 항상 성령 안에서 기도하고 이를 위하여 깨어 구하기를 항상 힘쓰며 여러 성도를 위하여 구하라."

이런 인간성을 갖추기 위한 수련법으로는 다음과 같은 방법이 중요하다. 첫째, 매일 아침 하나님을 만나는 것이다. 하나님을 만나는 시간은 새벽이나 아침, 즉 자고 깨어난 첫 시간이 가장 좋다. 잠에서 깨면 먼저 하나님을 바라본다. 처음에는 온갖 세상의 생각과 염려 근심이 물밀듯 밀려오지만 일부러 이런 세상적 생각을 제쳐두고 생각을 하나님께 집중하는 훈련을 하는 것이다. 옛 다윗이 깰 때에 하나님의 얼굴 빛으로 만족했다는 말씀처럼 제일 먼저 하나님의 얼굴을 찾고 그 얼굴을 바라보는 것이다. '하나님 아버지', '예수님'을 부르면서 집중하면 하나님을 만날 수 있고 그 밝은 빛이 내 영혼에 깃들이면서 내 마음이 밝아진다. 따뜻해진다. 깨끗해진다. 참 좋다. 이것이 처음에는 잘 안되지만 조금 연습하면 쉽게 하나님을 만날 수 있다. 이렇게 하루의 첫 순간을 세상 생각으로 시작하지 아니하고 하나님 만나는 것으로 시작하는 것이 얼마나 좋고 복되고 인생을 행복하게 만드는 것인지 모른다. 그 다음 손가락 발가락을 조금 움직여 본다. 아! 내게 생명 주셔서 감사합니다. 이만한 건강 주셔서 감사합니다라고 고백한다. 그리고 상체를 일으켜 침상머리에서 간단히 기도한다. 그런 후 새벽기도회를 참석하는 것이 가장 좋다. 그렇지 않으면 집에서 혼자 큐티를 하거나 성경을 읽고 기도한다. 아무튼 하루의 첫 시간에 하나님을 꼭 만나야 한다. 그래야 하루하루를 건강하게 살 수 있다.

둘째, 일하는 낮 시간을 보낼 때 아침에 받은 말씀을 생각하며 산다. 바쁘게 일을 하면서도 마음 속에는 예수님을 모시고 산다. 생각은 성경의 원칙에 합당하도록 생각한다. 이런 상태로 사물을 보고 현상을 파악한다. 그리고 어떤 판단을 내려야 하는지도 마음의 주인이신 예수님과 머리의 성경말씀과 의논하여 판단한다. 그러면 나의 개인적인 성격에서 나오는 감정을 조절할 수 있다. 나의 고질화된 이기주의에서 나오는 판단을 다스릴 수 있다. 이를 '성령과 동행'이라 한다. 낮에 일하는 시간에는 바빠 일하고 사람을 상대하면서도 성령과 동행하는 시간이 되도록 한다.

셋째, 저녁에는 가족과 더불어, 또는 사람과 더불어 즐거운 시간을 갖는다. 먹고 마시기도 하며 즐거운 대화를 나눈다. 교제의 시간이 인생에서 중요한 것이다. 사람이 일만 하면서 살도록 하나님이 만들지 않았다. 하루의 수고를 하고는 가족과 또는 사람과 먹고 마시며 즐거워하는 것도 사람이 하나님 앞에서 해야 할 생활이다. 그런데 이 교제가 문제를 일으키기 쉽다. 교제를 잘못하면 갈등을 유발하고 범죄에 빠지게 된다. 교제가 아침과 낮의 생활 궤도와 같이 하나님이 인정하고 하나님이 함께 기뻐하는 교제가 되어야 한다. 이럴 때 참 교제가 되고 참된 즐거움이 있게 된다. 서로를 존귀하게 여기고, 위로와 격려의 말을 하며, 서로 음식을 나누고 노래를 부른다. 교제란 세속적이고 정욕적이고 희롱하는 교제가 아니라 서로에 대한 깨끗한 사랑이 표출되고 가진 바 거룩성이 나타나는 '천사 같은 교제'를 추구하는 것이다. 이와 같은 아침과 낮과 저녁의 삶이 되려면 단번에 되는 것도 아니고, 완벽한 것도 아니지만, 분명히 존재하는 것이고 가능한 것이고 점점 발전할 수 있는 것이다. 통일 한국인은 이런 인간성의 개조가 필요하다.

통일헌장

　박근혜 대통령은 2014년에 통일준비위원회를 만들었다. 위원장은 대통령이 맡고 두 부위원장이 있는데 정부측 부위원장은 통일부장관이 맡고, 민간부위원장은 정종욱 서울대 명예교수가 맡았다. 2014년 후반에 통일위원회는 '통일한국의 상(像)'을 제시하겠다고 발표했고 2015년 들어서는 통일헌장을 작성하겠다고 했다. 나는 1992년에 쓴 『교회는 통일을 대비하라』에서 '통일한국의 상'이 중요함을 강조했다. 사실 '언제 통일이 될 것인가' 많이 질문하지만 그보다 더 중요한 것은 통일한국의 상이다. 통일! 통일! 하는데 도대체 어떤 통일을 원하는가? 어떤 통일한국을 세우려 하는가? '통일'할 때 어떤 통일한국을 머리에 떠올리는가? 하는 문제가 우선되어야 하는 것이다. 그런 통일한국의 상을 통일위원회가 언급한 것은 너무나 당연한 것이다. '통일한국의 상'을 법적인 용어로 풀면 통일헌장이 되겠다. 통일헌장은 바로 통일헌법의 밑그림이다. 통일헌법은 통일한국의 밑그림이다. 통일헌장은 통일헌법의 근간과 방향을 제시하는 것이고 통일헌장에 따라서 헌법학자들이 달라붙어 법률작업을 하여 통일헌법 시안을 내놓게 될 것이다. 통일헌장은 그래서 법학자들의 법률작업 이전에 아주 심오한 역사의식과 통일한국의 정체성과 가치관, 그리고 지향하는 바 어떤 통일한국을 만들 것인가를 명시하게 된다. 그래서 통일헌장이야말로 가장 중요한 것이다.

통일헌장에는 역사인식을 잘 담아내야 한다. 같은 역사를 놓고도 인식은 같지 않고 다양하다. 지금 고등학교 역사교과서는 매우 잘못되어 있다. 집필진들이 좌측으로 편향된 역사인식을 가지고 썼기 때문이다. 이런 교과서를 가지고 역사를 배운 자녀들이 앞으로 어떻게 될 것인지 심히 염려하지 않을 수 없다. 그래서 검인정을 폐지하고 다시 역사교과서는 국정교과서로 환원해야 한다는 여론이 많다. 이처럼 역사인식은 중요한 것인데 잘못된 역사인식이 통일헌장에 들어가면 안 되는 것이다. 백성들의 대다수는 정상적인 역사의식을 가지고 있다. 좌편향적인 역사인식을 가진 사람은 소수에 불과하다. 그런데 역사학계는 좌편향적인 경향이 강하다. 그래서 통일헌장에는 역사학자들의 역사인식보다는 한국 국민의 대다수의 역사인식을 담아야 한다. 대한민국에 정통성을 두지 아니하고 엉뚱하게 김일성 정권에 정통성을 두는 경향은 철저히 배제되어야 한다. 북한의 헌법전문에는 한민족을 '김일성 민족'이라고 명시하고 있다. 국가도 '김일성 국가'로 명시하고 있다. 이런 역사인식을 조금이라도 용납할 수 있는가? 1919년 3·1독립만세운동이 일어난 것은 기적이다. 일본 조선총독부가 매우 놀랐다. 한국인이 이런 거족적인 독립만세 운동을 일으킬 수 있으리라고는 전혀 생각지 못했기 때문이다. 왜 1919년 3월에 일어났는가? 1919년 파리에서 열리는 파리평화회의와 상관 있다. 1차 세계대전 종전처리를 위해 모인 이 회의에서 미국의 윌슨 대통령의 민족자결주의가 식민지 처리방식으로 제시되었다. 만국 평화를 위해 국제연맹이 생성되기도 했다. 이런 상황과 맞물려 상해 임시 정부는 김규식을 파리평화회의에 파견했다. 이와 맞물려 국내에서 독립을 원한다는 내응(內應)이 필요했다. 먼저 2월 8일 일본 동경 한인 YMCA에서 한인유학생 중심으로 독립선언서 낭독과 만세운동이 있었다. 그리고 한반도에서 대대적인 독립선언과 만세시위가 이어졌다. 서울뿐 아니라 전국 방방곡곡에서 노인부터 어린아이까지, 양반부터 종까지 남녀노소를 막론하고 손과 손에 태극기만 들고 목이 터져라 대한독립만세를 부르며 시위를 감행했다. 일본관헌이 무자비하게 총칼로 구둣발로 기마병력으로 짓밟았지만 조금도 두려워하지 않았다. 어떤 폭력도 저항도 없었고 질서 있게 행동했다. 3·1운동 3개월 동안 7500여 명이 사망했다. 46900여 명이 구금되었다. 교회 47개소가 불탔고 이를 포함 82개소 교회당이 파손 또는 폐쇄되었다. 경기도 화성에 있는 제암리교회 사건은 유명하다. 사망자와 구금자의 대부분은 기독교인이었다. 교회당을 불태우고 학살하고 기독교인을 말살하려 한 것은 기독교가 중심이 되었기 때문이었다. 당시 2000만 한민족의 1.2%에 불과한 기독교인이 어떻게 이런 일을 할 수 있었을까? 또 국제적인 상황이 있었다 할지라도 어떻게 이렇게 한민족이 전국적으로 모든 계층을 불문하고 참여했을까? 이것은 기적이다. 그래서 3·1운동을 목도하였던 미국 남장로회 파송 윌리엄 린튼 선교사는 3·1운동을 미국 조지아 주 아틀랜타 저널이라는 신문을 통하여 세계에 알리면서 '3·1운동은 한국이 최초로 일본의 압제 하에서 자국의 무기력함에 대해 세계에 알리려고 노력한 첫 번째 시도'라 했다. 바로 이 점이 중요하다. '한민족의 독립의지를 세계에 분명히 나타내어 알리는 것'이야말로 세계인이 볼 때 한국독립의 중요한 근거로써 합당한 것이다. 거기에 비폭력이라는 것까지 더하여 아틀랜타 저널이 평가한 것처럼 '세계사에서 가장 주목할 만한 봉기'였던 것이다. 그래서 통일헌장에는 지금의 대한민국 헌법 전문처럼 3·1운동정신이 꼭 들어가야 한다.

또 대한민국 건국도 들어가야 한다. 대한민국 건국도 기적이기 때문이다. 해방정국이 얼마나 혼란스러웠는가. 좌우이념이 첨예하게 대립되고 거리에서 물리적으로 충돌과 테러가 난무했다. 정판사 사건 등 공산주의자들은 할 수 있는 모든 방법을 동원해서 한국사회를 혼란으로 몰아넣었고, 이런 혼란을 이용하여 남한에도 북한처럼 공산정부를 세우고자 했다. 정말 그렇게 될 것 같기도 했다. 왜냐하면 미군 군정청이 어리숙한 면이 많았고 특히 이승만을 별로 좋아하지 않았기 때문이다. 거기에 비하면 박헌영의 남로당을 비롯하여 좌익은 매우 치밀하고 집요하게 민중을 파고들고 있었기 때문이다. 공산주의자들은 여론 조작과 선동에 능숙했다. 이런 와중에서 대한민국이 건국되었다는 것, 그것도 자유민주주의 체제로 되었다는 것은 기적이었다.

대한민국이 유엔에서 한반도 유일의 합법적인 정부로 승인 받은 것도 기적이다. 『새로 쓰는 대한민국 70년』(허동현, 2015.2.26 조선일보)에 보면 1948년 5월 10일 유엔 감시하에 치러진 총선거에 의해 구성된 제헌의회에서 이승만은 7월 20일 초대 대통령으로 선출됐다. 하지만 당시 이 대통령의 눈에 비친 국제정세는 시계제로였다. 벼랑 끝에 선 이승만은 그 돌파구를 프랑스 파리에서 열리는 제3차 유엔총회에서 찾으려 했다. 대한민국이 한반도의 유일한 합법 정부임을 유엔에서 인정받는다는 전략이었다. 7월 26일 이승만은 자신의 정치고문 로버트 올리버에게 쓴 편지에서 '호주 카나다 인도 세 나라와 시리아가 한국 분단이 영속화된다는 이유로 유엔 승인을 반대하고 있소. 이들을 막지 못하면 영연방과 함께할 수밖에 없는 영국은 물론 프랑스와 중국도 승인을 주저하게 될 것이오' 이 편지에서 꿰뚫어 보았듯이 대한민국 정부수립 직후 확고부동한 우방은 없었다. 절박한 순간에 이승만은 승부수를 띄운다. 파리 유엔총회 대표단 단장에는 장면을 세운 이유는 로마 가톨릭의 후원을 얻으려는 것이었다. 조병옥 대통령 고문 정일형, 모윤숙, 김활란, 김진구, 김우평, 장기영으로 꾸려진 대표단이 파리에 도착한 것은 유엔총회 개회 바로 전날이었고 정식초청장을 받지 못한 상태로 방청객석에 앉아있어야 했다. 정식 초청장을 받은 것은 도착 두 달이 지나고 17일이 또 지난 12월 7일이었다. 대한민국 승인안이 토의된 것은 최종 폐회 닷새 전인 12월 6일이었고 12월 12일 장대비가 쏟아진 유엔총회 마지막 날 오후, 회원국 58개국 중 세 나라가 불참한 가운데 찬성 48 반대 6 기권 1로 대한민국이 한반도의 유일한 합법 정부임을 국제적으로 인정받았다. 이때 국내상황은 어떠했는가? 1948년 10월 19일 여수 주둔 14연대의 반란이 일어나 여순사건으로 확대되었다. 10월 21일자 뉴욕타임스는 '서울의 미국 관리들은 대한민국이 이제 완전 붕괴 직전에 도달했다고까지 생각하고 있다'고 보도했다. 이런 상황에서 같은 날 북한이 제출한 북한 승인결의안은 48개국의 반대로 부결되고 대한민국이 승인 받은 것은 이승만과 장면 등 한국대표단의 수고가 있었지만 막후에 미국의 지원이 있었고 또 하나님의 가호하심이 있었던 기적이라고 말할 수밖에 없다. 통일헌장에는 대한민국 건국정통성을 분명하게 제시해야 한다. 이호 목사가 쓴 『하나님의 기적 대한민국 건국 1, 2』를 참고해도 좋을 것이다.

통일헌장에서는 통일한국의 정체성을 분명히 해야 한다. 통일헌장을 생각하는 이 마당에서 대한민국의 헌법이 북한의 헌법과 비교해서 가장 중요한 차이, 즉 정체성은 무엇인가? 개인의 자유, 정치적 민주, 경제에 있어서는 자본주의 시장경제일 것이다. 그런데 한때 한국에서 이러한 대한민국의 정체성은 차치하고 남북이 통일만 되면 된다는 이른바 '통일지상주의'가 한때를 풍미하였다. 지금 생각하면 우습게 들리 겠지만 10년 전까지만 해도 세력이 등등했다. 통일이 아무리 중요하다 하더라도 우리는 결코 대한민국의 정체성을 희생시키는 통일을 생각할 수 없다. 그것은 하지 아니함만 못하다. '자유가 아니면 죽음을 달라' 라는 말이 있듯이 우리는 북한같이 자유가 없는 곳에서는 단 하루도 살 수 없다. 북한처럼 정치적 민주가 전무한 상황을 한시도 참을 수 없다. 북한처럼 백성은 짐승같이 굶주리고 지도자는 제왕보다 더 호화스럽게 사는 저런 불평등한 경제를 결코 두고 볼 수 없다. 더구나 북한에서는 종교의 자유가 없다는 점, 그 중에서도 특히 기독교를 믿으면 그대로 죽음인 것을 한국교회는 주시하면서 결단코 용납할 수 없다. 그러므로 대한민국의 정체성을 무시하는 '통일지상주의'라는 잠꼬대는 더 이상 나와서는 안 된다. 통일헌장은 대한민국의 정체성을 분명히 해야 한다.

　어쩌면 해방 이후 나라가 왕정복고가 될 수도 있었겠고 북한처럼 공산전체주의 국가가 될 수도 있었을 것이다. 왕정복고가 아니라 공화제, 그것도 북한처럼 공산전체주의가 아니라 자유민주주의 공화국이 된 것은 이승만의 반세기가 넘는 공로이며 하나님의 섭리에 따른 축복이었다. 이 가치를 소홀이 여기면 안 된다. 그 후에도 북한의 남침으로 한국 전쟁이 발발하자 한국군과 유엔군, 그리고 한국인의 무수한 피가 흘려져 대한민국이 지켜졌다는 가치도 분명히 지켜나가야 한다. 대한민국이 독재로 흐르자 젊은 학생들이 들고 일어나 4·19민주항쟁의 피가 흘려졌다는 가치도 잊으면 안 된다. 그 후에 있었던 산업화의 가치도 새겨야 하고, 그 후의 민주화 가치도 새겨야 한다. 그 후의 정보화, 앞으로 세계로 뻗어나가는 문화화 가치도 품을 수 있어야 한다. 통일헌장은 대한민국의 가치를 반영해야 한다.

제4장

섞으면 안 된다

    참으로 안타까운 것은 통일헌장을 만든답시고 남한의 것과 북한의 것을 섞어야 하지 않겠나 하는 생각을 할 수도 있다. 남북이 서로 조금씩 양보해서 중간 정도의 것을 만든다는 것이다. 이런 생각은 일견 설득력을 갖는 듯하지만 결코 있을 수 없는 것이고 망상이다. 통일헌장이든 통일헌법이든 지금의 남한과 북한이 함께 만들 수도 없는 것이고, 지금의 남한과 북한이 함께 쓸 수도 없는 것이다. 통일헌장이나 통일헌법이 쓸모 있는 것이 되려면 어차피 남북의 대결구도가 실질적으로 끝나야만 한다. 구체적으로 말한다면 어느 한쪽이 손을 들어야만 가능하다. 독일도 동독이 손을 들고서 통일이 현실화되자 서독이 준비한 통일헌법이 합법적 절차에 따라서 통과되었다. 한국도 남북의 한쪽이 손을 들게 되고 통일이 현실화될 때 남한이 준비한 통일헌법이 합법적 절차에 따라서 통과되고 공포됨으로 통일한국이 합법적으로 탄생하게 될 것이다. 지금 통일헌장이나 통일헌법을 북한과 협상을 통해서 만들려 한다면 매우 위험하고 망상에 불과하다. 쓸데 없는 논쟁과 지루한 협상의 연속일 뿐 아무런 결과를 얻을 수 없다. 왜냐하면 남북은 분단 이후 3천회 이상 협상을 했으나 아무런 효과를 내지 못했기 때문이다. 인도적인 문제조차도 한발작도 나아가지를 못하고 70년이 흘렀다. 이산가족 문제에서 생사확인- 서신왕래- 면담- 방문- 재결합, 이런 과정을 놓고 수없이 협의했으나 첫 단계인 생사확인조차 되지 않고 있다. 오로지 정치적인 이해관계에 따라 100명, 200명 잠깐 동안, 그것도 매우 제한된 만남을 가짐으로 이산가족을 더 애타게 하고 있을 뿐이다. 따라서 통일헌장과 통일헌법은 남북이 무슨 협상으로 될 문제가 애당초 아니다.

그래서 우리가 만들 통일헌장은 효용가치가 있을 그때를 대비하여 만들자는 것이다. 당연히 남한의 통일헌장이 되어야 하고, 남한의 건전한 역사인식을 반영하여야 한다. 남북의 것을 적당히 섞어서 해보겠다는 생각을 결코 하지 말아야 한다. 이는 현실을 무시한 상상에 불과한 것이다. 지금 남한은 계속 잘되어가고 북한은 계속 잘못되어가기 때문에 북한은 두 손 두 발을 다 들기 전에는 결코 협상 장소로 나올 수 없다. 그런데 권력의 성질상으로 볼 때, 북한지배층의 생리로 볼 때, 그 어떤 경우에도 손을 들지 않을 것이다. 따라서 의미 있는 협상은 김일성 왕조하고는 안 되고, 그들 대신에 북한에 정상적인 정권이 들어서야만 가능하다. 마치 동독에서 호네커가 물러가고 드메지르가 들어서자, 동서독 통일헌법이 합의되고 투표에 부쳐져서 합법적으로 동서독이 통합되었던 것처럼 말이다. 북한하고는 협상이 불가능하다는 것을 미국도 깨닫고 있다. 1994년 북핵협상을 미-북간에 성사시킨 것이 이른바 '제네바 협정'이었다. 미국의 칼루치와 북한의 강석주가 마주 앉았는데 나는 그때 이것을 보면서 대번에 이것은 북한의 사기극이라는 것을 알았다. 협상대표도 칼루치는 대학에서 가르치던 학자였고 강석

주는 북한의 외무성 부상으로서 북한이 자랑하는 그 유명한 협상술 '벼랑 끝 전술'로 잔뼈가 굵은 인물이었다. 협상술로 봐도 어른과 아이 싸움으로 보였다. 협정이 체결되자 미국은 약속대로 중유를 60만톤씩 공급했고 한국은 함경남도 신포에 엄청난 돈을 드려 경수로 원자력발전소를 건설했다. 북한은 핵개발을 중단한다고 약속했었다. 그러나 그 후 10년 동안 미국은 북한에게 완전히 속았다. 북한은 핵개발 중단은커녕 오히려 협정을 이용하여 핵개발에 더 박차를 가했다. 설상가상으로 북한은 핵실험으로 응답했던 것이다. 미국이 얼마나 황당했을까는 말 안 해도 알 수 있다. 이로써 미국이 얻은 값비싼 교훈은 무엇이었는가? 북한하고는 협상은 하면 안 된다. 오직 힘으로 밀어붙이지 않으면 안 된다는 것이었다. 지금 미국이 그렇게 하고 있다.

    중국은 북한 핵 관련 6자회담 의장국으로서 외교적 이득을 생각하고 여전히 6자회담에 관심이 있으나 미국은 이미 관심이 없고 오로지 중국에게 북한에 영향력을 행사하라고 윽박지르고 있을 뿐이다. 한국은 어떤가? 한국은 북한하고의 협상에서 이미 누구보다도 당할 만큼 당했다. 그렇지만 정치적 명분상 협상 안 한다고 말할 수는 없으니까 정치가는 항상 협상을 하겠다고 말한다. 그러나 그것은 정치적인 수사이고 대북전략상 카드 중 하나일 수는 있지만 분명히 해야 할 것이 있다. 북한은 협상으로는 안 된다는 것, 오직 힘이 있어야 한다는 것이다. 통일은 영적으로 말한다면 하나님이 하실 일이고, 사람의 논리로 말한다면 힘으로 하는 것이지 입으로 하는 것이 아니다. 다만 통일헌장이나 통일헌법을 만들면서 북한을 고려해야 할 것이 있다. 그것은 지금의 북한 당국이나 김일성 왕조가 아니다. 북한의 선량한 시민들을 고려해야 한다는 것이다. 통일헌법이 시행될 때 김일성 왕조는 더 이상 존재하지 않을 것이며, 그들의 사상이나 체제도 찾아볼 수 없게 될 것이다. 그러나 북한 백성은 여전히 남아서 통일한국의 일원이 될 것이다. 그때 이 사람들의 입장은 어떠할까? 그래서 이들의 입장을 고려하여야 한다는 말이다. 이들의 입장을 고려하면서 통일헌장을 만들어야 한다. 이들의 입장이 어떠할지를 알아보려면 현재 한국에 들어와 있는 탈북자들을 활용하면 좋을 것이다. 물론 정부와 민간이 가지고 있는 대북 정보도 매우 중요하다.

제5장 통일헌법

대한민국 정부는 2013년 말에 '통일법제 관계부처협의체'를 출범시켰다. 여기에는 1991년부터 남북한 법률통합문제를 20년 이상 연구해온 법무부 통일법무과, 수년간 통일법제를 준비해온 통일부 통일기반조성과, 법제처 법령입안지원과의 담당과장이 당연직으로 참여한다. 이 협의체는 통일 이후 필요한 형법 민법 상법 등 일반적인 기본법을 연구할 뿐 아니라 '통일헌법'도 장기연구과제로 삼고 두 가지 시나리오 별로 연구할 예정이다. 적화통일 가능성은 배제하고, 남북한 연방단계를 거친 통일과, 급변사태로 인한 급작스러운 통일, 두 시나리오에 대비한 방향으로 진행한다고 한다(조선일보 2014.1.9). 이는 지금까지 정부 각부처가 중복적으로 연구하므로 비용도 중복되고 비효율적으로 이뤄져 온 통일법제연구를 통폐합 체계화하자는 취지이다. 당연직 참여부서 외에도 기획재정부 외교부 국방부 산업통상자원부 국정원 관계자도 비정기적으로 참여한다고 한다. 바람직한 일이다. 앞으로 여기에 민간단체들도 참여할 수 있으면 좋겠다. 통일은 정부만의 일이 아니고 전 국민의 일이기 때문에 정부는 정부대로 하면서도, 민간은 민간대로 움직여야 하고, 관민이 합하여 국민통합적인 통일법제가 만들어지는 것이 더 바람직하기 때문이다. 그리고 한국교회도 통일법제에 관심을 가지고 준비하여 왔으므로 교회의 의견도 반영되기를 바란다.

헌법을 보면 그 나라가 어떤 나라인지 알 수 있다. 헌법을 보면 그 나라가 앞으로 어떤 나라가 될지도 알 수 있다. 나는 1972년 10월 유신헌법이 발표되었을 때 그 헌법 전체를 읽고 참으로 많이 울었다. 거기에는 앞으로 대한민국이 어떻게 될지 잘 나타나 있었기 때문이다. 그것은 그 이전의 헌법과 참으로 달랐다. 그래서 애써 준비했던 사법고시 응시를 포기하기도 하였다. 여기서 통일헌법을 구체적으로 제시할 수는 없는 노릇이다. 다만 반드시 들어가야 할 것과, 반드시 들어가면 안 될 것만 언급하면 될 것이다.

먼저 자유민주주의 헌법이어야 한다. 이 점에 있어서는 현재 대한민국헌법이 상당히 잘 자유민주주의를 반영하고 있다고 생각된다. 제헌헌법이 그랬다. 중간에 3선개헌이나 4사 5입 개헌이 잠시 생기기도 했었고 유신헌법이 등장하기도 했다. 헌법이 지금까지 9번이나 개정되었지만 처음의 헌법 근간을 지금 지키고 있다고 생각되며 약간씩 퇴보되기도 했으나 점진적 발전을 해왔다고 볼 수 있을 것이다. 북한의 엄혹한 존재로 인하여 국가보안법을 가능하게 하는 시대상황적인 조항도 지금은 있지만 앞으로의 통일헌법에서는 폐지되던지 꼭 필요한 모양으로 변화되어야 할 것이다. 우리의 통일상황이 어떠할지, 내부적인 문제와 국제적인 상황을 감안하여 이런 시대상황적인 조항은 유동적이 될 것이다. 자유민주주의 헌법이란 다 알다시피 국민의 기본적인 인권이 보장되고, 누구나 인간다운 삶을 살 권리를 보장한다. 자유는 가능한 최대한도로 보장하되 거기에 따른 책임도 지게 한다. 자유는 공짜가 아니기 때문이다. 그리고 남의 자유를 해칠 자유는 더욱 없는 것이다.

　시장경제도 중요하다. 우리 헌법이 정치적으로 자유민주주의를 지향하고 경제는 시장경제 논리를 추구한 결과 지난 70년 남북을 비교해보면 엄청난 차이가 나는 것은 무엇보다 체제의 문제였다는 것을 우리는 절감하고 있다. 따라서 우리에게 자유와 번영이라는, 어딘가 상반된 것 같은 '두 마리 토끼를 동시에 잡는' 결과를 가져다 준 자유민주주의와 시장경제라는 체제를 더욱 소중하게 생각하기 때문에 앞으로도 더욱 잘 발전시켜나가야 한다. 그리고 자본주의와 분배를 잘 조화시키는 어려운 과제도 우리 헌법이 잘 발전시켜왔다고 보는데 통일헌법도 이 숙제를 잘 감당해야 할 것이다. 기본적으로는 분배가 앞서면 안 되고 성장이 앞장서야 한다. 왜냐하면 빵이 있어야 나눌 수도 있기 때문이다. 박정희 시대의 개발독재를 한동안 매도하였으나 이제 다시 재평가하는 것도 이때문일 것이다. 사실 민주주의는 국민정신발달수준과 국민경제발달수준 두 가지를 토양으로 해서 발전해 왔음을 생각하면 '경제 없이 민주 없다'는 말이 개발독재자의 자기변명이나 자기합리화만 아닌 현실적인 면이 있다고 생각된다. 특히 통일이 되면 북한을 발전시켜야 할 큰 과제가 생긴다. 즐거운 과제이다. 대한민국이 다시 한 번 세계에 웅비할 수 있는 역사적인 기회가 될 것이다. 그렇다면 이를 뒷받침하고 유도할 수 있는 헌법이 되어야 한다. 그렇다고 다시 개발독재를 용인하자는 것은 물론 아니다. 한국은 이미 그럴 때를 지났으며 그럴 수도 없고 그럴 필요도 없다. 그러나 북한에서는 지난 70년 동안 엄청난 독재, 아니 독재라는 말이 너무 가벼울 정도로 사이비종교 같은 일종의 신정(神政)정치를 해왔다. 이런 곳에서 나고 자란 북한인이 남한인 수준의 '자유'를 알고 '민주'를 알고 책임을 알고 시민윤리를 알고 자본주의 시장경제를 알려면 상당한 시간이 걸릴 것이다. 이 큰 차이를 어떻게 할까? 그렇다고 해서 헌법을 북한용, 남한용으로 이원화 할 수는 없는 노릇이다. 헌법은 현실만 반영하는 것이 아니라 미래를 반영하기도 하므로 헌법은 높은 수준의 법을 제시해야 하고, 남북의 차이라는 현실적인 문제는 헌법의 하위 법인 6법(민법, 형법 등) 또는 시행법으로 대처하면 될 것이다.

제6장
지정학적 위치

한반도는 반도이다. 아시아 대륙과 태평양을 잇는 사다리 모양을 하고 있다. 이 지정학적인 위치가 좋기도 하고 나쁘기도 한데, 이 장단점이 역사적으로 고스란히 나타난다. 먼저 한반도는 대륙의 영향을 많이 받았다. 유라시아 대륙의 동쪽 끝에 꼬리처럼 붙어있는 땅이다. 한편 삼면이 바다로 둘러 쌓여서 해양의 영향도 많이 받았다. 배를 이용한 해로를 통하여 가깝게는 일본 오키나와뿐 아니라 멀리 이란 인도 동남아 나라들과도 오래 전부터 교역이 있었다. 신라 백제의 조각이나 미술품에는 인도 문화 페르샤 문화 흔적까지도 나타나며 무덤에서 나온 부장품을 보면 그쪽 물건들도 나온다. 한편 고구려의 벽화나 유물을 보면 마차나 도보를 이용한 육로를 통하여 시베리아 중국 몽골 먼 중앙아시아의 문화적 영향과 흔적을 볼 수 있다. 이런 문화들이 한반도에 들어와 우리의 문화를 풍성하게 하는 좋은 점이 있었다. 그러나 반면에 나쁜 점도 있었다. 중국은 줄잡아 천 년 이상 한반도를 지배하려 하였고 종주국처럼 행세한 적이 있었다. 몽고족도 원나라 때 우리를 침략했다. 일본도 끊임없이 들어와 노략질을 했고 임진왜란 정유재

란으로 큰 피해를 입혔다. 근세에 이르러 일본이 강국이 되어 우리를 침략하여 식민지를 삼기까지 하여 큰 고통을 우리에게 안겨주었다.

통일한국에 있어서 지정학적 위치는 어떤 의미를 갖는가? 대륙 강국과 해양 강국 사이에 끼인 반도국가는 보통국가 정도여서는 존립이 위태롭다. 뛰어나야 한다. 힘이 있어야 한다. 주변 강국을 능가하는 힘은 아닐지라도 주변강국이 결코 넘보거나 무시할 수 없는 힘을 가지고 있어야 한다. 지상의 국제관계라는 것은 이웃나라의 자비에 의존해가지고는 존립이 불가능하다는 것이 역사가 보여주는 교훈이다. 스스로 지킬 의지가 없고 힘이 없는 국가는 어떤 동맹국도 끝까지 지켜줄 수는 없다는 국제사회의 냉엄한 현실을 우리는 지난 백여 년의 역사를 통해서 처절하게 배운 바 있다. 지금 대한민국은 인구가 5천만이다. 북한은 2250만이다. 합하면 7250만이고 해외동포 750만을 합하면 8천만이 된다. 이 숫자는 독일과 비슷한 숫자이고 영국 프랑스 이탈리아보다 많은 숫자이다. 결코 적은 숫자가 아니다. 강국이 될 수도 있는 인구가 된다. 이스라엘은 900만이고 주변 아랍국은 1억이 넘는데도 이스라엘이 아랍을 능가하고 있는 것을 보면 현대에서 8천만 인구를 가지면 얼마든지 13억의 중국이나 1억3천만의 일본이나 3억1900만의 미국이나 1억4500만의 러시아에도 눌리지 않고 존립과 자존을 유지할 수 있다.

군사력에 있어서 지금 북한은 핵폭탄을 가지고 있는 것으로 보인다. 핵실험도 3차에 걸쳐서 했다. 북한이 현재 추세대로 핵개발을 계속한다면 2020년까지 최대 100개의 핵무기를 제조할 수 있고 미국 본토까지 사정권으로 하는 대륙간탄도미사일(ICBM)을 20-30기까지 보유할 수 있다는 분석이 나왔다(조선일보, 2015.2.26). 북한전문 웹사이트 '38노스'를 운영하는 조엘 위트 미국 존스홉킨스대 초빙연구원에 따르면 북한은 현재 핵무기 10-16개를 보유하고 있다고 전제하고 예측 가능성을 분석 발표한 적이 있다. 핵탄두 소형화도 상당히 진척된 것으로 보인다. 이 분석대로라면, 이런 상태로 통일이 되면 통일한국은 핵 보유국가가 될 것이다. 지금 미국을 비롯한 국제사회가 북한의 핵 보유를 알면서도 공식적으로 인정하지 않고 있다. 그 이유는 이를 공식 인정하면 일본의 핵무장을 막을 수 없고, 한국의 핵무장과 대만의 핵무장도 막을 수 없게 될 것이기 때문이다. 또 핵무기는 어떤 국가가 가지고 있느냐? 하는 문제가 더 중요하게 취급되고 있기 때문이다. 즉 불량국가가 핵무기를 가져서는 안 된다는 논리이다. 북한이나 시리아 이란 이슬람 극단주의 국제테러단체 알카에다 IS 등이 핵무기를 가져서는 안 된다는 것이다. 그러나 통일한국 상황이 되고 북한이라는 국가가 없어지면 그 핵무기는 북한이 아니라 통일한국, 미국의 우방인 통일한국이 보유하게 될 때 미국이나 국제사회가 어떻게 나올까? 인정하지 않을 수 없을 것이다. 지금 한국이 미사일을 개발하는 것과 핵무기를 개발하는 것을 미국이 막고 있는데 이는 한반도 비핵화 정책에 따른 것이다. 그런데 통일한국에 핵무기와 미사일이 있게 된다면 미국 중국 일본 등 국제사회가 이것의 폐기를 과연 주장할 수 있을까? 이 문제는 한반도 통일이 바야흐로 진척될 때 심도 있게 비밀히 논의될 것이다. 결론적으로 이스라엘 식으로 해결해야 할 것이다. 이스라엘은 실제로 핵을 가지고 있다. 그러나 시인도 부정도 하지 않고 있다. 바로 이 방식이 통일한국에도 적용되어야 하리라 본다. 이것이 통일한국과 주변국들의 이해를 함께 조화시킬 수 있는 방법이 되기 때문이다. 통일에 동의하는 조건으로서 미국과 중국이 한반도의 비핵화를 요구한다면 어떻게 할 것인가? 핵무기를 폐기하더라도 통일을 택해야 할 것이다.

경제력에 있어서 통일한국에서 지정학적 위치는 대륙과 해양으로 뻗어나가는 출발점의 의미를 갖는다. 동시에 대륙과 해양에서 한반도로 들어와서 교차하여 전진하는 교차점의 의미를 갖는다. 지금 러시아는 트랜스시베리아열차(TSR)가 블라디보스톡에서 끝나지 아니하고 북한의 나진을 지나 청진 함흥 원산 강릉 부산에까지 이어지기를 바라고 있고 논의가 벌써 십여 년이 넘었다. 더불어서 시베리아 이르크츠크 공화국의 천연가스와 캄차카 반도의 천연가스가 한반도를 거쳐 일본에까지 판매되기를 바라고 있다. 한국은 또한 부산항에 들어온 화물이 동해안 시베리아를 횡단하여 모스크바 프랑크푸르트 암스테르담 파리까지 기차로 운송되기를 바라고 있다. 또 북극항로를 개척하고 있다. 중국은 또한 부산에서 출발한 물건이 신의주를 거쳐 단동 중국을 횡단하여 중앙아시아 이스탄불로 가는 신 실크로드를 바라고 있고 이미 중국 구간은 개통을 하였다. 반대로 중국은 동북3성 개발에 주력하고 있다. 동북3성은 동해를 통해서 태평양으로 나아가야 하겠는데 나진과 하산 사이의 15킬로미터가 막혀있어서 못 나가고 있다. 통일이 되면 중국 동북3성의 물량이 태평양으로 나아갈 항구를 얻게 된다. 러시아의 블라디보스톡 항은 겨울에 얼어붙는다. 부동항을 얻는 것이 러시아의 역대 숙원이다. 통일이 되면 시베리아의 물량이 동해안의 부동항을 통하여 태평양으로 나갈 수 있다. 이와 같은 관련국 간의 경제협력은 통일한국과 중국과의 관계, 통일한국과 러시아와의 관계를 돈독하게 할 것이다. 이미 한중FTA는 타결단계에 들어섰다. 통일한국은 지정학적 위치를 좋은 쪽으로 지혜롭게 활용하여 경제도 큰 발전의 계기를 마련하고 안보에도 견고한 틀을 마련할 수 있을 것이다. 통일한국이 동아시아의 이스라엘이 되는 것이다.

統一精神

제 4 부
어떻게 통일을 이룰 것인가

제1장

남한 중심의 통일

한반도 통일은 될 것이며 남한 중심으로 될 것이라는 것은 이미 정해진 것이다. 박근혜 정부가 의욕적으로 작년에 만든 통일준비위원회 민간 측 부위원장인 정종욱 서울대 특임교수는 2015년 정초에 '이제 김정은 시대가 본격 가동될 것이며 북한 붕괴나 흡수통일은 비현실적이다'라고 했다(조선일보 2015.1.5). 이는 '남북관계는 현실대로 움직여야 한다'는 그의 경험과, 현안을 현실적으로 담당해야 하는 입장에서 나온 것이라는 점에서 이해 못할 바는 아니나 매우 실망스럽다. 흡수통일이 지금 당장 이루어지는 것은 아니지만 그것이 현실이다. 북한을 상대하는 입장에서는 대놓고 말하기가 어려울 것이나 현실을 있는 대로 정직하게 말한다면 흡수통일 외에 다른 대안은 없고 다른 변수도 없다. 북한의 상황이 어떠한가? 한국자산관리공사(캠코)는 2015년 2월 27일 북한 당국이 운영하는 주요 국영기업 554개 중 40% 이상이 평양과 그 인근 지역에 몰려 있고, 전체 기업의 3분의 2가량은 중화학 업종에 집중된 것으로 나타났다고 발표했다. 특히 이들 주요 기업 중 흑자를 내거나 정상 경영이 가능한 기업은 전체의 10%이하인 50개

안팎인 것으로 추정했다. 북한기업의 대부분은 낙후된 기술수준과 설비노후화로 사실상 경쟁력을 상실했기에 이익은 거의 나지 않고 있다. 유호열 교수는 현재 북한기업은 과거 동독기업보다 경쟁력이 훨씬 떨어지며, 대동강 맥주 등 몇 개 기업 외에는 살아남기 힘든 상황이라 했다. 문성민 한국은행 북한경제연구실장은 매각이나 구조조정을 통해 살아남을 수 있는 기업보다 청산될 기업이 훨씬 많을 것이라 했고 통일과정에서 북한기업 처리방안에 대해 캠코는 기업 소유권을 국가에 일괄 귀속시킨 뒤 2년간 실사 및 시장 가치평가 과정을 거쳐 단기간 내 흑자경영이 가능한 1-2등급 기업은 매각 등을 통해 민영화를 추진해야 한다고 했다. 체코의 국가자산기금이나 폴란드의 국가투자기금처럼 북한기업관리기금을 만들어 북한기업에 대한 신속한 구조조정과 매각 등 민영화를 지원할 필요가 있다는 것이다.

그러면 북한이 지금이라도 개혁개방을 해서 살아남을 수 있을까? 불가능하다. 소련이 붕괴했을 때 동유럽 국가들의 성패는 단번에 시장경제로의 신속한 개혁이 되었느냐 못했느냐에 따라서 갈라졌다(조선일보 2015.2.22). 폴란드는 당시 꼭 북한수준이었다고 한다. 그러나 지금은 개방 25년만에 유럽 G6(독일 프랑스 영국 이태리 스페인 폴란드)로 부상했다. 그 이유가 뭘까? 폴란드는 자유화 이후 경제구조를 사회주의에서 자본주의 체제로 급격하게 바꿨다. 이것이 폴란드 경제발전의 토대가 됐다. 이런 '충격요법'이 일시적으로 실업률을 증가시키는 등 혼란을 일으켜, 정권을 잡은 자유노조 조차 반발하고 시민의 시위가 거셌지만 단기간에 경제체제를 바꾸지 않으면 개혁은 실패할 수밖에 없었다는 것이다. '불은 빨리 끄고 구출작업을 해야 하는데 모든 사람의 얘기를 다 들어줄 시간이 없다'는 것이다. '영국의 대처총리와 같은 강력한 리더십으로 체제전환을 이끌어야 한다'고 북한에 충고한다. 결과적으로 폴란드는 지난 20년간 유럽에서도 가장 높은 경제성장률을 보여 유럽연합 평균의 2-3배에 이르는 성장을 했다. 체코 헝가리 슬로바키아도 급진적 경제개혁을 실시했다. 발트 3국 중 하나인 에스토니아도 시장경제주의 전격도입에 의하여 국영기업의 85%가 민영화되고 농업 기업에 대한 각종 보조금이 폐지됐다. 러시아 일변도의 대외교역을 핀란드 및 서구권으로 다변화시켰고 현재 세계 경제 자유화 지수 8위에 올랐다. 북한이 이런 개혁을 할 수 있을까? 불가능하다. 쿠바까지 지금 변하고 있지만 북한은 불가능하다. 중국의 등소평부터 역대 중국지도부가 그토록 김일성에게 권하고 김정일에게 권하였지만 하지 못했다. 북한은 다른 공산주의 국가와 다르다. 김일성 김정일은 신이 되었다. 도저히 이성적인 판단이 불가능하게 고정되어 버렸다. 주체사상은 사상이 아니라 종교이며 사이비 유사종교로 세계종교 연감에 1,900만 신도를 가진 종교로써 유대교 바하이 자이나 신토(일본) 보다 순위가 앞서 있다. 북한은 김정은도 마찬가지로 개혁 개방할 수 있는 정도(程度)를 넘어버렸다. 또 주체종교를 놓으면 무너지고 말 것이라는 확고한 믿음을 가지고 있기에 북한의 개혁은 불가능하다. 종교 교주까지 된 권력의 맛을 도저히 내려놓을 수가 없는 것이다. 아직도 남한 인사들 중에 김정은이 외국 물도 먹었으니까 혹시 개혁개방을 하지 않을까 하는 사람도 있으나 꿈을 깨야 할 것이다. 김정일은 아들들 가운데 가장 개혁 개방하지 않고 포악하게 다스릴 김정은을 택한 것이다.

　핵무기와 미사일이 북한을 유지시키고 먹여 살릴 수 있을까? 불가능하다. 무기가 떡이 되지 않는다. 소련의 붕괴를 보면 알 것이다. 소련은 핵무기와 미사일에서 미국을 능가했다. 그러나 그것 때문에 더 이상 발전할 수 없음을 알았을 때는 이미 때가 늦었다. 붕괴할 수밖에 없었다. 이스라엘 대사가 말했다. 북한이 핵무기를 가져보라. 그러나 그것을 사용하지는 못할 것이다. 그것으로 누구를 위협하여 빵을 얻을 수 있을까? 처음은 몰라도 그 다음은 안 된다. 북한이 무기와 기술을 중동국가 일부에게 팔았고 아프리카 독재국가 일부에 팔았다. 그 재원으로 핵무기와 미사일 개발에 도움이 되었을 수는 있다. 남한을 위협하여 뭘 좀 얻은 때가 있었다. 이제는 그것도 끝났다. 미국도 북한 다루는 법을 알았다. 말이 통하는 상대가 아니며 비스켓을 주면 더 못되게 군다는 것도 알았다. 북한이 이제 할 수 있는 방법이 없다. 개혁 개방을 스스로 거부하고 애써 고립을 자초하고 세계를 향하여 위협이나 하고 공갈이나 치니 그것도 한두 번이지 아무도 귀 기울이지 않는다. 또 자기 백성을 더 포악하게 압제하고 매부 장성택까지 잔혹하게 처형하니 북한 사람들 아무도 스스로 움직이지 않는다. 스스로 움직일 수도 없게 되었다. 그냥 가만히 조심하고 당하지 않기만을 바라다가 마지막으로 몰린다 싶으면 선수를 치는 것밖에 다른 일이 없다. 북한 붕괴는 초읽기에 들어갔다. 밖에서 손을 대지 않아도 내부적으로 스스로 붕괴하게 되어 있다. 물론 김정은을 비롯한 이른바 핵심계층은 결코 권력을 내려놓지도 않을 것이며 내려오지도 못할 것이다. '급변사태'가 올 것인데 어떤 식으로 올 것인가? 시민의 봉기인가? 지금으로는 기대하기 어렵다. 군부의 반란인가? 가장 가능성이 높다. 솔직히 말하면 우리가 모르는 방법, 전혀 예상치 못한 방법일 수 있다. 왜냐하면 독일통일이 그랬으니까. 하나님에 의하여 올 것인데 아마도 우리가 모르는, 예상치 못한 방법이 될 것이다.

러시아는 2011년 11월 국책연구소인 '세계경제-국제관계연구소 (IMEMO)의 특별보고서'를 통하여 북한의 붕괴를 기정사실화하며, 2025년까지 남한 중심으로 통일이 될 것이라면서, 한국이 주도할 통일한국에 대해 아태지역에서 러시아의 입지에 긍정적인 영향을 미치게 될 것이라 전망했다. 러시아가 원동(극동)에서 지역협력을 확대하는데 도움이 될 든든한 협력파트너가 생긴다고 보았다. 2012년 10월 23일 러시아의 싱크탱크 '국가에너지안보재단'은 모스크바에서 열린 세미나에서 '한반도에서 통일을 이루겠다는 서울(남한)의 열망은 매우 좋은 동향이며 러시아 연방과 연방의회는 이(통일) 과정에 확실히 기여하게 될 것'이라고 했다. 러시아가 야심 차게 추진 중인 극동-시베리아 개발의 핵심 과제들이 폐쇄적이고 신뢰성이 낮은 북한정권이 있으면 성공하기 어렵다고 보고, 한반도의 정치적인 리스크는 제거되어야 하는데 이는 남북한 통합으로 가능하며 러시아는 충분히 감당할 수 있다고 했다. 이는 김일성이 스탈린의 정치적 양자(養子)였다는 점, 러시아가 북한정권을 탄생시켰다는 점, 북-러가 60년 이상 '공생'에 가까운 관계를 유지해온 점을 감안하면 격세지감을 느끼게 한다. 여기에는 북한이 비핵화에 소극적인 점과 북한정권이 러시아 발전에 장애물이 되고 있다는 인식이 커지고 있음을 반영하는 것이다. 러시아만큼 북한을 잘 아는 나라도 드물 것이다.

중국도 북한을 보는 눈이 달라지고 있다. 정부 공식입장은 아니지만 그와 유사한 창구를 통하여 남한 중심의 한반도 통일을 생각할 때가 되었다라고 하기도 하고, 북한의 급변사태를 중국은 남한과 함께 머리를 맞대고 상의할 때가 되었다고도 한다. 그리고 북중 국경을 철조망으로 다 막았고 북한을 지원하는 모든 채널을 끊고 있다. 단동에서 신의주로 들어가는 원유파이프라인이 2013년 12월부터 2015년 3월까지 한 방울도 북한으로 넘어가지 않고 있다. 2013년 북한과 중국이 합작개발을 결정한 압록강 하구 황금평 개발사업도 물 건너 갔다.

　미국은 어떤가? 2015년 1월 22일 오바마 대통령은 북한에 대한 새로운 제재행정명령에 사인을 한 다음 '북한은 지구상에서 가장 고립되고, 가장 제재를 많이 받고, 가장 단절된 국가로, 어느 누구도 똑같이 따라 하기가 불가능할 정도다. 이런 유의 정권은 시간이 지나면 결국 무너지는 것을 여러분이 보게 될 것'이라 했다. 작심하고 북한의 붕괴론을 꺼낸 것이다. 더 나아가 방법까지 언급했다. '북한에 대한 제재 수단에 한계가 있지만, 군사적 해결책보다는 인터넷이 더 효과적일 것이다. 인터넷 환경이 북한에 침투해 각종 정보가 유입되면, 잔혹한 독재정권을 유지하는 것은 지극히 힘들 것이기 때문에 이런 방식을 가속화하려고 한다'고 했다. '북한이 잔혹하고 폭압적이고, 그 결과 심지어 주민을 제대로 먹이지도 못한다'는 말까지 한 것은 '적대감'을 드러낸 것이며 북한이 가장 두려워하는 '레짐 체인지(정권교체 내지 붕괴)'라는 직격탄을 날린 것은 인내심이 한계에 달했다는 뜻으로 해석된다. 뒤이어 2월 9일 한국을 방문한 미 국무부 부장관 토니 블링큰은 국제사회의 대북 압박 덕에 북한이 핵무기와 미사일에 필요한 물질을 획득하는 능력에 의미 있는 차이가 생겼다면서 북한에 대한 압박과 국제사회의 공조를 유지하는 게 중요하다고 했다. 심지어는 2004년 주한미국대사를 지냈고, 미 국무부 동아태차관보와 대북정책조정관, 6자회담 미국측 수석대표를 지낸 크리스토퍼 힐은 본래 북한에 대하여 지나치게 유화적이라서 본국정가에서 '김정힐(김정일+힐)'로 불리기까지 했던 인물인데, 2015년 3월 3일 한국에 와서 "김정은은 비핵화할 생각이 전혀 없으며 6자회담에 돌아가려 하지 않을 것이다. 대화에 나오라며 북한에 미리 대가를 줄 수는 없다. 북한이 고립에서 벗어나는 길은 지금까지 만든 약속과 협의를 따르는 것뿐이다. 어제 한 이야기를 오늘 한적 없다고 잡아떼는 상대와 어떻게 대화하겠나, 상식을 지켜야 한다"고 했다. 중국에 대하여는 "한국은 동북아에서 중심적 역할을 하고 있는 중국과 특별히 가깝게 지내야 한다. 한국이 국제사회에서 성장할 수 있었던 것은 미국과 동맹관계를 유지했기 때문이지만, 중국과 접점을 늘린다고 해서 미국을 멀리하게 되는 것은 아니다."고 했다. 미국 관민은 전통적으로 한국에 대하여 우호적이었다. 그 중에서 공화당은 북한에 대하여 강경하였고, 민주당은 상대적으로 유화적이었다. 그리고 미국의 국방성은 북한에 대하여 강경하였고, 국무부는 상대적으로 유화적이었다. 국무부가 대체로 한국 정부에 비판적이고 비교적 북한에 유화적인 분위기가 오래 전부터 형성되어 있었고 최근에 국무부 정부차관 웬디 셔먼이 "역사문제에 있어서 한 중 일 모두에게 책임이 있다"고 하여 큰 물의를 일으킨 것도 그런 맥락이라 할 수 있다. 그런데 최근에는 공화당이 미국 상원과 하원을 장악했고, 오바마도 민주당도 국무부도 북한에 대하여 강경해지고 있다. 북한의 인권 문제에 대하여 전세계가 강경하다. 유엔인권위원회가 해마다 북한 인권결의안을 채택하고 있다.

2015년 3월 4일 제네바 유엔 인권이사회 회의장에서는 한국의 조희열 외교부 2차관이 앞서 연설한 북한의 리수용 외무상의 발언을 정면으로 반박하면서 '북한 외무상의 연설을 들으며 같은 외교관으로서, 그리고 동족의 한 사람으로서 깊은 연민의 정을 느끼지 않을 수 없다. 진실을 덮기 위해 안간힘을 쓰는 모습이 애처로웠다. 손바닥으로 하늘을 가릴 수는 없다. 북한 당국은 주민들의 인간 존엄성을 짓밟는 반인류적 행위를 언제까지 계속할 것인가? 북한 주민들이 인간다운 삶을 영위할 수 있도록 구체적이고 진정성 있는 조치를 지체 없이 취할 것을 촉구한다'고 했다. 10년 전만해도 한국은 유엔인권위원회에서 기권을 하든지 꽁지를 빼는 형상이었는데 이렇게 많이 바뀌었다. 그리고 유엔도 국제사회도 북한에 대하여 많이 바뀌었다. 북한은 국제사회에서 이제 더 이상 설 자리가 없다.

이상에서 살펴본 바대로 흡수통일은 불가피하다. 북한 내부상황을 볼 때도 국영기업의 90%가 회생불가하고, 북한의 개혁개방도 불가능하고, 핵무기 미사일로 먹고 살기도 불가능하고, 국제사회의 협력은 커녕 제재도 불가피하고, 미국 중국 러시아도 등을 돌린 상태에서 북한이 붕괴하는 것은 시간문제일 뿐이다. 따라서 흡수통일은 불가피하다. 싫든 좋든 할 수밖에 없다. 10년 전에는 소위 '연착륙'을 말하는 사람도 있었지만 지금은 없다. 국제사회는 다 한국중심의 통일이 될 것으로 생각하고 있다. 한국 내에서만 이념적으로 혼란이 아직 남아 있어서, 또는 무지나 이기적인 마음으로, 애써 이를 부인하고 외면하려고 하는 사람들이 있다. 그러나 역사는 흘러가고 시간도 흐르고 있다. 남한중심의 통일은 불가피하다.

제2장
전쟁과 평화

한반도 통일은 전쟁에 의하여 되지 아니한다. 6·25 한국 전쟁이 바로 한반도 통일은 전쟁으로 되지 아니한다는 것을 증명한 것이다. 한반도 통일이 전쟁으로 될 수 있었다면 그때 되었어야 한다. 왜냐하면 그때야말로 전쟁으로 한반도가 통일될 수 있는 처음이자 마지막 기회였다고 말할 수 있기 때문이다. 당시 북한군의 전력이 국군보다 월등했다. 병력은 19만8380명 대 10만5752명, 전차는 242대 대 0대, 전투기 211대 대 연습기만 22대, 야포 552문 대 91문, 장갑차 박격포 대전차포 경비함 보조함 모든 면에서 북한이 압도적으로 우세했다. 3일만에 서울이 함락되고 낙동강 전선만 남고 다 점령되었다. 그러나 전쟁으로 통일하려던 김일성의 계획은 실패했다.

지금은 남한이 강하니까 남한이 전쟁으로 북한을 통일할 수 있지 않을까? 그럴 수 없다. 남한 정부와 백성이 하나같이 전쟁으로 북한을 통일할 생각을 전혀 하지 않고 있다. 통일이 아무리 필요하다 하더라도 전쟁으로 할 생각은 추호도 없는 것이다. 이는 북한이 1950년에 통일하려고 남한을 쳐들어온 것에 대하여 참으로 잘못된 것임을 알고 있고, 다시는 이런 비극은 없어야 된다는 것을 너무도 처절하게 경험하였기 때문이다. 또 대한민국이 지금 경제나 문화나 여러 면에서 5천년 역사에 없었던 번영을 구가하고 있는데 전쟁을 벌여 이 좋은 번영을 망칠 이유가 없기 때문이다.

북한의 전쟁 위협에 떨지 말아야 한다. 북한은 끊임없이 남한을 위협한다. 주로 전쟁위험으로 위협한다. 북한의 한 장성이 남북군사회담에서 '불바다' 발언을 한 번 하니까 남한의 백성들이 난리였다. 여기에 재미를 본 북한은 그 후 기회만 되면 전쟁위험으로 남한을 위협했고 지금도 하고 있다. 하도 그러니까 남한 백성들도 면역이 되기는 했지만 아직도 효과가 있어서 위협을 하고 있다. 최근 2015년 3월 3일 리수용 북한 외무상이 스위스 제네바에서 열린 유엔 군축회의에서 핵개발을 계속 할 수밖에 없고, 핵과 미사일로 미국을 핵 공격할 능력을 갖췄다면서 필요하다면 미국을 선제 타격할 수도 있다고 위협했다. 미국이 이에 대하여 어떻게 대응할까? 일일이 대응하지 않을 것이다. 적당히 무시할 것이다. 그러면서도 북한이 이러면 이럴수록 대북제재를 강화할 수밖에 없다. 같은 날(2015.3.3) 한국을 방문한 제임스 올시 전 미CIA국장은 "북한의 무력도발과 핵 위협을 저지하기 위해 더 강경한 대북제재가 필요하다. 북한이 핵 보유국이 된 것은 1994년 북한 핵 시설을 선제 공격하지 않았기 때문이다. 당시 미국 정부가 실수한 것이고 지금 북한은 핵과 장거리 미사일로 국제사회를 위협하고 있다. 북한은 선거라든지 민주주의의 법칙에 영향을 받지 않는 나라여서 북한의 변화를 기다리는 것은 매우 우스운 일이다. 북한의 체제변화를 기다리기보다는 대북제재를 가해서라도 변화를 이끌어 내야 한다"고 했다.

2015년 3월 5일 북한의 대남선전매체인 우리민족끼리는 '만일 단기속결전이 일어나는 경우 개전 이후 불과 3일만에 속전속결할 것이 확실하다. 명령이 내리면 인민군 포병들은 한 번에 12만발의 포탄을 퍼붓고 특수 병력은 남측 후방의 공군기지, 해군기지, 레이더기지, 미사일기지 등을 초토화할 수 있다. 인구가 많고 산업시설이 밀집되어 있으며 특히 원자력발전소가 적지 않은 전 남조선 지역이 폐허로 변할 것이다.'라고 위협했다. 이 말을 들으면 웃지 않을 수 없었다. 왜냐하면 전쟁할 자는 결코 이런 얘기를 하지 않기 때문이다. 전쟁할 자는 힘써 이런 내용을 감추기 마련이다. 그런데 이런 소리를 대놓고 하는 것은 전쟁을 하지 않겠다는 것과 마찬가지인 것이다. '짖는 개는 물지 않는다'는 속담과 같다. 북한이 말로 위협하고 무력으로 도발하는 것은 정말 전쟁하려고 하는 것이 아님을 한국 백성은 분명히 알아야 한다. 다만 다른 목적이 있어서 말로, 혹은 연평해전 같은 국지적 전투로써, 연평도 포격 같은 무력도발을 할 뿐이다. 전면전 아니면 무슨 다른 목적이 있을까? 쌀도 주고, 비료도 주고, 석유도 주고, 발전소도 지어주니까, 마치 깡패처럼 요구하는 것이다. 이것을 주면 안 된다. 주면 더 요구가 커질 뿐이다. 염치라는 것은 없다. 고마워하는 것도 없다. 오히려 남한이 수령님 우러러 보고 가져다 바쳤다고 한다. 그리고 남한이 그렇게 하는 것은 당연한 것이라고 한다. 자기들이 무력으로 남한을 보호한 대가라고 한다. 마치 시장에서 깡패들이 상인들에게 돈을 뜯으면서 하는 말과 똑같은 말을 북한이 한다. 북한의 위협에 두려워하는 어리석음이 더 이상 우리에게 있으면 안 된다. 두려워하는 것은 북한을 더 나쁘게 만드는 것이다. 두려워하지 않으면 북한은 어리석은 위협이 더이상 소용없음을 알고 그칠 것이다.

북한은 전면전을 벌일 수 없다. 김정은이 아버지 김정일의 2주기를 마치고 군사 경제 병진(竝進) 노선을 표방하며 나오고 있다. 먹고 살기 위해서도 경제가 필요하지만 전쟁을 하기 위해서는 더 경제가 필요한 법이다. 그런데 북한은 먹고 살수도 없는 경제가 되어버렸다. 체제 때문이다. 지나친 무기개발과 군사중심 체제 때문이다. 보통 군사비가 5%정도여야 되는데 북한은 경제의 절반이 군사이니 경제가 될 수 없도록 체제를 하고 있다. 그래서 경제를 들고 나온다는 것이 군사 경제 병진노선인데 군사를 앞세우고서는 경제가 될래야 될 수가 없다. 노선 자체가 모순을 가지고 있는 것이어서 실패를 담보하고 있는 정책이다. 희망사항이 될 수 있으나 현실과 너무나 동떨어진, 이루어질 수 없는 것이다. 대한민국이 경제발전을 할 수 있었던 것도 한미군사동맹이라는 것이 있어서 안보나 군사를 미국에 기대고 경제만 치중할 수 있어서 가능했다고 할 수 있다. 또 북한의 재래식 무기가 노후화 되었다. 노후화된 무기로 전쟁할 수는 없다. 탄약 연료 식량 등 군수품이 준비되어야 전쟁할 수 있는데 북한이 비축한 군수품으로 과연 며칠을 전투할 수 있을까? 더욱이 중국은 북한이 전쟁을 도발할 경우에 도와줄 수 없다고 시진핑이 분명히 밝히고 있다. 북한은 전쟁을 할 수 없는 것이다. '조중혈맹 朝中血盟'을 북한이 강조하지만 중국은 이제 '혈맹은 더 이상 없다. 그냥 보통 국가간의 관계가 있을 뿐이다'라고 말한다.

러시아도 지금 자기 문제가 발등의 불이기 때문에 북한을 도울 형편이 아니다. 북한 안과 밖의 상황이 전혀 전면전을 펼칠 수 있는 형편이 아니다. 더욱이 미군이 한국에 주둔하고 있다는 사실이다. DMZ 남쪽을 미군이 관할하고 있다. 전시작전통제권이양은 무기 연기되었다. 북한의 핵무장 때문이다. 해마다 키리졸브훈련 독수리훈련으로 실전과 방불한 전쟁훈련을 벌이고 있다. 북한이 서해안에서 군사도발을 하면 미국 항공모함이 서해안으로 진출하여 북한 전역뿐 아니라 중국의 심장부를 레이더로 살핀다. 북한은 되로 주고 말로 받는 것이다. 중국도 가만히 있을 수만 없다. 그래서 북한은 전면전을 할 수 없다.

전쟁을 한다면 한다는 각오가 있어야 한다. 북한은 항상 남한에게 '전쟁한다 전쟁한다'고 위협한다. 이때마다 남한 사람은 겁을 먹는다. 그러면 북한은 더 재미가 나서 더한다. 전쟁을 막으려면? 그래 전쟁하자! 하고 나서야 하는 것이다. 이 마음이 없이 마냥 전쟁을 피하려고 하기만 하면, 전쟁을 오히려 불러들이는 자가 된다.

전쟁을 피하려고만 하는 자를 누가 도발하지 않겠는가. 쥐도 궁지에 몰리면 고양이를 문다고, 비록 약할지라도 덤비면 결코 가만있지 않겠다는 전쟁의지를 내보이고 시시때때로 도전에 상응하는 대응을 보이면 상대는 아무리 강해도 섣불리 덤비지 못하는 법이다. 하물며 대한민국은 북한보다 국력이 40배도 더한 나라가 아닌가. 재래식 무기는 더 앞서지 않는가. 잠수함도 10여척으로 북한의 70여척에 비하면 뒤지지만 성능에 있어서는 압도적이지 않은가. 이제 대한민국 시민이면 누구나 북한이 전쟁으로 위협할지라도 전쟁하면 하지! 하는 마음을 가져야 한다. 이것이 우리를 정신차리게 하고 방심을 막아줄 것이다. 그리고 어떠한 북한의 도발도 능히 막아낼 것이다. 더 나아가서 중국에는 과거처럼 눌리지 않겠다는, 일본에도 과거처럼 되지 안겠다는, 미국에 대해서도 당당하겠다는, 민족 자존심으로 우뚝 서야 할 것이다.

평화라는 말에 속지 말아야 한다. 평화라는 말은 본래 성경에만 있다. 하나님에게 참된 평화가 있다. 하나님은 우리에게 참된 평화를 주신다. 그러나 죄와 악이 많은 세상에서는 평화가 없고 반대로 갈등과 다툼이 있다. 한국사회에서 유난히 평화라는 말이 들린다. 평화라는 말을 많이 입에 올리는 사람은 어떤 사람들일까? 종교인일까? 종교인 중에서 정통적이고 바른 종교인들은 말로 평화를 떠들지 않는다. 평화를 위해 살고 평화를 전한다. 그런데 하나님이나 부처는 어디다 놓고, 공연히 좌경화된 이념에 스스로 도취된 목사 승려 신부들이 평화를 마치 전매특허처럼 입에 달고 다닌다. 정치인인가? 정말로 평화를 사랑하고 평화를 위하여 뭔가 실제적인 일을 하는 정치인들은 평화를 떠들지 않는다. 공연히 이념화되어서 자기가 무슨 평화의 사도가 된 줄로 스스로 착각하고, 아무도 그렇게 알아주지 않는데 자기들 소수 집단들만 모여서 평화를 소리높이 외치고 있다. 그들은 좌경화된 일부 정치인이요, 불쌍한 그 추종자들이요, 어줍잖은 시민단체들이다. 이들은 평화의 적이다. 평화를 내쫓고 있는 자들이다. 평화로운 가운데 대한민국을 세우려고 노력해왔고 지금도 애쓰는 사람들이 많은 가운데서, 이들은 홀로 대한민국 흔들기를 일삼고 있다.

　이들은 휴전협정을 평화협정으로 바꾸자고 주장한다. 2015년 3월 5일 주한 미국대사 마크 리퍼트를 흉기로 테러한 김기종도 그런 사람이었다. 김기종은 서울 어느 사립대 법과를 졸업한 자로 NL(민족해방)계 반미 반일 친북 주사파로서 1997년부터 10여 년간은 성공회대 교양학부 외래교수도 지냈다. 김대중 노무현 정부시절 민주평통 지역위원, 노무현 정부시절 4년간은 통일부 통일교육위원으로 학생 시민에게 강연하기도 했다. 김기종이 만든 '우리마당 통일문화연구소'는 '전쟁반대 평화실현 국민행동'에 속해 있다. 국민행동은 박근혜 정부가 출범한 직후인 2013년 4월 발족했는데 통합진보당 범민련 민족자주 통일중앙협의회 우리민족연방제통일추진회(연방통추) 등 극도로 좌경화된 종북 주사파 단체들 48개가 망라되어 있는 단체이다. 이들이 표방하는 것이 바로 '전쟁반대 평화실현'이라고 하는 것이다.

이들이 주로 주장하는 것은 '정전협정을 평화협정으로 대체해야 한다. 전시작전통제권을 환수해야 한다. 한미합동군사훈련을 중단해야 한다.'는 등으로 북한 주장을 그대로 답습하는 것이다. 김기종이 리퍼트 대사를 테러할 때 그가 소지하여 온 불온 삐라를 살포해 달라고 부탁한 연세대 노정선 명예교수는 김기종의 단체에서 2011년, 2012년 '6.15공동선언 그리고 평화협정' 등의 주제로 강연한 바 있다. 평화협정이라니 얼마나 그럴 듯 한가? 그러나 여기에는 무서운 함정이 있다. 평화협정은 무엇을 의미하는가 하면, 미군철수를 의미한다. 전시작전권환수를 의미하고 한미군사동맹 파기 내지는 변경을 의미한다. 한국의 안보를 발가벗기고 북한 식의 통일방안을 받아들이자는 말이다. 이를 위해서는 경제가 희생돼도 좋고 아이들이 북한아이들처럼 되어도 할 수 없다는 얘기다. 지금 남한이 북한을 국가로 인정하지 않아서 문제가 아니라 북한이 남한을 인정하지 않고 미국하고만 대화하겠다고 해서 문제인 것이다. 남한은 북한을 상대로 해서 뭐든 얘기하자는 입장을 가지고 있지만 북한은 한 번도 남한을 상대로 인정한 적이 없다. 북한은 남한과의 협정에 관심이 없다.

휴전협정도 북한의 남일과 중국의 팽덕회, 그리고 유엔군 대표가 서명을 하였고 한국군 대표는 서명에 참석하지 않았다. 이승만 대통령이 휴전을 반대했고 그 대가로 한미군사동맹을 얻어냈기 때문이다. 그러면 이제 북한이 협정을 맺으려 할 때 누구와 맺으려 하겠는가? 당연히 미국과 맺으려 할 것이고 이 상황에서 그 유명한 정통성 문제가 불거지게 될 것이다. 지금 좌익들이 말하는 평화협정은 이래저래 한반도를 공산화하기에 일거양득의 아주 좋은 수가 되는 것이다. 평화라는 말에 주의를 요한다. 평화를 유독 주장하는 사람은 눈 여겨 봐야 한다. 평화를 말하는 사람이 바로 평화를 잡아먹는 사람일 수 있기 때문이다. 참 한반도는 아이로니컬하다. 북한이나 남한의 좌익이 전쟁을 말하면 반대로 평화가 있을 것이다 생각해야 하고, 북한이나 남한의 좌익이 평화를 말하면 반대로 전쟁을 불러오지 않을까 생각해야 하니까 말이다. 왜 이런 역설이 생기는가? 북한의 이중성 때문이다. 북한을 추종하는 남한 좌익의 이중성 때문이다.

제3장
힘과 협상

한반도 통일에 있어서 힘이 중요한가? 협상이 중요한가? 생각이 단순한 사람은 협상이 중요하다고 생각한다. 어린아이같이 '남과 북이 잘 얘기하면 되지 않겠어요? 같은 민족인데 뭐 안 될 것이 있고 뭐 못할 얘기가 있겠어요?' 한다. 이런 생각을 가진 사람들이 의외로 많기에 남한 사람들이 북한의 선전선동에 휘둘리기 십상이다. 보통 성인 정도의 생각이라면 협상도 중요하고 힘도 중요하다고 할 것이다. 세상을 살다 보니까 현실을 어느 정도 알게 되었고, 현실은 이상으로만 살 수 없고 힘이 있어야 되겠더라 하는 점을 깨달은 것이다. 또 개인적인 협상이나 국가간의 협상에서도 사리와 이치만 따져서는 안 되고 열정과 인센티브와 설득과 보상이 필요하다는 것을 알기 때문이다. 이것이 보통 성인의 생각이다. 그런데 북한을 상대할 때는 얘기가 달라진다. 북한은 세계 어느 국가와도 다르다. 북한은 세계 어느 국가에서도 통용될 수 없는 특이한 사상과 가치관과 체제를 가지고 있다. 그래서 보통 외교관이나 정치인들이나 시민들이 전혀 알 수도 없고 상상도 할 수 없는 상대이다. 북한을 상대로 해서는 대화나 협상이라는 것이 존재하지 않는다. 오직 힘만이 존재한다. 지난 70년간 남과 북이 협상을 벌인 크고 작은 것이 약 3,000번이라 한다. 그러나 한발작도 나아가지 못했다. 남북협상 중에서 가장 쉬운 것을 인도적 문제라고 한다. 남북이산가족 문제이다. 남북이산가족 문제를 해결하기 위하여 우선 생사확인, 그 다음 서신교환, 그 다음 상호방문, 가족결합의 순서로 된다. 그런데 70년 동안 첫 단계도 이루어지지 않았다. 그러면 반문할 것이다. 이산가족상봉이 있지 않은가? 그것은 이산가족 문제 해결과는 상관이 없는 정치적 쇼이다. 이산가족이 얼마나 많은가. 연세는 다 높다. 시간이 얼마 안 남았는데 100명씩 100명씩 나누어 한다. 이것은 이산가족을 이용한 정치적인 쇼에 지나지 않는다. 인간의 가장 기본적인 면을 정치에 이용하는 '아주 더러운 정치적 쇼'이다.

그런데도 미국대사를 흉기로 테러한 김기종은 테러하면서 '이산가족이 못 만나는 것은 전쟁 훈련 때문'이라고 주장했다. 이야말로 북한이 이산가족을 정치적으로 이용하고 있다는 증거이다. 김기종은 늘 북한 주장을 답습해왔기 때문이다. 북한이 이산가족의 고통을 생각한다면 왜 생사확인을 못하겠는가. 왜 서신교환을 못 하겠는가. 북한이 이산가족 상봉조차 두려운 것이다. 생사확인조차 두렵고, 서신교환이 두렵고, 상호방문은 더욱 악몽인 것이다. 1945년부터 1951년 1.4후퇴 때까지 자기들이 쫓아낸 피난민들을 아직까지도 '민족배반자'로 생각함인가? 그들에게는 인간이란 없고 오직 정치만 있는가? 인간 있고 정치가 있지, 어디 인간이 정치를 위해 있는가. 우리는 이 사실을 잊으면 안 된다. 북한에는 인간은 없고 오직 정치만 있다는 것을, 김일성 가족만 있지 인민은 없는 이름뿐인 '인민민주주의공화국'이라는 것을 잊으면 안 된다. 인간이기를 거부한 이들에게는 인권도 없고, 인도주의도 없고, 대화도 없고 협상도 없다는 것을 잊으면 안 된다. 북한 현 정권이 있는 한 결코 달라지지 않는다. 북한은 변할 수 없다. 이것이 북한을 아는 사람들이 깨달은 것이다. 힘인가? 협상인가? 북한을 상대해서는 힘이다. 오직 힘이다.

북한은 대화나 협상이 불가능한 상대라는 것을 일찍이 깨달은 사람들이 있었다. 북한에서 살아본 사람들이다. 1945년 8월 15일부터 1950년까지 북한에서 살아본 사람들은 이 사실을 몸소 깨달았다. 공산주의자들은 말하는 것과 실제가 전혀 다르다는 것도 깨달았다. 공산주의자들은 입만 벌리면 거짓말을 한다는 것, 말은 혁명을 위한 수단에 불과하다. 그래서 혁명을 위하여 인민을 속이는 것은 당연한 것이었다. 예를 들어, '자유'라고 하면 그것은 '속박'을 의미했고, '잘 살게 된다'는 말은 '다 빼앗기게 된다'를 의미했다. '농민 노동자의 나라', '무산계급의 나라'라는 말도 '공산귀족의 나라', '당 유일독재의 나라'를 의미했다. 역사상 없었던 '독재와 감시'의 사회가 나타났다. 북한은 공산주의에서 더 나아가 '주체사상'이라는 종교가 되었다. '수령유일주의'란 바로 '김일성 하나님'이었다. 이것이 바로 북한이 대화와 협상이 불가능한 근본적인 이유이다. 지난 번 당 강령개정에서 '김일성 나라', '김일성 민족'을 법으로 명기했다.

북한은 '유엔에 가입한 일개 국가'가 아니다. '김일성 종교집단'일 뿐이다. 해방정국에서 북한에 살던 사람은 이 사실을 깨닫게 된다. 그리고 38선을 넘어 월남하게 된다. 가장 먼저 깨달은 사람은 기독교인이었다. 공산주의의 칼날이 가장 먼저 기독교인을 향하고 있기 때문이다. 기독교인은 공산주의가 잘못되었다는 것을 누구보다 잘 알고 있기 때문이다. 그 다음 땅을 소유하고 있는 지주였다. 그 다음은 공부를 좀 한 지식인이었다. 그리고 동네에서 지도적으로 살아왔던 유지들이었다. 북한 식으로 말하면 '계급과 종파'들인데 이런 계급과 종파 중에서 특이하게 공산주의를 찬동하며 나서는 자들(진심이었건 상황 영합이었건 간에) 외에는 숙청이 되든 남한으로 오든 둘 중에 하나 밖에 길이 없었고 북한에는 있을 곳이 없었다.

북한에서 월남한 사람들이 남한에 와서 공산주의를 살아보지 못한 사람들에게 공산주의 실상에 대하여 말했다. 그러나 실감 있게 들리지 않았다. '그렇지 않다면 왜 이들이 고향을 등지고 남한으로 아무것도 가진 것이 없이 다만 목숨이라도 건지겠다며 내려왔을까?' 생각을 좀 해보아야 하는데 이들의 말을 믿는 사람은 그렇게 많지 않았던 것 같다. 그러나 다행인 것은 이북에서 내려온 사람들이 좀 깨어 있었다. 어려움을 당해봐서 그런지, 기독교가 번성했었기 때문에 그런지, 하여튼 모든 면에서 남한 사람보다 이북 사람(남한 사람이 월남한 사람을 그렇게 불렀다)이 깨어 있었다. 정치 면에서도 이승만 김구를 비롯하여 수많은 사람들이 한국 정치를 한 세대 약 30년 동안 이끌었다. 특히 경제 산업 면에서도 그랬고 이북 사람들이 남한에서 경제적으로 두각을 나타냈다. 그래서 '이북 사람은 생활력이 강하다'는 말이 생겼을 정도다. 교육 면에서도 그랬고 교회에서도 이북 사람이 지도력을 오랫동안 발휘했다.

'천만 이산가족'이라는 말이 있듯이 북한에서 피난 온 사람들은 참 많았다. 그리고 이들이 남한에서 지도력을 발휘했기 때문에 남한은 공산주의에 대하여 확고한 입장을 견지할 수 있었다. 그럼에도 불구하고 남한에 공산주의에 대하여 잘 모르고 막연한 동경을 가진 사람들이 있었고, 좌익사상을 가진 사람들, 좌익이 뭔지도 모르지만 거기에 따르는 사람들이 많았다. 남로당의 박헌영은 김일성에게 북이 치고 내려오면 남한에서 호응할 자가 많으니 내려오라고 큰소리 칠 정도였다. 제주도에서 4·3 폭동이 일어났고, 순천 여수에서 반란이 일어났다. 북이 내려왔을 때 남한에서 호응하는 사람들이 예상 밖에 많아서 서로 깜짝 놀랄 정도였다. 그러나 남로당이 호언한 정도는 아니었고 김일성이 기대한 정도는 더욱 아니었다. 6·25 한국 전쟁 3년 1개월을 치르면서 공산주의에 대한 남한의 태도는 확고해졌다. 공산주의에 대하여 남한 사람들도 경험을 통하여 알게 된 것이다. 공산주의는 거짓이고 재앙이며 '공산주의자는 사람도 아니다'는 깨달음을 얻게 되었다.

   한국 전쟁 중에 휴전 협상이라는 것이 시작되었다. 이승만은 공산주의를 잘 알고 있었고 혐오했다. 휴전을 해야 했지만 그대로는 할 수 없었다. 또 거제도 포로수용소에는 포로들이 좌우로 쫙 갈라져서 투쟁을 하고 있었다. 미국은 포로들을 다 귀환시키려 했다. 이승만의 생각으로는 반공포로를 도무지 북한으로 귀환시킬 수는 없었다. 죽을 줄 뻔히 알면서 북한으로 보내는 그런 배신을 할 수 없었다. 이런 두 가지 이유 때문에 이승만은 미국과 상의하지 않고 대통령으로서 수용소 한국군에 명령하는 형식으로 반공포로를 석방한다. 미국은 한국과 군사동맹을 맺고서야 휴전협정에 서명할 수 있었다. 이승만은 실익과 명분이라는 두 가지를 다 얻은 것이다. 이승만은 그 후에도 북한과의 협상을 믿지 않았다. 미국은 달랐다. 미국은 북한을 협상 대상으로 인정하고 있었다. 번번히 당했지만 그대로 북한을 협상 대상으로 인정했다. 언제까지 그랬는가? 아들 부시 정부가 될 때까지 그랬다. 미국이 북핵 제네바 협상을 하고 나서 10년 이상을 완전히 속고 나서야 '아 북한과의 협상은 의미가 없구나!'를 깨닫게 되었다. 클린턴 정부 때까지는 북한에 대한 오판이 계속 되었던 것이다. 부시에 이어서 오마바 정부도 북한과의 직접적인 대화를 거부하고 있는 이유가 바로 여기에 있다. 미국이 지금 북한에 대해서는 공화당 민주당이 구별 없이 대처하고 있는 것으로 보인다. 한국 정부는 건국 이후 계속해서 북한을 인정하지 않고, 대화 대상으로 보지 않다가 김대중 노무현 정부가 들어서면서 적극적인 북한 대화와 협상으로 들어갔다. 이른바 '햇볕정책'이다. 그래서 6.15공동성명도 나왔고 10.4선언도 나왔다. 금강산 관광도 했고 개성공단도 열었다. 김대중 대통령은 남북정상회담으로 노벨 평화상까지 받았다. 그러나 그것이 대한민국 다수 백성의 뜻과 차이가 나고, 초법적인 면과 비법적인 면이 있었기 때문에 나중에 관계자가 처벌받는 일이 있었다. 노무현 대통령이 임기 말에 억지로 가진 남북정상회담은 저자세와 정제되지 못한 표현으로 구설수가 끊이지 않고 있으며 급기야 사법처리에 들어가게 되고 본인이 자살하는데 까지 이르고 말았다. 참으로 아니함만 못한 것이 되었다. 그 후 대한민국은 본래의 위치로 돌아가서 북한을 협상의 대상으로 보지 않고 있다. 금강산 관광객 박왕자 씨의 피살사건으로 5.24조치가 내려졌고 북한이 납득할만한 조치를 취하지 아니하므로 대화불통의 상태는 여전하다는 것을 증명하고 있다.

　　북한은 왜 대화를 모르는가? 1945년부터 1972년까지는 남한을 인정하지 않기 때문이다. 왜 남한을 대화의 상대로 인정하지 않는가? 이 기간 동안에는 북한이 남한보다 국력이 우세했기 때문이다. 그런데도 유엔이 남한을 유일의 합법적 정부로 인정하는 것에 대한 억하심정, 심통부리기 심사가 있었기 때문이다. 그리고 김일성 자기가 항일운동을 했다는 자부심 때문이다. 즉 자기에게 정통성만 인정할 뿐 남한의 정통성을 부정하려 했기 때문이다. 1972년부터 1994년 7월 8일 김일성 사망까지는 북한의 열세가 확연히 드러났다. 1972년 7월 4일 7.4공동성명이 나올 때까지는 북한이 우세했으나 이때를 기점으로 남한이 북한을 국력에서 추월하기 시작했다. 남한이 이후락 정보부장을 북한에 보내어 협상을 하게 한 배경에는 남한의 자신감이 배어 있었기 때문이다. 1961년 군사혁명 이후 군사정권은 자기들의 정당성을 위하여 경제개발에 사력을 다하게 된다. 그 결과 1971년을 지나자 북한보다 국력이 나아지는데 까지 오게 되었고 한창 탄력을 받은 한국 경제는 계속 앞으로 전진할 것으로 생각되었다. 여기에 자신감을 얻었기 때문에 박정희 대통령은 협상을 벌여보자 한 것이다. 그 이전에는 대한민국 건국 이후의 정서가 북한과의 협상을 허락하지 않았다. 남한이 북한보다 국력에 있어서 우월하지 못했기 때문이다. 그래서 협상에 나앉기를 거부한 것이다. 그러니까 협상은 근본적으로 힘의 게임이라는 것을 남북의 지배자들은 잘 알고 있었다. 북한은 그때까지 국력이 나았으니까 협상하려면 해보자 하는 마음이 속에 깔려있었다. 그래서 협상에 응한 것이다. 그러나 협상이라고 해서 마주 앉고 보니 상황이 달라졌다. 그 후 북한은 힘의 열세를 느끼게 되었다. 그 결과 결코 협상에 임할 마음이 없어진 것이다. 그 후에 남한은 계속해서 힘의 우위를 바탕으로 협상을 하자는 경향을 나타낸다. 그러면서 더욱 힘의 우세를 촉진할 마음을 먹게 되어 유신헌법을 제정하는 무리수까지 두게 된다. 힘의 추는 시계추처럼 왔다갔다 하면서 남북의 협상을 불가능하게 만들고 있는 것이다. 1994년부터 지금까지 북한은 김일성 사후 1995-2000년 사이 엄청난 고난을 겪게 된다. 소위 '고난의 행군'이라는 것인데 1994년 김일성이 죽은 것도 심리적 타격이거니와 그 해에 엄청난 가뭄과 홍수가 겹쳐서 식량난이 극심해졌고 이것이 5년간이나 계속되었기 때문이다.

　식량난 해소책의 일환으로 주민이 식량을 구하기 위하여 이동하는 것을 다소 허용하게 되자 탈북자들이 생겨나기 시작했다. 당황한 북한 지도부는 중국에 긴급지원을 호소하게 되고 중국은 개혁개방을 더 북한에 주문하게 된다. 상식적으로 생각하면 이때 북한은 당연히 남한과 대화하고 남한의 협력을 얻어야 할 것이다. 그러면 남한은 기꺼이 지원했을 것이다. 그러나 김정일의 생각은 오히려 정반대였다. 남한에 대하여 겉으로는 김대중 회담도 하고 노무현 회담도 하면서도 그것은 건성이었다. 그냥 '선물 줄건 주고 잘 쉬다 가세요'였다. 남한에 대하여 조금도 상대로 인정한다거나 대화나 협상의 상대로 보지 않았다. 남한은 대화 협상의 상대가 아니라 '돈이나 갖다 바치는 조공(租貢)'이라 보는 그런 태도와 자세를 버리지 않았다. 남한의 대통령들은 자기와의 정상회담을 하려고 안달이 나있고 정상회담을 구걸하여 그것을 남한의 정치에 이용하려 한다고 봤다. 일견 그런 면이 없지 않다. 그래서 '남한 대통령은 자기들이 세우는 것'이라는 말도 한다. 남한 대통령은 자기들이 이렇게 하고 저렇게 하는데에 따라서 되기도 하고 안 되기도 한다고 보는 것이나. 이것은 오판이다. 이명박 박근혜 대통령은 저들이 극력 안 되게 하려 했지만 됐으니까 말이다.

　앞으로는 어떻게 될까? 북한의 현 정권이 있는 한 제대로 된 대화나 협상은 불가능하다. 그저 도무지 안 할 수는 없으니까 이때 저때 하긴 하되 그것은 어디까지나 겉치레에 지나지 않을 것이다. 북한은 앞으로 더 어려워질 것이다. 아무리 전쟁위험을 가지고 남한을 위협 협박해도 더 이상 남한에 먹히지 않을 것이다. 북한은 더 남한과의 진정한 대화나 협상을 꺼릴 것이다. 자기들의 힘이 더 약해졌다고 느끼니까. 오로지 남한에 위협만을 가할 것이다. 말로, 미사일 발사로, 핵실험으로, 국지 도발로. 그러나 한국도 이제는 가만히 넘어가지 않을 것이다. 달래려고 떡을 주지도 않을 것이다. 오히려 늘 말로만 해왔던 대응타격을 가할 것이다. 북한은 미국에 목을 맬 것이다. 직접 대화하자고 말이다. 그러나 미국은 수십 년 동안 속임을 당했기 때문에, 이제 북한을 바로 알았기 때문에 직접대화는 하지 않을 것이다. 기존에 한 약속을 지켜 보이라고 할 것이다. 그리고 정말 마음을 바꾸고 정상적이 되어 제대로 대화를 하고 협력을 구하라고 할 것이다. 그러면 도와주겠다고 말이다. 그러나 미국은 이미 북한이 그렇게 변할 수 없다고 판단하고 있다. 그래서 레짐체인지 즉 체제교체 내지는 붕괴를 추구하겠다고 공언하고 있다. 이미 오바마 대통령이 이를 위한 행정명령도 내렸고 공언한 이상 이 방향으로 추진될 것으로 보인다.

한국은 미국보다 사정이 좀 더 복잡한 것으로 보인다. 북한이 현 정권으로서는 대화 상대가 아니라는 것은 분명히 알겠는데, 그렇다고 마냥 대결만 하고 있을 것인가? 더구나 아직까지 국내 종북세력을 척결하지 못하고 있는 상황이고, 이 종북세력이 끊임없이 미국과 멀어지고 북한과 가까워지라고 소동을 부리고 있기 때문이다. 또 종북세력이 아닌 시민들 가운데도 북한에 대하여 정확하게 인식하지 못하고 있는 사람들이 꽤나 있기 때문이다. 이들도 '살살하라, 조이면 저들이 더 사고 치지 않겠는가?' 하면서 정부의 인내심을 자꾸 약화시키는 경향이 있다. 그렇다고 해서 원칙을 떠나 그냥 북한을 달래고 주고 그럴 것인가? 그럴 수는 없다. 그러니 북한에 대하여는 '원칙 있는 대응'을 뚝심 있게 해나가야 한다. 그리고 한국 백성에 대하여 적극적으로 소통하고 설명하고 해서 한국 백성들의 지지를 이끌어내야 한다. 한국 사람들이 북한에 대하여 더 정확하게 인식할 수 있도록 해야 한다. 현재 투표권자들에게 뿐만 아니라, 초 중 고등학교 학생들에게도 적극 교육을 실시해야 한다. 지금 20대는 오히려 사상적으로 견실하고, 매사 부정적이기보다는 긍정적이다. 그런데 30-40대들이 문제다. 이들은 전교조 세대들이다. 학교에서 교사들에게 잘못 교육을 받았고, 사회에서도 잘못 배웠고, 매사에 매우 부정적이다. 북한에 대한 생각도 가장 허약하고, 대한민국에 대한 생각도 가장 약하다. 20대들은 벌써 전교조들이 그러한 줄 알고 스스로 면역이 되어 있다. 그리고 자기들이 살려면 부정적이 되어서는 아무데도 쓸모 없는 불행한 자가 된다는 것을 스스로 느낀다. 힘이냐? 협상이냐? 북한을 상대함에 있어서는 대화나 협상을 통해서는 불가능하다. 오직 힘이 필요할 뿐이다.

물리(物理)와 심리(心理)

북한의 특수성에 의하여 북한과의 대화와 협상은 불가능하지만, 그렇다고 가만히 앉아서 북한이 붕괴하기만을 기다릴 수는 없다. 우리가 지금 한반도 통일을 위하여 할 수 있는 일이 있다. 그것은 물리적인 것과 심리적인 방법을 사용하는 것이다.

북한주민들로 하여금 실상을 알게 한다.

심리적인 방법이다. 어쩌면 물리적인 방법보다 더 힘이 있고 효과적일 수도 있다. 북한이 현재 가장 무서워하는 것은 바로 이 심리적인 방법이다. 예를 들어, 풍선을 이용하여 정보와 물자를 북한지역에 집어넣는 것이다. 한국군에서는 심리전의 하나로 오래 전부터 풍선을 이용해 왔다. 함경남도 요덕수용소에서 이 풍선을 취하여 그 속에 내용물을 얻은 적이 있다는 탈북자의 보고가 있었다. 그러나 그때는 북한에서 이에 대한 반발은 없었다. 그런데 지난 10년 사이에 민간에서 풍선을 이용해서 북한으로 들여보내기를 많이 하고 있다. 기술적으로도 많이 발전되었고 비용도 많이 절감되었다. 계절을 잘 이용하고 바람의 방향, 풍속을 잘 이용하면 북한 어느 지역에도 보낼 수 있다. 더욱이 지금은 기상청에서 시간대별로 바람에 대한 정보를 공개하는 것을 개인 컴퓨터로 얼마든지 확인할 수 있다. 풍선 속의 내용물도 생필품, 달러, 라디오, CD, 성경, 정보지, 약품 등 다양하다. 그런데 북한 군부가 이 풍선에 대하여 아주 예민한 반응을 보이고 있다. 조준사격을 하기도 하고, 포격을 하겠다고도 한다. 실제로 총알이 이남지역에 떨어진 적도 있다. 그러자 접전지역 주민들이 반대하기도 한다. 그만큼 풍선을 통한 심리전은 효과적이라는 얘기다. 미국 오바마 대통령이 2015년 1월 22일 북한의 붕괴를 언급하면서 북한과의 대화는 더 이상 의미가 없다고 보고 행동에 나서기로 했는데 방식 면에서 물리력이나 경제제재 외에 다른 수단을 찾았다. 북한같이 폐쇄된 사회에 '놀라운 정보'를 유입하면 내부 변화가 상당부분 있을 것으로 판단했다. 미국은 국교정상화에 나선 쿠바에 대해서도 인터넷 보급을 무기 삼아 '연성화 전략'을 펴고 있다. 쿠바 국민의 5%가 인터넷을 사용하고 있지만 무선통신망을 확충해 각종 정보 획득이 쉬워지면 쿠바 내에 변화의 바람이 불 것으로 보고 있다. 북한에는 지금 약 500만대의 휴대전화가 퍼져 있다. 이를 잘 활용하면 북한 내에 변화의 바람이 불 수도 있다. 한중 국경에서 밀수를 통해서 한국물건이 북한으로 들어가는데 CD USB 휴대폰을 통해서 한국의 텔레비전 드라마, 한국 노래, 한국 화장품, 한국 유행가 등이 북한에서 대단한 인기이다. 김일성 대학의 학생들도 한국 드라마 음악 등을 보고 듣고 즐기는 것이 대유행이다.

　　동독이 예상보다 빨리 붕괴된 이유 중에 하나는 동독주민들이 서독의 텔레비전을 시청하고 있었다는 점이다. 북한은 지난 70년 동안 세계에서 가장 혹독한 통제사회를 자행해 왔다. 그리고 끊임없이 교육을 통하여 조작된 한 방향으로만 생각하도록 강요되어왔다. 텔레비전이 있지만 사상일변도의 천편일률적인 방송이어서 아주 식상하고 재미란 하나도 없다. 이런 진공상태에서 자유세계의 풍물이 들어가기만 하면 폭발적인 반응이 일어날 것은 자명한 일이다. 더구나 한국의 드라마나 노래는 세계에서도 유명한 인기가 있지 않은가? 또 정보도 더 정치적으로 각색되고 조작된 것을 접하다가 생생한 살아있고 정확한 정보가 들어가면 그 파급효과는 상상을 못할 것이다. 통제가 강했으면 강했을수록 반향도 클 것이고, 생각을 단순화시켰으면 시켰을 수록 충격은 클 수밖에 없다(김중석, 『교회는 통일을 대비하라』, 103면). 북한은 지금도 자기들 사회가 지상낙원이라고 한다. 특히 아프리카 사람 몇을 초대해놓고 세계가 자기들을 흠모한다고 말하는데, 이제 외부 세계를 알고 자기를 알면 자기들이 얼마나 비참하게 살고 있는가를 알게 될 것이다. 그 결과가 어떠할까? 중국을 선진국이라고 우러러 보았는데 남한이 중국보다 훨씬 앞서 있음을 알게 된다면, 러시아를 우러러 보았는데 한국이 러시아에 30억달러를 빌려주었다는 것을 알면 어떨까? 김일성 김정일이 '쌀밥에 고깃국'을 먹여주지 못해서 안 됐다고 했는데 남한에서는 쌀이 남아돌고 고기도 살 빼느라고 먹기를 조심한다는 사실을 알면 어떻게 될까? 또 김일성 김정일 김정은 일가는 얼마나 사치스럽게 살며 백성의 목숨은 초개보다 못하게 여긴다는 것을 알면 얼마나 자기들이 속은 것을 생각하고 얼마나 원통해할까? 그래서 북한은 남북교류를 꺼리고 정보 유입을 죽자 사자 막고 있지만 어찌 그것이 계속 가능하겠는가. 이제 우리는 북한에 정보를 들여보내야 한다. 불쌍한 북한주민들이 더 이상 귀머거리가 되지 않도록 하자. 더 이상 소경이 되지 않도록 하자. 그들이 알 것은 알도록 하자. 그래서 스스로 생각하고 판단하도록, 사람으로서 기본적인 인권을 누리도록 노력해야 할 책임이 있다.

북한주민을 돕자

물리적인 방법이다. 북한주민이 굶주리는 것을 우리는 원치 않는다. 동족으로서, 또는 그리스도인으로서, 굶주리는 북한주민을 정말 돕고 싶다. 그러나 우리의 물질적인 도움이 정말 굶주리는 사람에게 전달되어야 한다. 엉뚱하게도 저들을 굶주리게 만드는 사람에게로 가서 저들의 배를 기름지게 하고 힘을 내어 더 북한주민을 굶주리게 하면 안 된다. 예수님도 강도 만난 이웃을 도우라고 하셨지, 강도를 도우라고 하지 않으셨다. 북한은 이렇게 말한다. 성경에 '오른손이 하는 것을 왼손이 모르게 하라' 했으니 누가 먹는지는 상관하지 말고 그냥 살짝 아무도 모르게 놓고 가면 당신들의 일은 끝난 것이니 그것이 어디에 쓰였는지는 알려고 하지 말라고 한다. 이 말을 남한의 일부 성직자들도 거룩한 양 답습한다. 그러나 그렇지 않다. 오른손이 하는 것을 왼손이 알 필요는 없지만 오른손은 알아야 한다. 즉 진실해야 한다. 굶주리는 사람 먹으라고 보냈으면 굶주리는 사람이 먹었는지, 엉뚱하게 배부른 사람이 먹거나, 화차에 실려서 중국으로 팔려나가서 그 돈이 핵무기 미사일 개발에 쓰이는지를 우리는 알아야 한다. 알고 후원한 분들에게 정확하게 진실을 보고해야지 가짜로 보고하면 안 된다. 이것이 세금으로 북한을 지원하는 정부가 국민에게 바르게 보고할 책임적 자세이다. 후원금을 모아서 북한에 보내는 NGO들이 후원자들에게 진실하게 보고할 책임이 있다. 북한 정부가 아닌 북한주민에게 물질적인 도움을 주되 이른바 분배의 투명성은 지켜야 하는 이유이다.

   물질은 힘이 있다. '소금도 먹은 놈이 물을 켠다'는 속담처럼 물질을 받아먹으면 마음도 움직이게 되는 것이 정상이다. 물론 북한이 정상적일 때 말이다. 그런데 북한은 어떻게 해왔는가? 미국의 한인교회들이 후원금을 모아서 평양 제3병원에 의료설비를 보냈다. 그 후에 가보니까 보낸 기관의 이름 대신에 '김정일 원수님의 은혜로운 하사품'이라 되어 있었다. 남한에서 올라가는 구호품에서 남한을 알아볼 수 있는 포장지는 다 없애야 하고, 옷의 라벨도 다 떼어내야 했다. 이것은 합당하지 않다. 이런 식으로 하면 안 된다. 이를 간단하게 생각해서도 안 된다. 이는 저들의 속임수를 도와주는 것이고 공범이 되는 것이다. 거절해야 한다. 북한주민이 이 물건이 남한에서 온 것임을 알게 되어야 한다. 우리가 6·25전쟁 후에 얼마나 미국 구호품을 많이 받아 썼는가? 그때 무슨 감추는 일이 있었는가. 그리고 우리는 다 일어섰다. 이것이 정상이다. 북한도 정상적으로 해야 하고, 남한도 비정상적인 처사에 동조하면 안 된다. 단호히 거절해야 버릇을 고칠 수 있고 지속적으로 할 수 있다. 원칙에 벗어난 협력은 효과적이지 못하다. 나중에 다 빼앗기고도 아무 소리도 못하고 도둑처럼 쫓겨나게 되는 것은 바로 돕는 자가 정직하게 행하지 못했기 때문이다. 돕는 자가 저들의 부당한 요구에 타협하지 아니하고 바르게 하면 나중에 중단되더라도 좋은 기억은 북한주민의 마음에 남아서 훗날 좋은 일이 있게 될 것이다.

남한 정부를 주 협상대상으로 삼게 한다

북한은 그 특성상 대화가 불가능하며 협상도 불가능하다. 그래서 원칙에 어긋나는 것은 북한이 아무리 요구해도 의연하게 인내하며 원칙을 지켜나가야 한다. 그러나 손 놓고 가만히 있을 수는 없을 것이다. 부득불 북한 정부를 상대로 대화를 하고 협상을 하여야 한다면 북한이 상대하여 대화하고 협상할 주 대상은 중국도 아니고 미국도 아니고 바로 대한민국이라는 점을 알게 해야 한다. 사실 이 또한 불가능한 것이 현실이다. 그러나 그렇다고 안 할 수도 없는 노릇이다. 하되 잘 안 될 거라는 것은 알고 해야 하고, 안 되어도 실망하지 말아야 한다. 그리고 무엇보다 백성들이 보채지 말아야 한다. 정부가 잘 알아서 원칙을 지키고 나아갈 때 백성이 성원해주고 지지해주어야지 자꾸 딴소리 하고, 이래라 저래라 하고, 양보하라 하고, 여기에 언론이 가세해서 북 치고 장구 치면 당국도 일하기가 참 난처할 것이다. 그렇지 않아도 북한을 상대하기가 정말 어렵고 싫은데 백성들까지 힘들게 하는 셈이다. 옛날이나 지금이나 북한을 상대해본 사람은 다 안다. 북한은 상대하기가 얼마나 어려운지, 다시 만나고 싶지 않다고 한다. 상대하기가 끔찍하다고 한다. 말이 통하지 않는다는 것이다. 막무가내요 떼만 쓰는데, 한편 생각하면 측은하기도 하단다. 저들도 하고 싶어서 저러는 것이 아니라 다 위에서 하라고 하니까 꼭두각시처럼 할 수밖에 없다는 것을 아니까 말이다. 어떻든 북한이 정신을 차려야 한다. 세상에 그래도 기댈 곳은 대한민국뿐이라는 사실을 알아야 한다.

김일성 김정일이 중국에 목을 매면서도 속으로는 중국을 많이 욕했다. 왜냐하면 상대하면 할수록 중국이 일정한 선을 긋고 있기 때문이다. 당연하다. 아무리 미사여구를 동원해도 중국은 중국이고 북한은 북한일 뿐이다. 거기에는 엄연한 선이 있는 법이고 피차 선을 넘지 말아야 한다. 그런데 북한이 어렵다고 선을 넘어서까지 중국에 기대려 하면 중국은 당연히 뿌리치게 된다. 이것이 섭섭하다면 어쩔 수 없는 것이다. 탈북자들에게 물어본다. '북한이 무너지면 중국으로 갈 것 같은가?' 답은 전혀 아니라는 것이다. 그만큼 북한과 중국은 가까우면서도 먼 한계가 있다. 이 점을 가지고 북한을 잘 설득할 수 있었으면 좋겠다. 즉 민족애에 호소하는 것이다. 북한은 민족애를 소리높이 외치는 말이 바로 '우리민족끼리'가 아닌가. 이 말은 남한을 공산화 내지 주체사상으로 통일하겠다는 말이지만, 말인즉 그렇지 않은가. 그러니 북한은 남쪽과 잘 해봐야 한다는 것이다. 남한의 역대 대통령이 하는 말이 바로 이 말이다. 또 실익면에서도 그렇다. 북한에 손해를 보면서도 줄 수 있는 나라는 대한민국 밖에 없지 않은가. 북한을 잘살게 하려고 막대한 재정을 투입할 나라가 대한민국이 아닌가. 그 일을 아주 즐겁게, 사명감을 가지고 할 나라는 대한민국 밖에 없다.

북한은 지금까지 대한민국을 인정조차 하지 않았다. 유엔에 동시가입을 한 후에도 여전했다. 그리고 미국하고만 대화하려고 하고 있다. 미국은 철천지 원쑤라고 항상 백성들을 세뇌하면서도 미국에 생명 줄이 달려있다고 생각하고 미국에 매달리고 있다. 참 얼마나 역설적인가. 얼마나 모순인가. 그러나 사실이다. 미국과 협상 테이블에 앉기만 하면 자기들에게 승산이 있다고 생각한다. 2012년까지는 그랬다. 그러나 이제는 미국이 북한을 안다. 북한은 오늘 얘기하고 내일 뒤집는 나라이기 때문에 대화로는 안 된다는 것을 경험을 통해서 뼈저리게 알았다. 이것은 미국의 정권이 바뀌어도 마찬가지이다. 북한은 미국과 마주 앉으면 북한이 핵 보유국으로 미국의 인정을 받을 수 있다고 생각한다. 미국은 북한 같은 불량국가가 핵을 보유하는 것을 절대로 금하고 있다. 그러니까 북한이 핵을 버리든지, 경제제재를 감수하든지 해야 하는 것이다. 그런데 북한은 둘 중 하나도 하지 않는다. 미국이 북한을 불량국가가 아니라 정상국가로 인정해주고 더하여 핵 보유까지 인정해주리라 생각한다. 어불성설이다. 미국이 그렇게 하면 모든 나라가 핵을 보유하는 것을 막을 수 없게 된다. 시리아 알카에다 IS 등이 핵을 갖는 것을 미국은 상상할 수도 없다. 미국이 지금 이란과 핵 협상에서 잠정합의를 하였다. 이란이 민주화를 하겠다고 하고, 핵 조사를 받고 핵을 감축하기로 하는 대신에 미국은 경제제재를 푼다는 것이다. 이에 대해 이스라엘의 네타냐후 수상이 미국 상원하원 합동의회에서 연설을 통해 강하게 반대했다. 이란이 급한 마음에 핵 감시를 받고 핵을 감축하기로 했지만 과연 그 약속을 이란이 지킬지는 미지수이다. 마치 북한이 그랬던 것처럼 말이다. 결국 이란이 약속을 속이고 핵무기를 갖게 될 즈음에는 이스라엘이 전투기를 동원해서라도 이란의 핵 시설을 폭격하여 무력화시킬 가능성이 있다. 이미 시리아 핵 시설을 폭격한 바 있고, 이란의 핵 전문가를 여러 명 제거한 전력이 있다. 이스라엘로서는 아랍이 핵을 갖는 것을 결코 용인할 수 없는 것이다. 자신들의 생존이 달린 문제라고 생각하기 때문에 양보가 없다. 핵은 이처럼 아킬레스건이다. 북한은 핵을 가짐으로 미국의 양보를 힘으로 얻어낼 수 있다고 확신한다. 그러나 핵 때문에 북한은 미국의 인정을 받지 못하며 오히려 제재를 더 받을 뿐이다. 따라서 북한이 살 길은 대한민국과 잘해보는 것만이 유일한 방책이다. 그럼에도 누차 말했지만 한사코 귀를 막고 있다. 그러나 계속 북한이 대한민국을 주 상대할 나라로 삼도록 방향을 바꾸게 노력할 수밖에 없다. 안돼도 말이다.

북한지도부의 우려를 불식할 필요가 있다. 북한지도부가 공식적으로는 별 소리를 다한다. 그러나 속으로 고민하는 것이 있다. 북한고위층은 세상이 어떻게 돌아가고 있다는 것을 안다. 김정일은 자기 방에 텔레비전 모니터를 십여 개를 갖다 놓고 보곤 했다. 해외를 다녀온 자들도 상당한 숫자가 된다. 이들이 해외에 나가서 공식석상에서는 판에 박은 얘기를 하지만, 회의를 마치고 개인적인 얘기를 할만한 상황이 되면 개인적인 고민을 털어놓을 때가 있다. '자! 앞으로 통일이 되면 자기는 이제 할 만큼 했으니 가도 좋지만 우리 자식이 걱정이다. 그때 선생이 좀 잘 돌봐주기 바란다'는 말을 하는 것이다. 통일이 되면 북한에서 특권을 누리던 자기들은 어떻게 될까? 걱정이 되는 것이다. 김영삼 대통령이 정권을 잡은 다음에 전두환 노태우 전 대통령을 둘씩이나 감옥으로 보냈다. 소급입법을 해서 그렇게 했다. 사실 소급입법은 법 논리적으로는 맞지 않는다. 무리를 한 것이다. 나는 그때 이 점 때문에 마음이 많이 아팠다. 잘못은 잘못이라도 국가는 법에 따라 해야 하는데 소급입법이라는 이게 무슨 일인가. 참 개인감정 국민감정 다 있겠지만 그러면 안 되는 것이었다. 안 되는 것은 안 되는 것이었는데 그리한 것은 무리였다. 이것을 보고 김정일이 놀랐다는 것이다. 아! 남한이 저렇게 하는구나. 통일이 되면 소망이 없다. 뼈도 못 추릴 것이다. 죽으나 사나 계속 나가는 수밖에 없다고 했다는 것이다. 풍문이 그러니까 좀 정확하지 않을 수는 있다. 그러나 사실 얼마든지 북한지도부가 그렇게 생각할 수 있다. 우리는 북한지도부에게 이렇게 분명하게 말해야 한다. 통일이 되어도 당신들의 생명을 보장한다. 한국 전쟁을 일으킨 책임에 대하여 역사적인 심판을 할 것이다. 그러나 그 누구도 생명을 앗아가지는 않을 것이다. 그들이 그 책임을 시인하면 사면할 것이다. 그래서 천수를 다 누리도록 할 것이다. 그리고 그 자녀들도 연대책임을 지지 않도록 할 것이다. 부모 때문에 자식이 불이익을 당하는 법은 없는 것이 대한민국의 법이기 때문이다. 다 자기들 하는 만큼 대한민국 시민으로 살게 될 것이다. 북한은 자기들 혁명집안은 대대손손 혜택을 받기도 하고 '토대'라는 것이 있어서 차별화되기도 했고, 백성들을 성분에 따라 계급화했지만 그것은 북한 일이고 대한민국은 다르다. 이것은 대한민국의 법이기도 하지만 동시에 성경이기도 하다. 성경은 죄는 미워해도 사람은 미워하지 말라고 했다. 김일성 김정일이 죽었어도 죄는 정죄해야 한다. 그래서 역사적 심판을 하여 죄를 청산하고 역사를 바르게 흐르게 해야 한다. 그러나 목숨은 귀한 것이다. 목숨은 하나님의 것이다. 특별사면을 통하여 목숨을 살려주고 인간답게 살게 해야 한다.

대북 드라이브(밀어붙이기) 작전

북한은 지금 전대미문의 위기에 봉착해 있다. 김일성 사후 '고난의 행군'을 겪을 때 북한은 위기였다. 그런데 남한의 김대중 정권이 기사회생하도록 살려줬다. 정상회담을 위한 뒷돈도 상당했고, 금강산관광으로 달러가 들어갔고, 개성공단을 통해 달러를 얻게 되었다. 그리고 막대한 식량지원과 비료지원을 받았다. 미국을 보기 좋게 속이고 핵개발을 계속해서 실제적으로 핵무기를 가지고 있는 것으로 보인다. 또 미사일을 개발해서 한국과는 비교가 안 되는 수준에 있다. 그러나 민생은 여전히 피폐하다. 굶주리고 있고, 병들어 죽고, 매맞아 죽고, 갇혀서 죽고 있다. 국제사회의 제재가 날로 더해가고 있다. 중국마저 시진핑이 들어서고, 장성택 처형 이후, 아주 싸늘해져 버렸다. 김정은이 계속 큰소리치고, 스키장 유희장 만들고, 평양에 건설공사를 하지만, 북한은 지금 위기이다. 미국이 북한을 가만두지 않겠다고 한다. 이때 우리는 어떻게 할까? 미국이 어떻게 하나보며 가만히 있어야 할까? 북한의 심기를 건드리지 않기 위하여 조심조심해야 할까? 무언가를 해야 한다. 대북 드라이브(밀어붙이기) 정책을 실시해야 한다. 정부는 2014년초 '통일은 대박'이라 했다. 그리고 독일통일 현장에 가서 '드레스덴 선언'을 발표했다. 통일청사진이다. 2015년에는 '통일은 막연한 것이 아니라 우리가 하기에 따라서는 가까운 미래'라면서 '통일원년'을 선언했다. 그리고 경원선 금강산선 남측 부분을 복원하는 사업을 금년에 착수한다. 이것은 나름대로 통일 드라이브 작전이다.

대한민국이 북한을 통일하기 위하여 지금 할 수 있는 일은 제한되어 있다. 할 수 있는 일보다 할 수 없는 일이 더 많다. 전쟁을 일으킬 수도 없다. 무조건 퍼주기를 할 수도 없다. 그렇지만 원칙을 지킬 수는 있다. 원칙을 지키는 것도 큰 일이다. 상대가 원칙을 지키지 않아서 기다리며 가만히 있을 수도 있다. 이 또한 주위에 눈도 있고 보채는 사람도 있어서 쉬운 일이 아니고 큰 일이다. 그러나 계획은 자세히 세울 수 있고 가능한 것은 지금 시작할 수 있다. 김정은을 국제형사재판소(ICC)에 제소하는 것도 북한에 대한 압박이 될 것이다. 이는 김정은이 두려워하는 일로써 이런 논의가 국제적으로 일자 김정은의 태도가 완화되는 것을 보게 된다. 또 한국인이 국제형사재판소 재판관이 되었다는 점도 압박의 효과를 더한다. 국제형사재판소는 네덜란드 헤이그에 있는데 집단살해죄, 반인도적 범죄, 전쟁범죄, 침략범죄 등 중대한 범죄를 저지른 개인을 국제적으로 단죄하기 위해 2002년 7월에 만들어진 상설 국제재판소다. 한국 법관으로 송상현은 2003년 초대재판관이 되었고 2009년부터는 재판소장으로 2015년 3월까지 일했고 연이어서 정창호 광주지법 부장판사가 임기 9년의 재판관으로 취임했다. 북한 미사일을 요격할 수 있는 사드 미사일과 레이더를 한국에 설치하려고 미국이 노력 중인데 이 요격시스템을 배치하는 것도 방법이다. 국제외교에서 북한이 전에 없이 궁지에 몰리고 있다. 유엔에서의 입지도 형편없다. 이에 비해 한국은 국제적으로 국력에 상응하는 상당한 지지를 받고 있고 유엔에서도 외교적으로 북한을 압도하고 있는데 유엔 사무총장까지 한국인이니 더할 나위가 없다. 외교적으로 북한을 압박하는 것도 한 방법이다.

국내적으로는 '통일세'를 내는 것도 방법이다. 지금 '남북협력기금'을 비축하고 있기는 하다. 그러나 국가 예산의 일부를 비축하면 쉽기는 해도 국민적 참여와 협력을 얻기 위해서는 '통일세'를 정하고 조금씩이라도 내는 것이 현명할 것 같다. 독일이 이런 준비 없이 통일상황을 맞이해서 곤란했던 것을 인하여 한국에는 이 점에서 준비할 것을 권면하고 있다. 통일상황에 대처하는 자세한 계획을 수립하는 것도 북한을 압박하는 것이 된다. 통일 후 북한개발계획을 세우는 것도 좋은 드라이브 정책이다. 지금 한국 정부 각 부처와 정부 각 기관에서는 앞다투어 북한개발청사진을 만들고 발표하여 공론화하고 있다. 이는 매우 바람직하고 동시에 북한을 압박하는 효과도 거둘 수 있다. 현 상태에서는 북한에 결정적으로 우리가 할 수 있는 일은 찾기 어렵다. 그러나 독일처럼 어떤 상황이 되었을 때 우리는 서독의 콜 수상이 움직였던 것처럼 매우 주도면밀하고 신속하게 움직여서 기회를 살리고 통일의 기회를 잡아야 한다. 그리고 무엇보다 통일을 하겠다는 국민의 통일된 의지가 중요하다. 통일에 대한 합의는 정부가 주도하는 것이 맞다. 통일담론을 정부가 독점하는 것에 대한 반론도 있다. 백성의 생각도 한결같지 않다. 다양한 의견을 하나로 묶는 것도 정부의 역할이요 지도자의 중요한 덕목이다. 정부나 지도자는 백성의 다양한 중에도 중심적인 의사를 간파할 수 있어야 한다. 그리고 종북세력이나 잘못된 여론에 휘둘리지 말고, 백성의 중의를 붙잡고, 나머지는 설득을 해가면서, 지도력을 발휘하여 한 방향으로 국론을 이끌고 나가야 한다. 임기는 짧고 할 일은 많지만, 주어진 방향을 향하여 백성을 이끌고 나가되 북한에 대하여도 이제는 드라이브 정책(밀어붙이기)이 필요한 때가 되었다.

북한 통치 도상훈련(圖上訓練 C.P.X.)

약 십 년 전부터인가 주한미군은 북한의 급변사태에 대비한 계획을 세우고 훈련을 하고 있다. '작전계획 5029' 등이다. 북한에 급변사태가 생기면 핵무기 화학무기 등 대량살상무기의 유출을 막아야 한다. 주민 사이에 원수를 갚는다든지, 정치범 수용소와 감옥이 열리고, 범죄자가 날뛰는, 치안부재 상황이 올 수도 있다. 이를 인하여 치안유지도 해야 한다. 또 긴급식량을 조달해야 하는 상황도 있을 것이다. 이런 북한선무작전을 준비하고 있다. 3천 명의 한국말 구사가능 요원을 확보하고 있다고도 한다. 그런데 북한 급변사태 시에 미군이 북한 땅에 들어간다는 것은 문제가 있다. 미군이 북한의 요청 없이 북한 땅에 들어가는 것이 법적으로 가능한가? 한국이 요청한다고 해도 법적인 문제가 있을 수 있다. 또 중국 입장에서는 보통 문제가 아니다. 그래서 미군은 이 문제를 단독으로 준비하지 않고 한국군과 함께 준비하고 있다. 정작 북한 땅에 들어가는 것은 미군이 아니라 한국군이어야 하는 것이다. 한국군이 들어가는데 대하여는 미국도 중국도 이의를 제기하기 어렵지 않을까? 우선 미국이나 중국도 한반도의 통일을 지지한다고 늘 공식적으로 말해 왔으니까. 그리고 한반도의 통일이란 남한과 북한이 하나가 되는 것이니까. 남한의 군대나 관리나 민간인이 북한에 들어갔다 해서 명분상 법리상 문제가 될 것은 없을 것이다. 북한과 중국이 수년 전에 유사 시에 중국군이 북한에 들어갈 수 있는 협정을 맺은 적이 있었다. 이런 경우 중국군이 북한에 들어가는 것이 합당한가? 그러나 중국은 북한과의 군사동맹을 지금 부인하고 있지 않은가. 북한이 전쟁을 벌이면 중국은 지원할 수 없다는 점을 지금 분명히 하고 있다. 북한이 침략을 당하면 중국군이 나설 수 있는 법적 토대는 있을 것이다. 그러나 북한이 침략을 당하는 경우가 아닌, 북한에서 급변사태가 날 때 중국군이 자동 개입할 수 있는 법적 조항은 없다는 것이다.

만약 중국이 아전인수격으로 법을 해석하여 군대를 북한에 들여보낸다면, 그때는 정말 미국이 가만히 있을 수 없을 것이다. 6·25 한국전쟁 때도 중공군이 개입하여 일을 망쳤는데 이제 또 중국군의 북한진입을 미국이 용납할 수는 없을 것이다. 그래서 미군이나 중국군은 북한 긴급사태 시에 북한 땅에 진주할 수 없다. 한국군은 들어갈 수도 있다. 안 들어갈 수도 있는데, 안 들어가서도 북한의 치안이 확보될 수 있을까? 긴급식량 등은 제공 가능할까? 북한에 급변사태가 발생하고 북한의 지도부가 궤멸된 상황이 된다면 아주 큰 혼란이 예상된다. 아무리 북한 통치권이 제대로 행사될 수 없는 상황이라도, 남한 정부나 군대가 무단히 북한으로 들어갈 수는 없다. 누가 되었든지 북한을 대표할 수 있는 자가 있어야 한다. 이 북한 대표가 북한에 잠정적인 정부를 구성해야 한다. 이 잠정 정부가 대한민국에 대하여 문호를 열고 대책을 함께 논의하고자 해야 한다. 그렇지 않고 무작정 대한민국 군대나 경찰이나 공무원이나 민간이 북한으로 들어가면 불상사가 생기든지 전쟁이 날 수도 있다. 그렇기 때문에 북한 잠정 정부가 남한에 문호를 열어야 하는데, 이는 공식적인 얘기고 실제적으로는 남북간에 연락과 협의가 비공식적으로 진행될 것이다. 공식적으로는 어디까지나 북한이 하는 것으로 되어야 한다.

　북한 잠정 정부가 남한과 대화와 협상을 한다. 남북간에 합의된 내용이 많을 것이며 그 중에는 치안확보 문제가 있고, 긴급식량보급 문제도 있을 것이다. 그리고 합의에 따라 남한의 지원을 받으면서 북한이 필요로 하는 문제들이 해결되어 갈 것이다. 그리고 가장 중요한 것은 통일헌법이다. 남한이 준비한 통일헌법 초안을 가지고 북한과 협상을 한다. 합의가 된 헌법에 따라서, 북한지역에 국회의원을 선출하는 선거를 시행한다. 공식적으로는 북한 잠정 정부가 선거를 진행하는데 여기에는 남한의 도움이 필요할 것이다. 이렇게 선출된 북한지역 국회의원이 국회를 열어서 남한과의 통일을 정식으로 결의해야 한다. 이 결의에 따라서 통일대한민국이 탄생한다. 통일대한민국 대통령에게 북한 잠정 정부는 북한통치권을 이양한다. 동시에 북한 잠정 정부는 해체된다. 동시에 통일정부에서 발하는 행정명령들이 많이 발표될 것이다. 행정명령은 북한 잠정 정부 시절에도 많이 발표될 것이다. 이때 북한 잠정 정부 독단으로 되는 행정명령도 있겠지만 실제적으로는 남한 정부와 협의하여 행정명령을 발하게 되는 것이 보다 바람직한 상황이다. 예를 들어, 우선 급변상태 현재로선 북한의 모든 기관, 군대 경찰 공장 기업소 농장 학교 감옥소 등은 별명이 있을 때까지 현재 상태를 유지할 것, 치안을 유지할 것이며 위반자는 엄벌에 처할 것, 생산과 유통과 보급과 화폐도 별명이 있을 때까지 현 상태를 유지할 것 등이 발표되어야 한다. 독일의 경우 베를린 장벽이 무너진 날로부터 통일정부가 들어서기까지 약 1년이 걸렸다. 이 기간에 수많은 변화가 일어나고, 정서는 불안한 상태에 있게 된다. 무엇보다 북한지역에 치안이 중요하고 민생이 중요하다. 치안은 기존의 군대와 경찰을 유지하는 것을 원칙으로 하되 상층부부터 바꿔나간다. 민생은 북한에 있는 식량과 생필품을 우선 쓴다. 부족한데로 절약하고 인내하도록 한다. 그러나 절대부족량은 남한에서 보급한다. 그래서 김정은 시대보다 더 굶주리거나 더 피폐하다는 소문이 나지 않도록 한다. 북한주민의 불만이 폭발하기 전에, 그래도 통일이 되니까 낫기는 낫다는 말이 나와야 한다. 그러나 공짜로 먹자는 욕심이 자꾸 커지지 않도록 해야 한다. 욕심을 다스리지 못하면 아무리 공급해도 불만하을 표현하기 때문이다.

위와 같이 북한지역 통치 도상훈련이 필요하다. 여러 가지 방면에서, 아주 구체적인 상황까지 상정하면서, 도상훈련을 통하여 부족한 부분을 발견하면 보완하면서, 북한 급변사태 상황에서부터 그 후 북한 잠정 정부 시절과 통일이 합법적으로 이루어지고, 그 후에도 안정과 변화와 발전이 도상훈련과 차질이 없이 진행되도록 해야 한다.

통일상황에서 필요한 임시조치법

북한에 급변사태가 발생할 때 남한 정부는 즉각 '남북통행에 관한 임시조치법'을 발효시켜야 한다. 독일이 통일되었을 때 동서독 간에 통행을 개방하므로 큰 문제가 있었다. 동독인 가운데 수많이 서독으로 왔기 때문에 동독에 공장들이 멈춰서고 직장들이 제대로 돌아가지 않는 사태가 생겼다. 동시에 서독으로 온 동독인은 직장을 얻지 못하고 실업자가 되는 사태가 벌어졌다. 그래서 도시빈민이 되고, 2류 시민처럼 되어서 이들은 이들대로 불만이 많아졌다. 독일은 한국에 권면한다. 결코 자기들처럼 하지 말라고 말이다. 한국개발연구원은 2013년 2월 12일 발표에서 남북이 자유로 통행하면 북한에서 110만 명이 남한으로 이동하고 북한의 토지 등 자산가격이 일제히 상승하면서 북한 지역 내 경제적 혼란을 초래할 수 있어 상단 기간 분리를 유지해야 한다고 주장했다. 물론 우리는 북한에 급변사태가 발생하고, 남북이 법적으로 통일되어도 당분간은 남북간에 주민들이 왕래하는 문제는 '남북통행에 관한 임시조치법'을 준비했다가 곧 발표해서 최소 5년간, 최장 10년간 통행을 제한해야 한다. 꼭 필요한 인력만 남과 북을 왕래하게 해야 한다. 꼭 필요하다는 것은 법으로 규정될 것이지만, 예를 들어, 남한 사람 중에 북으로 들어가서 부동산투기나 하고, 사행사업이나, 성을 사고파는 사업 등을 할 사람은 사전에 걸러내야 한다. 대기업은 대기업대로 경제인연합회나 추천 단체의 추천을 받아야 하고, 나중에 물의가 생기면 공동책임을 지게 해야 한다. 중소기업인은 중소기업중앙회, 중소기업청 등의 추천을 받아야 하고 물의를 일으키면 응분의 불이익이 따라야 한다. 종교인도 정부가 신임할 만한 종단이나 단체의 추천을 받아야 한다. 그리고 물의가 생기면 공동책임을 져야 한다. 북에 가서 무엇을 했는지 결과를 보고해야 한다. 이산가족의 문제가 있다. 누구보다도 이산가족들이 고향의 친지를 방문하고 싶어 할 것이다. 관련부서의 허락과 추천을 받아야 한다. 북의 식구가 남의 가족을 방문할 수도 있다. 이 또한 북에서 허락을 받아야 한다. 방문은 곧 허락되어야 하지만 이주는 남북 양쪽에 무리를 주지 않도록 단계적으로 허용하면 될 것이다. 여행은 좀 더 폭넓게 허용하되 북한의 도로 숙소 식당 등 여행에 필요한 인프라 구축발전 속도에 맞춰서, 또 북한주민의 위화감 조성에 위험이 되지 않도록 할 필요가 있다.

화폐통합도 일정한 유예기간을 두어야 한다. 독일은 당장 동서독 화폐를 일대 일로 교환하는 바람에 대단한 어려움이 있었다. 동독 돈은 서독 돈보다 가치가 적었는데 동일화폐를 쓰니까 동독 회사제품은 경쟁력을 잃어버려 공장이 문을 닫는 사례가 많았고 통일비용이 급격히 늘었기 때문이다. 한국개발연구원은 2013년 2월 12일 경제통합 방안을 연구해서 발표하면서 화폐통합에는 최소 3년이 걸리고, 경제통합에는 최소 10년이 걸릴 것으로 내다봤다. 급변사태로 급격한 통일이 이루어지더라도 한국과 북한의 경제권역을 10년 이상 한시적으로 분리 운영하므로 통일비용을 감축하자는 점진적 경제통합계획이다. 2013년 현재 한국은 1인당 국민소득이 2만달러를 상회하는 반면, 북한은 1,000달러(실질적으로는 500달러) 수준이어서, 이 상태로 남북 경제를 통합하면 통일비용이 엄청나게 증가하여 남한이 감당하기 어렵게 되고, 북한지역에도 경제적으로 큰 혼란을 초래하게 된다는 것이다. 북한을 거대한 경제특구로 지정하고 북한에 사회복지, 의료체계를 구축하고 높은 교육수준을 가진 저임금 노동력을 제조업에 투입하면 북한의 1인당 소득을 10년간 연평균 20%씩, 20년간 연평균 13%씩 성장시킬 수 있다고 했다. 중국의 홍콩 특구를 참고하고, 영국의 스코틀랜드 모델을 참고할 수 있다. 정치 외교 국방을 하나로 하는 한 국가이면서도 별도 행정기구 자치의회를 두어 관할하는 이원적 경제체제를 구축할 수 있다는 것이다.

한국과 국제

통일을 추진하는데 있어서 국내에서 할 전제조치들이 있다. 또한 국제적 협력이 반드시 필요하다. 통일의 전제조치로써 어떤 국내조치들이 필요하고 어떤 국제협력을 이끌어내야 하는가?

국내법 정비

법률용어를 전반적으로 재정비하여 국민이 잘 알아볼 수 있는 용어를 쓰도록 해야 한다. 일정 시대 쓰던 법률용어가 아직도 남아 있고, 전근대적인 용어도 있다. 현대적 언어를 사용하여 법과 시민의 간격을 좁혀 놓아야 통일을 대비할 수 있다.

국가보안법을 통일상황에서는 고칠 필요가 생길 것이다. 또한 남북통일이 되었을 경우에 새로운 국가보안 문제가 발생할 수도 있다. 이렇게 상황에 맞게 국가보안법도 고쳐야 할 것이다. 그러나 현재의 상황은 북한이 엄존해 있고 남한에도 종북세력이 상당한 수준이므로 당장 고칠 수는 없을 것이다.

    북한 전직공무원 처리에 관한 법을 제정하여야 한다. 동독이 무너질 때 동독주민에 의하여 가장 먼저 착수한 것은 동독 비밀경찰 기록 문서를 보존하는 일이었다. 동독 경찰의 반인륜적 범죄를 밝히고 합당한 처벌과 제재를 가함으로 정의를 바로 세우려는 것이다. 반인륜적인 범죄는 어느 나라 법보다 우선하는 인류보편적인 악으로써 공소시효에 관계없이 끝까지 추적하여 처벌하는 것이 정의로 되어 있다. 나치 독일의 게슈타포가 유대인들에게 행한 범죄행위와, 그 전범들을 아직까지도 유대인 단체가 추적하여 국제재판소에 세워서 처벌하는 것을 지금도 이따금 보게 된다. 동독의 경우도 마찬가지였는데 처벌을 하려면 근거가 있어야 하고 근거를 보존하기 위하여 '기록물보관소'의 기록물 확보가 중요하였던 것이다. 한국도 수년 전부터 민간에 의하여 '북한 반인륜 범죄기록물보관소'가 운영 중이다. 이것이 국가인권위원회 소속으로 격상되어야 하며 이제부터는 국가적으로 북한의 반인륜적 범죄를 처리하기 위하여 기록물을 확보하기 위한 다각적이고 전문적인 노력을 기울여야 한다. 북한 전직공무원 처리에 관한 법을 미리 마련해 두어야 한다. 독일은 그렇지 못했으나 우리는 미리 잘 연구하여 통일상황에서 지체 없이, 혼란 없이 신속하고 효과적으로 적용하여 시행하여야 한다. 독일은 사후에 마련된 법을 가지고 대략 다음과 같이 처리하였다. 동독의 슈타지(비밀경찰)는 전원 직위해제하고 각자의 반인륜적 행위, 또는 직책을 벗어난 부정당한 권력행사를 처벌하였다. 그리고 슈타지 요원은 원칙적으로 재임용되지 못했다. 그 외에 고위공무원은 다 직위해제 되었고, 직책의 정당한 집행을 벗어난 행위와 서독 법에서 볼 때 위법한 행동은 처벌되었다. 그러나 하위공무원은 반인류적 범죄가 아닌 한, 또 공무집행이 불법이 아닌 한, 재교육을 통하여 동독지역에서 재임용될 수 있도록 하였다. 다른 동유럽 국가는 어떻게 했는가? 우리의 경우에는 어떨까? 북한의 국가보위부(한국 국가정보원), 사회안전부(한국 경찰청) 요원들은 대대적인 물갈이가 불가피할 것이다. 정치범수용소, 노동교화소, 구류소 등 집행기관 요원들도 마찬가지일 것이다. 이들에 의하여 반인륜적 가혹행위가 집중적으로 저질러졌기 때문이다. 그래서 북한주민의 이들에 대한 원성이 매우 높고, 만약 이들을 적절히 처벌하지 못하면 그 불만이 통일정부로 향할 수도 있고, 개인적으로 원수를 갚는 사벌(私罰: 개인적인 보복행위)이 발생할 수도 있으므로 이들에 대하여는 제대로 처벌할 필요가 있다. 북한 전직공무원들에 대해 전부 죄를 물을 수는 없다. 법을 정하여 선별적으로 죄를 물어야 하고 제재를 가하여야 한다. 대체로 군대의 경우는 대대장급 이상은 옷을 벗어야 하고 중대장급 이하는 재교육 후 재배치해야 할 것이다. 다른 일반행정공무원도 이에 준하고, 교육공무원도 이에 준하면 될 것 같다. 고위공무원은 옷을 벗는 것을 원칙으로 하고 하위공무원은 특별한 결격사유가 없는 한 재교육하여 다시 쓰는 방법으로 해야 할 것이다. 재교육을 실시하여 합당한 사람은 다시 임용을 하되, 같은 곳에서 같은 업무를 보면 거부감이 일어날 수도 있기에 다른 곳에서 약간 다른 업무를 보게 하는 것이 합당할 것이다. 그리고 재교육은 형식적으로 끝나면 안 되고, 철저하게 사상교육을 하여 왜 북한이 잘못됐으며 왜 대한민국이 옳은가를 역사적으로도 잘 깨닫도록 해야 한다. 또한 가치관 교육과 대 주민 봉사교육 등 철저하게 해서 북한공무원이 아니라 통일대한민국 공무원으로 거듭나게 하는 교육이 되어야 하고, 그렇게 거듭났다는 검증을 거쳐야 할 것이다. 그래서 북한주민이 볼 때, 전 북한공무원이었던 사람이지만 지금은 확 달라졌구나라는 것을 느낄 수 있어야 한다. 그리고 수시로 공무원 근무평가를 해야 한다. 그래서 새로운 통일대한민국을 건설하는데 앞장서는 역군이 되어야지, 혹이라도 통일한국에 방해가 되는 세력, 은연중 저항세력이 되게 해서는 안 된다.

북한의 정치적 피해자(북한 정치범)에 대한 사면 복권 지원에 관한 법 제정도 필요하다. 한반도 통일 시 북한의 가해자에 대한 형사법적 처벌만으로는 사회정의를 세우는데 한계가 있다. 피해자에 대한 사면조치, 복권조치, 지원실시가 통일 후 최우선적으로 실행되도록 미리 법제화가 필요하다. 독일의 경우, 슈타지(비밀경찰) 문서의 보존과 공개를 보장하는 '슈타지 문서관리법'이 있었다. 이 법이 있었기에 동독에서의 정치적 피해자(정치범)들에 대한 피해 정도를 조사할 수 있었고, 이에 따라서 법적으로 사면 복권 지원을 할 수 있었다. 2013년 8월 23일 서울에서 독일 콘라드 아데나워 재단과 법무부가 공동주최한 국제심포지엄에서 아데나워 재단 부총재인 힐데툰트 노이베르트가 밝힌 동독 정치범 피해 정도는 상당하다. 동독은 공산당독재에 반대한 국민을 사형 납치 고문 강제노동에 처했는데 사형집행이 1949년까지만도 1만건, 통일 때까지 정치범수용소 수감 약 25만-30만 명, 그 중 5만 명은 기근과 굶주림으로 사망, 서독에 우호적인 사람을 감시하는 동독 국가보안부 요원과 첩보원은 통일직전 25만 명이었다. 통일 후 독일은 피해자에 대하여, 수감기간 한달 당 약 300유로(45만원), 반년 이상 구금된 고령자에게는 매달 추가연금 250유로가 구금보상으로 지급되었다. 취직 교육기회도 주어졌다. 피해자에 대한 사회적 존중, 기념사업, 민주주의 교육이 병행되어야 독재정치에 익숙해진 북한주민에게 자유와 법치국가의 중요성을 일깨울 수 있을 것이라고 말하는 노이베르트 자신도 동독 출신으로 동독 시민단체 '민주적 출발' 창립 회원으로 활동했고, 이로 인하여 동독에서 도청 우편검열을 당하고 부부생활까지도 제한을 받았다. 통일 후 동독 고향에서 슈타지 문서담당관으로 재직하였고 지금은 아데나워재단 부총재까지 되었다. 우리는 지금부터 통일 시 북한의 정치적 피해자에게 어떻게 사면 복권을 지원할지에 대하여 미리 연구하고 법적 제도를 세울 필요가 있다. 그리고 가해자 처벌과 피해자 보상을 하려면 법적 근거가 될 문서를 보존 공개하는 법이 필요하다.

대 중국 정책

중국의 한반도 정책이 변할 수밖에 없다. 중국 자체의 변수로는 중국이 명실공히 세계 2대국가로 등극한 데서 찾을 수 있다. 중국이 이제는 세계 경영을 해야 하는데, 북한을 위하다가 국제적으로 더 많은 것을 잃을 수는 없게 되었다. 중국은 북한의 핵과 미사일이 하나도 달가울 수 없다. 중국으로서는 북한 핵과 미사일은 애물단지일 뿐이다. 그래서 북한 비핵화를 주장하는 미국과 한국과 일본의 요구에 동조한다. 북한인권 문제에 대해서도 과거처럼 일방적으로 북한을 두둔할 수도 없다. 그러나 북한은 결코 핵과 미사일을 포기하려 하지 않을 것이다. 인권 문제도 개선할 기미가 없다. 그래서 중국은 2013년 12월부터 단동에 있는 북한으로 들어가는 송유관을 지금까지 잠가놓고 있다. 북한에 대한 불만의 표시요 상당한 실제적인 압박이다. 중국통인 장성택을 김정은이 처형한 것도 몹시 못마땅하다. 중국의 대 북한 영향력 행사도 한계를 드러내고 있다. 북한은 중국이 저렇게 노골적으로 표시를 해도 아랑곳하지 않고 자기 갈 길을 가고 있기 때문이다. 그렇다고 북한을 포기할 입장도 아니다. 대 미국과 한국을 다루는데 있어서 하나의 카드로 가지고 있을 필요가 있다는 것이다. 그래서 중국은 훈춘까지 고속도로와 고속철도를 2014년 말에 완공했다. 훈춘에서 북한 나진까지의 고속도로 93킬로미터를 2011년에 완공했다고 하는데 그 길이 고속도로라 하기에는 매우 조악하다. 이 고속도로 옆에 중국이 최신식 오피스텔 단지를 2014년초에 세웠고 나진 선봉지역에 기존 호텔 외에 최신식 호텔 10여개도 세웠다. 북한관광을 염두에 둔 것인데 길도 그렇고 건물도 한국과는 비교가 안 되고 무엇보다도 나진선봉에 관광할 구경거리가 없다. 공산사회주의 경제가 보여주는 전시효과적인 건축물과 도로건설을 보여주는데 지나지 않는다. 압록강 하구에 있는 황금평 개발이나 신의주 제2대교 건설도 북한측의 무성의 무능력으로 효과가 나질 않고 있다. 그런 가운데 오랫동안 미뤄왔던 시진핑의 김정은과 정상회담 가능성이 나오고 있으나 전반적으로 볼 때 중국과 북한의 관계는 김정은 등장 이후 예전만 못하다.

 북한에 비하여 남한과의 중국관계는 매우 좋다. 한국기업의 중국투자가 늘어나고 있다. 중국인의 한국방문도 크게 늘었다. 경제적 인적 교류뿐 아니라 정치적 교류와 심지어는 군사적 교류까지 많이 발전하고 있다. 중국 입장에서 볼 때 남한은 북한보다 40배가 넘는 국력에다 양국 이해관계가 매우 깊어진 것이다. 중국이 북한을 포기하는 일은 있어도 남한은 포기할 수 없는 상태에 돌입한 것이다. 여기서 한국으로서는 중국 정책에 있어서 유념하여야 할 것들이 있다. 경제가 중국에 너무 편중하는 것은 좋지 않다는 것이다. 경제적으로도 중국에 종속되어서는 안 되며, 정치적으로는 더욱 중국에 기울면 안 된다는 점이다.

중국에게 한국이 국가가치가 잘 보존되려면 한국과 미국의 관계가 돈독해야만 한다. 미국과의 관계가 소원해진 한국이 되면 중국으로서는 그만큼 존중할 가치가 떨어지게 되고, 그만큼 신경을 안 써도 되는 대상이 되는 것이다. 따라서 중국을 상대할 때 미국과의 관계가 튼튼해야만 유리한 입장이 된다. 또 하나는 한반도 통일에 있어서 중국을 안심시켜서 중국의 동의를 얻어야 한다는 점이다. 여기서 한국은 사세판단을 잘해야 한다. 만에 하나 중국의 동의를 얻기 위하여 미국과의 관계를 소원하게 해서는 안 된다는 것이다. 미국이 중국을 설득하는데도 도와주어야 하기 때문이다. 어차피 통일은 미국과 중국의 파워게임과 깊은 관련이 있다. 한국이 중국에 붙고 안 붙고의 문제가 아닌 것이다. 중국도 한반도 통일문제에서 한국이 미국과 동맹관계를 없애야 한다고 생각하지는 않는 것 같다. 옆에서 툭툭 하는 말로 한미동맹관계를 건드려보기는 하지만 그렇다고 정말 중국이 동의의 조건으로 들고 나올 것은 아닐 것이다. 한미동맹은 그대로 두고, 한중관계를 발전시키는 방법이 현명하다. 한중 FTA가 타결되었다. 이미 전략적 동반관계로 외교적 관계를 격상한 바 있다. 양국 군사교류도 하는 판이다. 남은 것은 한반도 통일이 중국에 불리하지 않으며 오히려 유익이 될 것이라는 점을 인식시키는 것이다. 아마도 주한미군 주둔 문제도 결국에는 중국이 문제삼지 않을 것으로 본다. 미군은 한강 이남에만 주둔할 것이며 병력을 증강하거나 전술핵을 배치하거나 레이더망을 중국의 심장부까지 감찰하지 않을 것임을 분명히 하면서 중국의 동의를 얻어야 할 것이다. 사실 주한미군이 북한을 상대로 해서는 전쟁억지력으로 의미가 충분하지만, 중국을 상대로 해서는 그렇지 않기 때문이다. 평택에 있는 미군보다 북-중 국경에 있는 중국군이 거리상 북한에 더 가깝다.

대 미국 정책

통일에 있어서 미국의 역할은 한국 다음으로 비중이 크다. 독일통일에서도 미국의 역할이 컸듯이 한국통일에서도 미국이 움직여야만 가능하다. 독일통일을 영국이 반대했지만 미국이 프랑스를 설득하고 소련을 설득하니까 독일통일이 되었다. 미국의 결심이 중요했다. 한국도 미국의 결심이 중요하다. 무엇으로 미국이 결심하도록 할 수 있을까? 두 가지 악재가 있다. 김대중, 노무현 정부 때 반미운동하고, 맥아더장군 동상철거시도를 하고, 촛불집회하고 광우병 소동하면서 미국 정부와 미국 시민의 한국에 대한 인식에 금이 가기 시작했다. 미국 정부는 한국 시민들의 행동보다는 한국 정부의 태도를 중시하고, 미국 시민들은 한국 시민들의 행동을 중시하는데, 이 두 가지 모두에 있어서 이 문제를 불식할 필요가 있다.

또 하나 악재는 미국 국무부에는 한국 정부에 비판적인 인사들이 많다는 점이다. 국무부라는 것이 기본적으로 '비둘기 파'인데, 이승만 초대 대통령은 미국의 말을 잘 안 듣고 많은 경험과 투철한 안목을 가지고 신생 대한민국을 굳게 초석 놓기 위하여 선한 의미의 고집을 썼기 때문에 미움을 샀고, 박정희 전두환 노태우 대통령은 군사독재정부라고 미움을 샀고, 김대중 노무현 대통령은 친북 반미성향이라고 미움을 샀다. 그러나 이승만 대통령의 결단과 수완으로 한미동맹이 이루어 졌고, 한미 FTA까지 왔다. 무엇보다 대한민국은 미국이 도와서 세운 신생국가 중에서 가장 잘 된 우등생이다. 한국이야말로 미국의 정책이 옳았음을 증명해주는, 미국이 버릴 수 없는, 고마운 존재인 것이다. 또 한국전에서 대한민국을 지키기 위해서 미국이 오죽 많은 희생을 치렀는가. 그러니 미국으로서는 한국이 잘 되는 것이 좋은 것이다. 이 점을 잘 살리고, 악연은 잘 달래서 미국이 한국통일을 하기로 결심하도록 해야 한다. 다만 미국의 우려가 있다면 통일한국이 지정학적으로 볼 때 중국과 붙어있어서 점점 중국과 가까워지지 않을까 하는 우려가 있다. 또 역사적으로 볼 때도 천년 이상 한국은 중국의 영향 아래 있었 다는 점이다. 미 국가정보국(DNI)산하 국가정보위원회(NIC)는 2012년 12월 10일 발표한 '글로벌 트렌드 2030'에서 1995년 이후 한국과 일본 호주 인도는 최대 교역상대국으로 미국 대신 중국을 선택했다. 그러나 중국과의 경제협력과 동시에 미국에 대해선 안보협력 관계를 추진해 왔다. 이런 경향은 2030년까지 지속될 것이다. 그러나 한반도 통일이 이뤄지면 통일한국은 미국의 영향력에서 벗어나려는 전략적 조정에 나설 가능성이 있다. 이는 동북아 정세의 변수가 될 것이라고 봤다. 한미동맹의 가장 큰 이유인 북한의 위협이 사라지면 한국이 미국에 대한 의존도를 줄이면서 독자적인 발전 모델을 추구할 가능성이 있다는 것이다. 아울러 2030년에 세계경제에서 중요한 역할을 할 국가로 중국 인도 브라질과 더불어 한국을 꼽았다. 이러한 미국의 우려에 대하여 우리는 미국을 안심시켜야 한다. 한국은 과거의 역사 때문이라도 다시 중국의 영향력 아래 들어가지 않을 것이다. 과거 천년 동안 중국에게 고통을 당한 경험이 있기 때문에 통일대한민국은 다시는 중국에 당하는 일이 없기를 바라는 것이 한국인의 정서라는 점을 이해시켜야 한다. 땅이 중국에 붙어있어서 중국에 점차 붙지 않겠느냐는 우려에 대하여는 땅이 붙어있기 때문에 자존과 독립을 유지하려면 가까운 중국에 붙으면 안 되고 먼 미국에 붙는 편이 낫다는 것은 역사가 말하는 전통적이고 기본적인 국가경영 책략이라는 것이다. 한국으로서는 아직 미국의 힘이 중국을 능가하고 있을 때 통일을 이루어야 한다. 중국의 힘이 더 커지기 전에 미국으로 하여금 한국의 통일을 결심하도록, 한국의 통일을 위하여 적극 중국과 일본 등 주변국들을 설득하도록 해야 한다. 기회는 그렇게 많이 남아 있지 않다.

대 일본 정책

요즘 일본에 아베 내각이 들어선 다음 한일관계가 매우 불편해졌다. 그러나 이것은 일시적으로 끝나야 한다. 이승만 대통령은 평생 항일 독립운동을 했고, 일본으로 인하여 고생을 많이 했기 때문에 일본을 인정할 수가 없었다. 그러나 박정희 정권은 한일국교정상화를 했고 청구권자금을 얻어서 한국경제부흥에 썼다. 무역역조가 오랫동안 심각했지만 그래도 한일 경제관계를 통하여 한국은 더욱 발전할 수 있었다. 지금은 한국이 일본을 능가하는 면도 여럿 생겨서 일본이 시샘도 하고 일본이 예전만 같지 못하다는 조바심에서 옛 군국주의에 대한 향수가 일어나기도 한다. 20년 전에 일본에 가서 서점을 둘러보았다. 그때 일본의 젊은이들이 군국주의 일본에 대한 향수가 대단한 것을 보고 깜짝 놀라고 염려하였다. 그 우려가 지금 현실로 나타나고 있다.

아베도 문제지만 일본 국민들의 기본적인 정서가 군국주의에 대한 향수가 있는 것이다. 안타까운 것은 일본인들이 자기들의 형편이 예전만 같지 않다는 조바심을 왜 하필이면 군국주의 향수로 기울이느냐는 것이다. 이는 참으로 일본인을 위해서도 불행하고 주변 피해국에게도 불행한 일이 아닐 수 없다. 일본에 양심가도 많이 있다. 그러나 백성이 일반적으로 그러하니 이런 경향이 상당기간 가게 되지 않을까? 그 점이 매우 안타깝다. 그러나 한반도 통일에 있어서는 일본이 동의할 것이다. 내심으로는 달가워하지 않을 것이다. 한국이 통일되면 더 일본의 경쟁자가 되지 않을까 염려되기 때문이다. 한편 한국을 얕잡아 보는 경향도 있다. 한국이 통일돼도 별수 있겠느냐 일본의 맞수가 되지 못한다는 생각을 할 것이다. 속내야 어떻든 일본이 겉으로는 한국의 통일을 반대하지 못할 것이다. 그리고 양국은 가까운 우방임을 잊어서도 안 될 것이다. 양국은 다툴 상대가 아니고 서로 협력할 상대인 것이다.

대 유엔 정책

한반도 통일에 있어서 유엔 정책도 소홀히 하면 안 된다. 대한민국 수립 후에 유엔에서 승인 받는 것이 중차대했고 승인 받음으로써 국제사회에서 대한민국의 국가로서의 위상이 분명해졌다. 상대적으로 북한은 유엔의 인정을 받지 못하므로 애로가 많았을 것이다. 지금도 유엔에서 제재를 받으므로 애로가 많다. 한국의 통일은 유엔에서 지지를 받을 것이다. 한국이 유일한 분단국가로 남아 있는 것도 그렇고, 북한이 분단상태에서 늘 유엔의 골치거리였기 때문이다. 한국이 통일한다고 하면 유엔의 회원국들은 크게 환영할 것이다. 그리고 중국에도 압력이 될 것이다. 세계가 다 통일을 환영하는데 중국만 태클을 걸 수는 없기 때문이다. 러시아는 통일을 환영하는 입장이다. 지금 러시아가 북한에게서 얻을 것이라고는 나진항에 부동항을 이용하는 정도이다. 그러나 통일이 되면 전 통일한국에 러시아 천연가스를 팔 수 있다. 시베리아횡단철도(TSR)를 이용하게 되면 러시아에게 유익이 된다. 현재 상황이 이러하다 할지라도 방심하지 말고 유엔외교를 항상 잘 해놓을 필요가 있다.

제 5부

누가 통일을 이룰 것인가

통일의 주체는 누가 되어야 하는가? 이 땅에서의 일이 어디 사람의 뜻대로 다 되는가? 땅과 하늘을 지으신 하나님이 인간보다 주체이시다. 그러나 그 하나님이 이 땅에 인간을 지어놓으신 것은 이 땅을 경영하심에 있어서 인간도 참여시키고, 인간을 통해서 이 땅의 많은 일을 하고자 하신다. 통일도 하나님이 하실 일이 있고 인간이 할 일이 있다. 둘은 또 연관되어 있다. 그러면 인간의 할 일은 누가 할 것인가? 대략 6가지 부류의 사람으로 나누어 그 역할을 살펴보고자 한다.

제1장
한국인

역시 대한민국과 한국인이 통일의 주체가 될 수밖에 없다. 북한이 흥했더라면 북한이 주체가 될 수도 있겠지만 북한은 끝날이 다 되어가고 한국은 승승장구하고 있으니 한국이 통일을 주도해야 한다.

통일의지를 분명히 해야 한다.

대한민국과 한국인은 온 세계에 자신들의 통일의지를 분명히 밝혀야 한다. 그래서 온 세계가 이 사실을 알고, 유사시 같은 방향으로 돕도록 해야 한다. 그것이 세계평화를 위하여 최선이고, 지역안정과 공동번영을 위하여도 현실적으로 가장 좋은 방법이라는 공감대를 형성할 필요가 있다. 1919년 3·1운동이 중요했던 이유도 여기에 있다. 3·1운동으로 대한이 식민지를 벗어나거나 독립을 얻은 것은 아니었다. 그러나 그것이 윌리엄 린튼(한국명 인돈) 선교사가 현장을 목격하고 미국 아틀란타저널에 기고했던 것처럼, 한국민이 독립을 원한다는, 일본의 식민통치를 원하지 않는다는 최초의 국민운동이었다는 사실이다. 일본은 세계를 호도하기를 일본의 조선식민지화는 조선인이 원해서 한 것이며 조선은 일본의 식민통치로 여러 가지로 개선되고 있으므로 조선인들은 만족하고 감사하고 있다고 선전하는 중이었는데, 여지없이 일본의 말이 거짓이고, 식민지화는 조선인의 의사에 반하여 총칼로 강압적으로 이룬 불법적인 것이며, 조선인은 일본 식민통치를 전혀 원하지 않고 있다는 사실을 이렇게 온 국민의 행동으로 그 뜻을 밝히는 것임을 분명히 했던 것이다. 그래서 이것이 나중에 일본이 패망할 때 승전국들이 한국의 독립을 보장하게 되는 한 근거가 되었다. 이제 통일문제도 마찬가지이다. 당사자가 가만 있는데 열국이 한반도를 통일시키지는 않는다. 대한민국과 한국인이 직접 전세계에 통일의지가 있음을 분명히 알려야 한다. 안드레이 란코프(러시아 출신 국민대 교수 북한학)는 2012년 10월 13일 조선일보 기고에서 1945년 분단 이후 민족의 최고 소원으로 여겨졌던 통일이 이제는 무관심이나 우려의 대상이 되었다면서, 수많은 변수 가운데 가장 중요한 것은 한국 국민의 태도다. 중국은 한국이 한반도 북부에서 안정을 보장할 능력과 의지가 있다고 판단하면 (북한급변사태 시) 대북개입을 불필요하고 부작용이 많은 정책으로 여길 가능성이 높다. 그러나 민주국가인 한국에서 국민 대부분이 통일, 적어도 부담이 큰 통일은 불필요하다고 생각한다면 이러한 우유부단은 북한의 급변사태 시 중국의 개입가능성을 높일 것이라 했다. 사실 2012년 당시만 해도 한국민의 통일의식은 계속 내려가고만 있었다. 그러나 다행히도 상황이 점차 호전되고 있다. 2015년 1월 6일 아산정책연구원이 발표한 '한국인의 대북 통일인식 변화'보고서에서 '통일에 관심 있다'는 응답이 전체의 82.6%로, 2010년 52.6%

에 비해 5년새 30%포인트 증가했다. 특히 20대가 39.2%에서 71.8%로, 40대는 57%에서 81.7%로, 60대 이상은 58.3%에서 91.9%로 늘었다. 참으로 다행스럽고도 당연한 일이다. 대한민국과 한국인은 통일 의지를 전세계에 알리고 각국이 통일의 당위성과 가능성을 인정하고 통일에 찬동하게 해야 한다.

어떻게 알릴 것인가? 이미 대한민국은 이를 외교경로를 통해서 다 알려왔기 때문에 우방들은 다 의례 '한반도의 통일을 지지한다'고 말하고 있다. 북한과 가까운 시리아 쿠바 아프리카 소국 등 소수의 나라만 반대하고 있을 뿐, 북한과 남한 동시 수교국들이라도 대부분 통일에 있어서 한국을 지지하고 있다. 독립운동을 할 때는 중국 장개석 국민당 정부 외에는 대한민국 임시정부를 지지하는 나라가 없었고, 1948년 건국 때에도 대한민국이 유엔의 승인을 받는다는 것이 너무나도 어려운 과제였는데 비하면 격세지감을 느끼게 된다. 이는 대한민국의 국력이 세계 10위가 되고, 2차 세계대전 후 신생국 150개 국가 중에서 한국이 지원을 받던 나라에서 지원을 하는 나라로 바뀐 유일한 나라라는 점과, 국제무대에서 한국의 기여도가 그만큼 높아졌기 때문이다. 한국을 따라 배우고자 하는 나라가 얼마나 많은가! 참 놀랍고 감사한 일이다. 이리하여 한국 중심의 통일의 정당성도 확보가 되고, 가능성도 확보가 되고 있다. 소수의 몇 나라가 북한의 존속을 주장할지 모르나 이제는 러시아도 지지하고 있다. 중국이 아직은 '한반도 평화적 통일을 지지한다'는 원론적인데 머물고는 있지만 속으로는 남한 중심의 한반도 통일이 불가피하다는 점을 점점 인식하고 있고 각계각층에서 실제로 그런 소리가 점점 더 나오고 있기 때문에 대한민국이 좀 더 적극적으로 노력하고, 미국과 타협이 잘 되면 한반도 통일은 가까운 미래에 가능하다.

민간차원에서 통일을 준비해야 한다

2015년 3월 12일 통일을 위한 민간재단 '통일과 나눔 재단' 설립 준비위원회가 출범했다. 여기에는 민간 대북지원 및 남북 교류 협력 분야의 대표적 전문가들이 모였다. 서재필기념회 안병훈 이사장이 위원장을 맡고, 이영선 대한적십자사 부총재, 양호승 대북협력민간단체협의회장 겸 한국월드비전회장, 목영준 김앤장 사회공헌위원장, 김기문 중소기업중앙회 명예회장, 박선영 사단법인 물망초 이사장, 인요한 세브란스병원 국제진료센터소장, 김병연 서울대 통일평화연구원 부원장 등 7명이 준비한다. 이 민간재단은 앞으로 대북 인도적 지원, 북한인권증진, 탈북자정착 및 통일 차세대 리더 육성, 통일공감대 확산과 국제협력, 한반도 급변사태 시 긴급구호준비 등 사업을 벌여나가기로 했는데 특히 일반국민과 기업, 시민단체 등이 참여하는 '통일기금'을 조성하기로 했다.

'현재 통일의 길이 막혀있는 것처럼 보이지만 통일은 생각보다 빨리 다가올 수 있다', '남한의 두 집이 북한의 한 집을 책임진다는 마음으로 온 국민이 벽돌 한 장씩 쌓아가야 한다'는 생각이다(조선일보 2015.3.13). 참으로 바람직한 일이 아닐 수 없다. 정부가 대통령을 위원장으로, 통일부장관을 정부측 부위원장으로, 정종욱 서울대 명예교수를 민간 측 부위원장으로 하는 '통일준비위원회'를 벌써 운영하면서 통일준비에 박차를 가하고 있거니와 이에 발맞추어 민간에서 통일준비위원회를 발족한다는 것은 매우 고무적이다. 이는 정부와 민간이 통일을 위한 아름다운 하모니로써 오늘에 시의적절하다. '남한의 두 집이 북한의 한 집을 책임진다는 마음', '온 국민이 벽돌 한 장씩 쌓아

간다는 생각'으로 통일기금에 참여한다면 이는 백마디 말보다 더 효과적인 통일운동이 될 것이고, 국민의 통일의식을 한데로 모으고, IMF 때 '금 모으기'를 하여 온 세상을 깜짝 놀라게 했던 한국인의 저력을 다시 한 번 세계에 과시할 수 있는, 상징적 실제적 큰 힘을 발휘하게 될 것이다.

정부와 국민이 역할분담을 잘 해야 한다

통일을 준비하고 추진하는 과정에서 앞으로 정부와 국민의 보조가 잘 맞아야 한다. 엇박자가 나면 곤란하다. 국민은 정부가 하는 일에 사사건건 '감 내놔라 콩 내놔라' 간섭하려 하면 안 된다. 여야 당파싸움 하듯 정략적으로 접근하면 정말 안 된다. 통일문제는 어디까지나 초당적으로 임해야 한다. 마찬가지로 정부는 민간이 하는 일을 통제위주로, 규제하려 하기보다는 민간의 특성을 잘 살리도록 조성해주는 것이 현명하다. 정부가 하기 어려운 일을 민간이 할 수도 있고, 민간이 하기 어려운 일을 정부가 할 수도 있다. 정부와 민간은 대립관계가 아니다. 같은 목표를 향하여 가는 협력관계요, 수레의 양쪽 두 바퀴와 같다. 예를 들어, 민간이 하는 '대북 풍선 날리기'를 정부가 막을 필요가 없다. 정부가 하고자 하는 대북방송이나 조형물 조성 및 운영을 민간이 자기네 동네에서는 안 된다고 막는 '님비현상'을 일으키지 않도록, 참고 인내할 줄도 알아야 한다. 무엇보다 중요한 것은 정부가 생각해서 대북정책을 추진하고 나가는데 민간에서 다른 소리를 내지 않는 것이다. 한국 기독교교회협의회(NCCK)는 2015년 2월 3일 오바마 미국대통령에게 대북정책을 '고립에서 포용으로' 전환할 것을 요청하는 서신을 보냈다. 미국이 북한과 수교할 것을 요구하는 내용도 담았다. 미국의 대북제재는 남북한의 화해통일에 커다란 장애물이라고도 했다. 미국 제재가 북한주민의 삶을 피폐하게 한다고 했다. 북한의 주장을 그대로 답습하는 내용이다. 이 서신을 미국 기독교교회협의회와 미 감리교, 장로교 연합교회 성공회 제자교회에도 보내 이들과 함께 미 정부의 대북정책 변화를 이끌어 내겠다고 했다. 참으로 통탄할 작태가 아닐 수 없다. 북한정책에서 한미공조를 정면으로 부정하는, 한국인의 통일의지를 심각하게 왜곡한 이런 서신을 미국 정부와 미국 교회에 보낸다는 것은 지극히 잘못된 처사이다. 한국의 4대강 사업으로 큰 비가 내렸어도 아무 지장이 없게 된 것을 본 태국 정부가 와서 살핀 후에 태국에도 한국 4대강 같은 사업을 하기로 하고 사업을 발주하였고 한국기업이 수주할 것이 기대되는 시점에 한국의 일부 시민단체가 태국에까지 가서 데모를 하며 한국 4대강사업은 잘못된 것이라며 훼방을 놓은 일이 있었다. 이 얼마나 사악한 일인가. 도대체 이념에 함몰되어도 분수가 있지 국민으로서의 양심을 팔아먹고 외국에까지 나가서 이런 망측한 짓을 해서 되겠는가.

통일 도상에서 정부와 민간의 하모니가 중요하다. 통일에 대한 정부와 국민이 한 목소리를 내어야지 딴소리를 내면 안 되는 것이다. 지금까지 민간 통일운동은 소위 '진보'랄까 좌편향된 사람들이 많이 나섰다. 늘 정부와 다른 소리를 내고, 주로 북한의 눈치를 보고 북한의 비위를 맞추는 식으로 나섰다. 정부와 엇박자 놓기 일쑤였다. 그러나 이제부터는 소위 '보수'라 할 수 있는 애국적이고 자유민주주의 사상에 투철한 사람들이 떨쳐 일어나야 한다. 그래서 정부가 하는 일에 발목을 잡거나, '딴소리'를 해서 북한이 정부를 주 협상대상으로 삼는데 혼선을 주는, 북한으로 하여금 오판을 하게 해서는 안 된다. 대한민국의 오준 유엔대사가 2014년 12월 22일 유엔본부 안보리 회의장에서 북한인권에 대한 한국 정부의 공식입장 표명을 마친 후에 '의장님, 오늘 이 제가 안보리 회의에 참석하는 마지막입니다'라고 운을 뗀 뒤 개인 발언을 하기 시작했다. '2년 전 안보리 이사국으로 참여할 때 첫 회의 주제가 북한 미사일과 핵 문제였습니다. 오늘 마지막 회의에선 북한 인권을 다루고 있습니다. 저는 너무 가슴이 아픕니다. 대한민국 사람들에게 북한주민은 아무나(anybodies)가 아니기 때문입니다.' 비장한 그의 표정에 회의 참석한 14개 이사국 대표와 방청석에 앉은 70여 개국 외교관들의 시선이 일제히 쏠렸다. '헤어진 가족의 생사조차 모르는 수백만 이산가족이 북한의 끔찍한 인권참상을 들을 때마다 마치 자신이 그런 비극을 당한 것처럼 통곡합니다. 임기를 마치며 간절한 소원이 있습니다. 강제수용소에서 아무 죄 없이 고통 받는 북한의 형제자매들은 우리와 똑 같은 인권을 누릴 자격이 있습니다. 부디 훗날 오늘을 되돌아 볼 때 북한주민을 위해 옳은 일을 했다고 말할 수 있기를 소망합니다'. 장내는 숙연했고 인권운동가 출신 서맨사 파워 미국대사는 눈물을 글썽였다.

오대사의 연설은 성탄절 다음날 26일 유튜브에 8분짜리 동영상으로 소개된 지 4일만에 1만 5,000건이 넘는 조회수를 기록했다. '오대사의 감동적인 명연설'이란 제목으로 널리 퍼졌다. 오대사는 원래 북한 실상을 잘 모르는 다른 나라 외교관들을 위해 준비한 것인데 예상 외로 국내의 20대 30대 젊은 층이 북한문제에 관심을 갖는 계기가 된 것 같아 다행이라고 했다. 20,30대 수백 명이 페이스 북으로 오대사에게 친구신청을 하면서 '그 동안 북한주민을 남이라 생각하고 외면했는데 앞으로는 형제자매로 여기고 관심을 갖겠다'고 약속했다(조선일보, 2014.12.31). 이것이 바로 정부와 국민의 통일의지 하모니가 아니겠는가.

제2장

북한주민

　북한주민은 공식적으로는 '김정은에 대한 충성으로' 하루 해가 뜨고 해가 진다. 실제 생활로는 생명을 이어가기 위해서 장마당을 중심으로 끼니를 해결하는데 온통 힘을 쓰고 있다. 이런 북한주민에게 통일은 '남의 나라 이야기'처럼 들릴 것이고, 통일을 생각할 겨를이 없다. 그러나 어찌 북한주민 없는 통일이 있으리요! 북한주민이야말로 통일이 가장 절실한 사람들이다.

민간역량을 강화해야 한다

　북한에는 민간이라는 개념이 없다. 가장 극도의 전체주의 사회이기 때문이다. 그러나 장마당이라는 것이 날로 번창하고 있다. 장마당에는 개인이 있다. 물건을 사고 파는 가운데 개인의 이익이 있다. 지역을 넓혀 제법 '사업' 형태를 띠는 사람도 있다. 정식 통관을 거친 물건도 있지만 밀수도 많다. 밀수에는 더 '개인'이 있다. 북한에 휴대폰이 500만

대 보급되어 있다. 아무리 통제를 한다 해도 휴대폰은 그만큼 '민간의 폭'을 넓혀준다. SNS(Social Network System)의 기반이 된다. 통제가 심한 가운데도 남한의 방송을 듣는 사람도 있고, 남한의 방송극 영화 노래를 듣는 사람이 많다. 북한 중학교 3학년 '사회주의 도덕과 법' 교과서에는 '오늘 남조선은 미제의 식민지 통치로 군사파쇼 독재가 판치고 기아와 빈궁이 휩쓰는 인간 생지옥이다', 중학교 5학년 교과서에는 '남쪽 땅에는 외세가 틀고 앉아 핵무기고를 만들고 동포들을 멸시하고 살육하며 역사와 언어, 생활양식까지 더럽히고 있다', '김정일 선집'에는 '해방자의 탈을 쓰고 남조선에 기여든 미국은 남조선을 식민지로, 군사기지로, 테러와 폭압이 살판치는 생지옥으로 만들었다.' 간행물에는 '한국에 가면 탈북자는 눈알을 파내고 신체를 절단한다'고 했다. 그러나 북 지도층은 물론이고 일반주민들의 실상은 딴판이다. 간부들에게 최고의 뇌물은 한국산 화장품이나 옷이다. 장마당에서 한국산 제품이 은밀히 거래되는데 떼었던 한국산 상표를 보여주면 고가에 거래된다. 간부뿐만 아니라 형편이 좀 괜찮은 집에는 한국산 제품이 다 있다. 한국 밥솥 화장품 승용차는 최고 인기 품목으로 자리잡으면서 중국산을 밀어내고 있다. 이런 현상은 다 북한에서의 '민간역량'을 증가시키고 있다고 하겠다. 북한 군대에서 남한 밤거리의 퇴폐적이고 광란적인 세상을 비난하는 영화를 보여줬는데 이를 본 북한 군인들이 북한은 전기가 없어 암흑천지인데 네온사인이 번쩍이는 한국 모습을 보면서 오히려 잘사는 세상이란 걸 알았다(조선일보, 2014.3.17). 이래저래 북한의 민간역량은 증가하고 있다.

소셜네트워크를 구축해야 한다

북한에서 휴대폰이 나온 것은 2008년 이집트 통신회사 오라스콤 텔레콤이 북한과 합작하여 고려링크를 설립하면서부터이다. 미국에서 북한의 과학기술을 분석하고 있는 한 단체는 2013년 3월 26일 고려링크에 가입한 북한주민의 수가 2백만 명에 육박했다고 밝혔다. 오라스콤 회장이 발표한 바에 의하면 2011년에 가입자 95만 명, 2012년 11월에 150만 명인데 4개월만에 50만 명이 증가한 것이다. 2년이 지난 2015년 3월에는 300만대 이상이 되지 않았을까. 현재 북한에서 이용되는 손전화기 전송방식은 3세대, 즉 3G방식으로 영상통화와 인터넷 사용이 가능하다. 2013년 8월 11일 북한이 자체 생산한 터치식 휴대전화 '아리랑'을 공개했다. 김정은이 전자제품을 생산하는 '5월 11일 공장'을 방문하고 '아리랑 손전화기가 보기도 좋고 가벼우며 통화와 학습에 필요한 여러 가지 봉사 기능이 설치돼 있다. 장착된 사진기의 화소수가 높다'라고 했다. 사진기가 부착되었고 간단한 애플리케이션 기능도 있는 것으로 보인다. 이 외에 중국산 휴대폰도 있고 한국산 휴대폰도 있으니 지금 북한의 휴대폰 숫자는 300만대보다 훨씬 많다. 지금은 북한에서 소셜네트워크가 구축되어 있지 않다. 그러나 휴대폰이 300-400만대라는 것은 어느 순간에 얼마든지 북한주민이 상호 연락을 취할 수 있다는 얘기가 된다. 이집트에서 2013년 민간혁명이 일어난 것은 휴대폰을 통하여 삽시간에 네트워크가 형성된 것이 결정적이었다. 북한에서도 얼마든지 가능한 얘기다. 지금도 북한에서 한국 드라마를 보지 않은 주민이 없기 때문에 사상교양도 더 이상 먹히지 않고 있다고 한다. 이 또한 일종의 보이지 않는 소셜네트워크이다. 장마당을 통한 입 소문은 또 얼마나 강력한가. 이 또한 불규칙한 소셜네트워크이다. 카타리나 젤베거는 2006년부터 2011년까지 5년간 스위스 개발협력처의 평양사무소장으로 평양에 체류했다. 2014년 1월 조선일보와의 인터뷰에서 '시장(market) 화폐(money) 휴대폰(mobile phone) 중산층(middle class) 자동차(motor cars) 5M이 북한을 변화시키고 있다고 말했다. 북한에서 잘사는 사람들은 통일된 한국에 대해 우려한다. 그들이 북한에서 누리던 지위나 직업에 어떤 일이 발생할지, 전문가로서의 자격은 인정될 것인지, 통일 이후 무슨 직업을 가질 수 있을지 등을 걱정한다. 그들은 통일 이후 최소한의 공존을 얻을 수 있다면 매우 기뻐할 것이다. 2013년에 20만 6000명의 북한 사람이 중국으로 여행을 갔고, 그중 9만 3300명이 취업비자를 가지고 갔다. 북한 사람들이 점점 더 많은 외국인을 만나고 그들과 교류하는데 익숙해진다'라고 말했다. 젤베거의 모든 말은 북한에서 민간역량이 증가하고 있음을 말해주기도 한다. 북한주민은 이제 스스로 민간역량을 증가시켜 나갈 것이다. 미국 우드로윌슨센터 제임스 퍼슨 연구원은 2013년 11월 24일 워싱턴 외교부 기자단 간담회에서, "북한에서 시장의 역할이 확대되고 자본주의가 길을 찾는다면 궁극적으로는 북한정권과 파워게임을 벌여 시장이 이길 것이다."라고 말했다. 북한의 핵-경제개발 병진노선에 대해 '김일성이 1962년 경제-국방 병진노선을 추진했지만 실패했고 김정은이 유사한 병진노선을 선언했지만 핵무기는 엄청난 비용이 든다. 인민의 허리띠를 더 졸라매야 하는데 잘 되겠느냐고 했고, 북한이 중국과 같은 개혁-개방을 할지에 대해서도 부정적 입장을 밝혔다. 북한과 중국의 분열점이 점점 커지고 있다고도 했다.

기회가 오면 움직여야 한다

북한 밖에서는 북한주민에 의한 내부봉기에 대하여 그 가능성이 거의 없는 것으로 본다. 오랫동안 세뇌되어서 봉기할 생각조차 할 수 없다는 것, 하려 해도 5가작통법으로 철저히 상호 감시 고발체제를 가동하고 있고 거기에 익숙해져 있기 때문에 감히 봉기의식을 확산시킬 수 없는 체제라는 것이다. 유일하게 가능성은 군부에 있는데 군부를 감시하기 위하여 북한군 총정치국장이 북한서열 2위를 할 만큼 북한은 군대감시에 엄청난 힘을 쏟고 있기에 군부의 쿠데타도 쉽지 않다는 것이다. 그럼에도 불구하고 함경도에서 6군단 사건이 일어났다. 신의주와 평양에서도 낙서사건이 일어났다. 양강도 변방에서는 북한 돈에다 반체제 글을 새겨서 유통한 일이 있었다. 북한주민의 기질은 남한 백성보다 훨씬 거칠고 사납다. 아마도 산이 많고 산세가 험한 것이 기질 형성에 영향을 주었다고 예부터 전해오고 있다. 또 용맹하고 진취적인 기질이 있다. 그래서 아무리 매맞고 굶주리고 절망하고 힘이 없다 하더라도 어떤 계기만 된다면 북한기질이 발휘되어 훨훨 타오를 수도 있을 것이다. 일정 시대 105인 사건도 서북기독교민족세력을 제압하려고 데라우찌 총독 암살 미수사건을 조작한 것처럼 북한주민의 저항정신은 없어지지 않았을 것이다. 2011년 4월 7, 8일에 서울에서 열린 '한반도 통일전략과 동북아 공동번영의 비전' 국제 컨퍼런스에서 러시아의 알렉산드로 페도로프스키 IMEMO(국제경제 및 국제관계연구소) 아태센터장은 중동에 민주화 바람이 분 것은 정치상황과 경제에 대한 국민들의 불만이 가장 큰 원인이라며 결국 북한정권에게 가장 위험한 것은 한국, 미국 등 외부로부터의 압력이 아니고 비효율적인 시스템과 북한주민의 불만을 어떻게 처리하느냐에 따라 살아남을지 붕괴될지 결정된다고 주장했다. 소련도 시스템과 경제에 대한 국민들의 불만으로 무너졌다. 동독도 시스템과 경제에 대한 주민들의 불만으로 무너졌다. 북한이 동독보다 25년을 더 버텨오기는 했지만 역시 시스템과 경제에 대한 북한주민의 불만으로 무너질 수 있다. 일본 산케이 신문이 2013년 11월 10일 보도한 바에 의하면, 미국 랜드연구소 '북한 체제 붕괴 대비'보고서에 의하면 '2012년 북한 김정은 위원장 암살시도가 있었고, 이후 경호가 대폭 강화됐다'는 내용이 있었다. 암살이 일어난다면 당과 군이 분열될 것으로 분석했다.

제3장

탈북민

　탈북자를 북한에서는 '민족배반자', '인간쓰레기'라고 한다. 남한에서는 환영한다. 1953년 휴전 후부터 1994년까지는 많지 않았고 '귀순용사'라 해서 언론 인터뷰도 하고 특별 정착금도 제공했다. 1995년 북한의 '고난의 행군'이 시작되자 대량 탈북이 시작되었다. 호칭도 '탈북자', '북한이탈주민', '새터민' 등으로 바뀌었고 지원금도 3000만원 정도로 작아졌다. 임대주택을 제공하고 직업을 알선해준다. '북한이탈주민정착지원재단(하나재단)'을 만들어 한해 300억원을 정착을 위하여 지원하고 있다. 탈북 이유는 대체로 세 가지이다. 생계(生計)형, 자유(自由)형, 이상(理想)형이 있다. 생계형은 경제적으로 너무 쪼들리고 배고파서 앉아서 죽을 수는 없으니 가다가 죽더라도 가자고 나온 사람들이다. 북한에서 서민층이었던 사람이 대부분이고 전체 탈북자의 약 70%가 여기에 속한다. 자유형은 정치적인 이유이다. 황장엽 비서 같은 상류층 또는 북한에서 나름대로 행세하던 사람들이 자유를 위하여, 또는 어떤 이유로 신변의 위기를 느끼고 탈북하는 경우이다. 10-20%정도인데 최근에는 이런 부류가 많아지고 있다. 이집트 대사도 있고, 이한영 같은 로얄패밀리도 있다. 김정은이 최근 늘어나는 주민들의 탈북 문제에 대해 '튀다 튀다 이제는 보위부까지 튄다'라고 언급했다고 국정원이 2015년 2월 24일 밝혔다. 실제로 북한 국가안전보위부(한국의 국정원) 지도원 정길훈(54) 씨가 북한체제에 불만을 품고 가족과 함께 2014년 9월 탈북해서 중국 남부에서 한국행에 나섰다가 12월 곤명에서 일행 가운데 있던 아기가 울면서 발각되어 체포되었다. 1월 20일 북송되었고 3월초 평양으로 이송되는 일이 있었다. 이 상형은 젊은 층으로 북한에 소망이 없다고 느끼고 보다 나은 삶을 개척하고자 탈북하는 사람이다. 이런 부류는 아직 10% 미만일 것이다. 2015년 3월 현재 한국에 들어와 있는 탈북자는 2만 8천 명이다. 70%가 25-45세 젊은 사람들이다. 어린이 청소년은 10% 정도, 50대 이상은 20% 정도로 많지 않다.

정착이 되어야 한다

고난의 행군 시절인 1995년부터 2000년까지는 굶주려 탈북하는 사람들이 많았다. 이들은 식량과 약, 옷가지와 약간의 돈을 구하면 다시 북한에 있는 가족들에게로 돌아가는 사람이 80%정도나 되었다. 그럼에도 불구하고 이 당시에 중국 동북3성에 숨어있는 탈북자가 약 30만 명이 되는 것으로 추산되었다. 그러니 훨씬 더 많은 숫자의 사람들이 북-중 국경을 넘나들었다는 얘기가 된다. 이들 눈에 비친 중국은 낙원 같았다. 한국인이 볼 때는 당시 중국의 생활이 한심하게 보였음에도 불구하고 그래서 조선족들은 어떻게 해서라도 한국 땅을 밟으려고 애쓰고 있었음에도 탈북자들에게는 중국이 천국처럼 보였다. 점차 북한의 단속과 중국 공안의 단속이 강화되자 탈북자들은 더 멀리 더 깊이 숨어들게 되었다. 그래서 돌아가지 못하고 중국에 남아서 떠도는 사람이 많게 된다. 여기서 탈북자의 고통은 가중된다. 여성들은 인신매매되어 중국인에게 팔려가고, 임금을 제대로 받지 못하고 노예처럼 노동착취를 당하고, 공안에 잡히면 북한으로 강제 송환되는데 이 과정에서 상상도 못할 인권유린과 엄청난 매를 맞는 신체적 고통을 겪는다. 참으로 많은 탈북자들이 강제 북송되었고, 북한의 정치범수용소 교화소 등은 차고 넘치게 된다. 이때 한국 정부의 태도는 참으로 안타깝기 그지 없었다. 탈북자를 범죄자로 보거나, 브로커들에게 유인 당한 자로 보기도 하고, 중국 주재 한국대사관과 영사관도 이들을 냉대하니 대한민국 헌법도 이상한 정치이념에 함몰되었고 자기 백성을 모른척하고 있었다. 이들의 곤궁한 형편을 돌보는 유일한 곳은 한국교회였다. 처음에는 조선족에게 선교하려고 간 한국선교사들이 있었는데 탈북자들이 몰려오자 자연스럽게 탈북자 선교를 하게 되었다. 그 숫자도 탈북자 숫자를 좇아 늘어났고 탈북자들 사이에 기독교회를 찾아가면 산다는 소문이 나돌게 되었다. 이 소문이 북한에까지 퍼지니 탈북하는 사람들이 북한에서부터 위급한 때에는 기독교회라는 데를 찾아가리라 생각하게 되었다. 참으로 이 어려운 때 탈북자들에게는 기독교 선교사들이 유일한 도피처요 도움이었다고 해도 과언이 아니다. 한국교회가 이때 중국정부에게 청원하기 위하여 '탈북 난민인정 유엔청원 1000만 서명운동'을 벌였고 1천만이 넘는 서명을 받아서 유엔과 유엔 난민고등판무관실에 전달하였다. 한국 정부가 입장을 바꾸어 탈북민을 받아들이는 쪽으로 기울자 많은 탈북자들이 한국으로 들어오기 시작하였고 한국으로 가는 것이 탈북자의 유일한 소망이 되었다. 중국도 국제적인 여론이 일자 입장을 약간 바꿔 제3국을 통한 한국입국을 묵인하는 방향으로 흘러가고 있다. 실로 탈북민들의 고단한 한국행이 시작되고 있다. 동북3성에서 중국대륙을 종단하여 남쪽 국경을 넘어 베트남 라오스 미얀마를 거쳐 태국으로 들어왔다가 한국으로 오게 된다. 한국으로 들어오기까지 중국 등 제3국에서 몇 년을 비참한 생활을 하기도 한다. 그래도 한국으로 들어온 사람은 다행이다. 아직도 제3국을 떠돌며 고생 고생하는 탈북자가 그 얼마일까.

한국에 들어온 탈북자는 정착이 되어야 한다. 한국에 입국한 탈북자는 당국의 합동조사를 받는다. 여기서 간첩 목적으로 탈북자로 위장 입국한 사람이 걸러진다. 그 다음 하나원으로 가서 3개월의 남한정착 프로그램에 따른 정착교육을 받는다. 그리고 정착금을 받고 각 지역으로 임대주택을 받아 살게 된다. 최정희(가명, 48) 씨는 하나원에서 3개월 과정을 수료하고 남한사회에 첫발을 내딛는 날, 경기도 남부의 한 읍사무소로 남한 정착과정을 돕는 하나센터 직원과 함께 가서 전입신고서와 주민등록증 발급서류를 작성하고 기초수급 대상자 등록 등 행정절차를 진행했다. 잔뜩 긴장한 최 씨는 '시키는 대로 하긴 하는데 뭐가 어떻게 돌아가는지 잘 모르겠다'고 했다. 한자로 이름 쓰는 법을 몰라 도움을 받았는데 읍사무소 직원은 '다른 분들에 비해 훨씬 잘하고 있다. 이곳이 마음에 드실 거다'며 격려했다. 하나센터 직원은 '지장이 찍힌 이 문서가 인감증명서입니다. 누가 빌려달라고 해도 주면 절대 안 됩니다. 사기꾼 많으니 조심하세요. 주민등록번호는 꼭 외우시고….' 하면서 주의사항을 꼼꼼히 일러주었다. 1시간 여 만에 사진이 붙은 임시신분증을 받자 관계자들이 박수를 치며 '대한민국 국민이 된 걸 환영한다'는 축하를 받았고 최 씨는 90도로 허리를 숙여 인사했다. 최 씨 신변보호를 담당할 형사는 '휴대전화 개통하면 바로 내게 연락을 달라'고 했다. 최 씨는 배정받은 임대아파트로 가서 입주계약서를 썼다. 아파트 경비실에는 하나재단에서 보낸 '정착지원키트(간단한 식품과 주방용기)'와 최씨의 개인 짐이 놓여 있었다. 최 씨 집 현관에는 '입주를 축하드립니다'라는 스티커가 붙어 있었다. 집을 본 최 씨는 '깨끗하고 너무 좋다'며 얼굴이 환해졌다. 최 씨는 '7년 전에 먼저 탈북해 정착한 딸이 찾아오기로 해 설렌다'며 동행한 이들의 손을 일일이 붙잡고 '어떻게 살지 걱정은 되지만, 열심히 살아보겠다'고 했다(조선일보, 2015.3.16).

정착에는 직업이 중요하다. 2015년 2월 9일 발표된 북한이탈주민지원재단(하나재단)이 전수(全數)조사한 탈북자들의 2014년 고용률은 53.1%다. 남한 전체 고용률 60.8%보다 7.7%포인트 낮으나 전년도보다 호전된 것이다. 일용직 비율이 19.8%로 일반국민보다 2배이상 높았고, 자영업은 일반국민 16.2% 탈북자 6.1%로 훨씬 낮다. 월평균소득은 147만원으로 일반국민 223만원보다 약 76만원 적게 받고, 근로시간은 주당 47시간으로 2.9시간 많았다. 평균 재직기간은 일반국민은 67개월, 탈북자는 19개월이다. 바로 이 점이 정착에 문제가 되는 것이고 잦은 이직으로 인한 소득저하도 있는 것으로 조사됐다. 남한생활만족도는 67.6%였다. 이유는 하고 싶은 일을 할 수 있어서 47.4% 북한보다 경제적으로 여유가 있어서 42.3%였다. 탈북 취업자 직업유형은 단순노무 32.6% 서비스업 23.1% 기능직 12.2% 사무직 8.3%였고 기타 23.8%였다. 탈북자들의 취업은 쉽지 않다. 식당일 알아보려 전화해서 탈북자라고 하면 '우린 탈북자 안 쓴다'며 바로 끊는 경우가 많다.

그래서 어쩔 수없이 '조선족'이라고 거짓말하고 감자탕집에 취직하는 경우도 있다. 왜 조선족은 되고 탈북자는 안 되냐는 말에 식당주인은 '조선족은 돈 벌어 고향 가서 가족들과 잘살겠다는 목적이 뚜렷해서 더러운 꼴을 봐도 그냥 넘기는데 탈북자는 조금만 안 좋은 대접을 받으면 목숨 걸고 내려왔는데 왜 차별하냐고 불만을 터트리니 다루기가 힘들다고 말하니 고향에 맘대로 못 가는 탈북자의 마음이 더 아파진다.

북한에서의 직업을 남한에서 인정하지 않는 것도 탈북자를 힘들게 한다. 북한에서 의사 교육 법률 군사 정보통신 등 전문경력 탈북자는 533명이다. 그러나 관련취업은 10%이다. 나머지는 막노동이나 식당 일을 하게 된다. 최순임(여. 43) 씨는 북한에서 내과의사 15년경력으로 안정적인 생활을 했다. 남한에서 의사시험을 보려 했으나 영어로 된 의학교재를 소화할 수 없었다. 지방의 한 방직공장에서 생산직 노동자로 일하며 한 달에 150만원을 버는데 식구가 없어 쪼들리지는 않지만 주변과의 접촉을 거의 끊은 채 신세한탄을 하는 날이 늘고 있다. 하지만 성공적으로 정착하는 경우도 있다. 탈북자 한봉희 씨는 2001년 국내에 들어와 2년간의 준비 끝에 2003년 한의대에 입학했다. 한의대 동창이자 탈북자인 정일경 씨를 만나 결혼도 했다. 2011년 경기도 일산에서 한의원을 개업하여 성공적으로 정착했다. 남한에서 교사 교수 경찰 자영업자가 된 탈북자도 생겼고 국회의원 정부기관에 채용된 탈북자도 꽤 있다. 남한의 일반 대졸자도 취업이 어려운데 탈북자는 더하다. 서울의 명문대 경영학과를 졸업한 탈북자 장호성(가명. 27) 씨는 대학생 해외연수프로그램도 다녀오는 등 나름대로 취업준비를 했지만 작년 40여곳에 입사시험에서 매번 서류전형에서 탈락하여 필기시험이나 면접기회를 얻기가 어려웠다. 입사원서에 '탈북'이라는 글이 걸림돌이 되는 느낌이었다. 한 면접관은 '통일이 되면 활용도가 높을 것 같지만 지금은 아니다'고 했다. 서울에서 대학 나온 탈북 청년모임 10명이 모두 지금까지 직장 구하는데 실패했다는 경우도 있다. 서류에 '탈북'을 빼도 면접에서 결국 드러나더라는 것이다. 탈북 청년들은 '남한 학생보다 나이는 많고 영어실력과 스펙은 떨어지는 경우가 많은 것은 사실이다 하지만 편견 때문에 탈북자 출신을 꺼리는 일은 없었으면 좋겠다'며 '탈북보다 취업이 더 힘들다'는 말까지 한다.

하지만 그 어려운 취업의 문을 통과하는 탈북자들이 늘고 있다. 김정민(가명. 33) 씨는 대기업은 아니고 중견기업에 인턴생활을 할 때 모든 사람의 이목이 탈북자인 자기에게 집중되는 것 같아 부담스러웠다. 그러나 자신의 행동이 탈북자 전체를 판단하는 척도가 될 것이란 생각에 행동거지를 조심하고 일도 열심히 했다. 얼마 후 계약직으로 채용됐고 다시 정규직으로 전환됐다. 그는 취업성공이 끊임없는 준비와 노력, 한국사회의 따뜻한 온정이 합쳐졌기 때문이라 했다. 그는 교회에서 만난 서울여성과 3년 전에 결혼해서 네 살 아들과 임신 중인 둘째 아이가 있다. 그는 대학 친구들이 탈북자라고 어울리기를 거부했을 때 상처를 받았지만 가요 팝송 영화 등 문화 트렌드를 익히면서 가까워졌다. 대학공부도 학교가 제공한 1대 1 과목 멘토링도 적응에 도움이 됐다. 함경북도 회령 출신 이은주(30) 씨는 한국외국어대학교를 졸업하고 3년전 현대중공업에서 계약직으로 시작했다. 성실함과 능력을 인정받아 지난해 정규직으로 전환됐다. 회사가 탈북자 특별전형 기회를 줘서 취업할 수 있었다. 이제 한국사회는 탈북 근로자에 대한 편견을 버릴 때가 되었다. 탈북근로자들에게 제대로 된 삶의 터전을 제공해야 할 시기를 맞았다. 무엇보다 대기업들이 탈북자들에게 일자리

문호를 열어주면 좋겠다. 기업마다 통일에 대비해 북한전문인력을 양성하고, 사전 투자한다고 생각하여 계획을 세워서 탈북자들을 적극 고용할 필요가 있다. 일반직원과 같은 일을 하는 탈북자에게는 같은 임금을 주는 것도 잊지 말아야 한다.

북한출신들이 준비는 덜 돼 있을지 몰라도 선천적으로 능력이 떨어지는 것은 아니다. 탈북자를 써본 업체에선 탈북자들의 강한 책임감, 높은 충성심, 빠른 눈치를 높이 사기도 한다. 우선 기업들이 탈북자들에게 단기 인턴십 기회를 주면 탈북자에 대한 선입견도 많이 없어질 것이다. 탈북자들의 직업안정은 무엇보다 탈북자 자신의 자립의지가 중요하다. 최근에 탈북 청년들 스스로가 '홀로서기'를 시험하며 서로 돕는 일을 시작했다. 사회적 기업 '요벨 Yovel'은 탈북 청년 박요셉(33) 김만준(26) 박소연(23) 최서현(27)이 '남한청년 북한청년 외국청년이 어우러진 제3의 공간'을 추구한다. 탈북 청년을 위한, 탈북 청년에 의한 사회적 기업으로 탈북 청년들의 정착을 돕고, 스스로 일어설 수 있는 여러 비즈니스 성공 모델을 만들겠다는 것이다. 아직 시작단계지만 참으로 기대된다. 그렇다. 탈북자의 최대약점이라면 '도움을 받으려는 생각'이다. 북한에서도 배급제로 살았고, 시키는 대로 하기만 하면 되었다. 그러나 남한은 다르다. 스스로 돕지 않으면 아무도 도울 수 없다. 한국교회가 탈북자를 15년 이상 20년을 도우면서 깨달은 것은 바로 이것이다.

그래서 '북한교회세우기연합'은 2008년 3월 27일 서울 새문안교회당에서 탈북자 260명과 한국교회 대표적 인사 100명이 모여서 '한국교회 탈북자 품기'를 선포하면서 15개 조항을 발표했는데 그 중에 탈북자에 대한 3개 조항이 있다. 1) 대한민국에서는 부정적인 사고와 언어와 행동을 벗어나 긍정적으로 바뀔 필요가 있다. 여기는 북한이나 제3국이 아니다. 예수 그리스도는 부정적인 사람을 긍정적으로 바꾼다. 2) 한국적인 사고와 경쟁력을 갖추는데 있어서는 시간이 필요하다. 대한민국은 수십 년간의 피나는 노력 끝에 여기까지 왔다. 탈북자들도 십 년 이상의 불굴의 노력이 필요하다. 자존심을 내세워 상처 받기보다는 자신감을 가지고 더욱 노력하는 계기로 삼아야 한다. 예수 그리스도는 사람을 존귀하게 여겨 영향력을 끼치는 인물로 만든다. 3) 도움 받기보다는 자립의 길을 찾아야 한다. 정신적 육체적 건강성을 회복하고 자신감과 자립의지, 그리고 상호 신뢰와 협동을 할 수 있어야 한다. 예수 그리스도는 도움 받던 사람을 돕는 사람이 되게 하며 신뢰와 협동이 가능케 한다. 예수 그리스도는 정착의 지름길이다. 아무리 탈북자를 도와도 도움만으로는 탈북자를 정착하게 할 수 없다. 스스로 일어서지 않으면 안 된다. 탈북자에게 가장 필요한 것은 도움이 아니다. '자립의지'와 '협동정신'이다.

북한에 협동농장이 있고, 같이 일하고 같이 배분 받아 살았으니 협동정신이 많을 것같이 생각할 수 있다. 그러나 전혀 아니다. 북한 사람은 철저히 사람을 믿지 못한다. 깊은 불신이 있다. 오죽하면 탈북자 스스로가 하는 말이 '내 등짝도 못 믿는다' 할까. 그러나 사람은 혼자서는 못산다. 특히 남한에서는 반드시 협력이 필요하다. 협력하려면 상호 신뢰가 있어야 한다. 어떻게 신뢰가 생길까? 다른 것으로는 불가능하다. 예수는 신뢰를 준다. 그리스도는 모든 것을 믿으며 모든 것을 긍정하며 모든 사람을 돕게 한다. 소록도는 한센 병자의 섬이다. 정부가 땅도 주고 집도 주고 식량도 옷도 주지만 찢어지게 가난했다. 그런데 예수를 제대로 믿게 되었을 때 그들은 전혀 다른 세상을 경험하게 된다. 그 없는 돈을 내서 농업조합을 만들고 축산조합을 만들고 소비조합 금융조합까지 만들었다. 경제라는 것이 그들에게도 생겨났다. 경제적으로 점점 풍부해져 갔다. 남을 돕게도 되었다. 정관수술 때문에 아이를 못 낳지만 육지에서 낳아 버린 아이를 입양해서 대학까지 보내니 나중에 결혼해서 아이들을 데리고 찾아온다. 가정구원이 된다. 소록도에서 기적이 일어났다. 영혼구원에서 경제구원으로, 그 다음 중학교 고등학교 만들어 교육구원으로 이어질 뿐만 아니라 건강구원, 가정구원, 사회구원까지 전인구원(全人救援) 이 이루어졌다. 전국에 있는 100여개 한센병 정착촌에도 소록도 전인구원이 심어져 한국의 한센병은 완전히 구제되었다. 정부가 오랫동안 애쓰고 지원했으나 완성하지 못한 것을 예수 그리스도의 신앙이 완전히 성취시켰다. 나는 확신한다. '소록도 모델'이 탈북자에게 적용되기만 하면 탈북자 정착은 온전히 성공한다고 말이다. 정착 이전에 신앙이 있어야 한다. 탈북자의 신앙화가 있어야만 정착화가 된다. 그런데 탈북자들은 예수를 믿는 듯하지만 신앙보다는 정착에만 관심이 많다. 신앙은 겉으로 하는 것 같다. 그래서 정착이 잘 안 된다. 따라서 탈북자는 먼저 예수 그리스도를 알아야 한다. 신앙화가 되면 정착화는 저절로 되게 되어 있다.

정착에는 교육도 중요하다. 한국에 들어올 때 나이가 어릴수록 한국정착에 유리하다. 어릴수록 말이나 사고방식이 한국화할 것이기 때문이다. 이것은 일반적인 현상이다. 마치 한국 사람이 미국에 가는 나이가 어릴수록 미국화하기 쉬운 것과 마찬가지 이치이다. 그러나 처음에는 다 문화적인 충격을 겪게 마련이며 어려움이 따른다. 탈북 유아나 유치원아이는 한국 어린이 집이나, 한국 유치원에 같이 보내도 적응하는데 문제가 없을 것이다. 초등학생이 한국에 들어오면 한국 초등학교에 들어가야 하지만 적응하기 어렵다. 북한말투가 문제가 된다. 북한에서 제대로 소학교 공부를 하지 못하고 오는 경우가 70% 넘는다. 교과내용을 따라가기가 어렵다는 얘기다. 나이가 동급생보다 서너 살 많다. 키는 동급생보다 작다. 이런 요소들이 차별을 일으키고 부적응을 일으킨다. 따라서 대안학교에 가게 된다. 대안학교에서 차별화는 안 겪지만 대안학교 교육환경이 열악한 경우가 많아서 교육담당자나 교육생이나 할 것 없이 힘들어하기도 한다. 교육시설이 좋을수록 정부나 기업의 지원을 많이 받아서 시나 지방자치단체로부터 학생들을 위탁 받아 교육하기도 한다. 예를 들어, 성남시에 있는 '하늘꿈학교'는 서울시의 위탁교육을 실시하기도 한다. 그러나 시설이 열악할수록 이런 지원을 못 받기 때문에 교회나 개인의 후원에 많이 의존하기도 한다. 어떻든 정규과정이 아니기 때문에 검정고시를 치르고 상급학교에 진학을 하게 된다. 중고등학교 과정도 마찬가지다. 탈북 청소년들이 일반 중고등학교에 적응을 하지 못한다. 대안학교로 가는 것이 보통이고 대안학교가 많지 않기 때문에 부모를 떠나 대안학교에서 기숙을 하며 공부하다가 주말에나 집에 가게 된다. 집에 가면 공부하는 분위기를 잃기 쉽다. 또 형편상 주말에 집에 가지 못하는 학생도 있다. 그러면 또 그런대로 문제가 되기도 한다.

　어렵사리 검정고시를 치러서 대학을 간다. 대학은 일반학생과 경쟁하는 것이 아니라 탈북 학생끼리 경쟁하는 특례입학이다. 그런데 대학 입학을 해도 문제가 많다. 가장 큰 애로는 영어이다. 또 대화나 강의에서 빈발하는 외래어이다. 한문과 컴퓨터도 문제가 된다. 탈북자는 제대로 된 영어교육을 받아본 적이 없다. 부모의 도움을 받아 사교육과 어학연수까지 받아온 일반학생과 경쟁하기란 불가능하다. 대학에 들어가 영어강의를 접하면 좌절감은 극에 달한다. 휴학과 자퇴율이 높아진다. 2014년 휴학생이 20.3%였다. 휴학의 46.4%가 영어가 주된 원인이었다. 탈북대학생 26%는 아예 자퇴를 했다. 이에 대하여 남북하나재단 정옥임 이사장은 정부부터 학력중심 지원정책을 바꿔야 한다고 주장한다. 그 동안 탈북자 교육 및 취업 지원정책은 실질적 능력을 키우기보다는 학벌 지상주의로 흘러 탈북 청년들의 눈높이와 기대감만 높이는 결과를 가져왔다는 것이다. 일률적이고 온정주의적인 지원책보다는 탈북 청년들을 시장경제 시스템에 적응시키면서 취업 시 인센티브를 주는 성과주의 방식으로 가야 한다는 것이다. 대학특례입학과 장학금 지원을 해서 대학을 졸업한다 해도 원하는 대기업 등에 취업하기는 극소수에 불과한 것이 사실이다. 일률적인 대학교육보다는 실질적 직업훈련 프로그램을 통해 기능인 전문인력으로도 양성할 필요가 있다는 주장이다. 정착에 성공한 탈북민들의 공통점은 학력보다는 기술과 전문성, 끝없는 노력이다. 앞으로 본격적인 남북협력과 통일시대가 오면 북한에는 고학력 화이트칼라보다는 기술-전문가가 더 필요할 것이라고 주장한다. 대학 진학이 아닌 취업을 선택할 경우 등록금만큼 인센티브로 지원하는 방안, 아예 6개월치 기초생활지원금을 한꺼번에 정착지원금으로 줘서 스스로 경제적 자립을 꾀할 수 있도록 하는 방안도 검토할 필요가 있다는 것이다. 한편 고려대는 탈북자 연 100명씩 뽑아서 직업교육을 실시한다고 2015년 3월 12일 발표했다. 내년까지 200명을 교육해서 취업성공의 모델을 만드는데 주력하겠다는 계획이다. 탈북자교육이 시행착오를 거치면서 이러한 새로운 시도는 아직 실험단계이기는 하지만 점점 실질적으로 도움이 되는 방향으로 나아가는 것 같아 보인다.

정착에 있어서 또 하나의 문제는 주거이다. 탈북자들이 하나원을 나와서 전국 대도시로 임대주택을 받아 가서 살게 된다. 그런데 탈북자들이 한 지역에 수십 명씩 떼지어 살다 보니 지역주민과 섞이기보다는 탈북자들만의 '게토(유대인 집단거주지역 같은)'가 형성된다는 것이다. 함께 모여 살면 처음에는 서로 의지가 된다. 그러나 장기적으로는 남한사회에 동화되는 것을 어렵게 만드는 측면이 있다. 그래서 젊은 탈북자들은 빨리 탈북자 밀집지역을 떠나고 싶어한다. 인천 동남구에는 하나원을 졸업한 같은 기수의 탈북자 수십 명이 한날 한시에 한 곳에 입주하고 보니 옆집도 탈북자, 윗집도 탈북자인데 하나원과 무슨 차이가 있나 싶다는 것이다. 한편 이웃 주민들의 불만도 적지 않다. 이웃에 사는 탈북자들이 걸핏하면 밤늦게까지 술을 마시고 시끄럽게 해서 '좀 조용히 해달라'고 정중하게 부탁하면 '왜 우리한테만 그러느냐 북에서 왔다고 무시하느냐'고 발끈한다는 것이다. 서울 양천구 임대아파트 촌에 3000가구 중 약 1000세대가 탈북자 출신인데 아파트 인근 초등학교에 탈북자 자녀들이 많다는 사실이 알려지면서 다른 학부모들이 점점 자녀를 보내는 것을 꺼리게 되어 마침내 학교 폐교설까지 나도는 형편이 되었다는 것이다. 주변 부동산업자도 '원래 참 괜찮은 동네였는데, 탈북자들에 대한 괜한 편견 때문에 이상하게 됐다. 주변 집값도 다른 곳에 비해 상대적으로 낮다'고 했다. 지역주민들의 탈북자에 대한 편견과 기피로 탈북자는 우리 사회의 '소외된 섬'같이 되기도 하고, 일부 탈북자의 일탈이 겹쳐 지역사회와 격리되는 면도 있다.

차별과 편견은 아이들에게도 있다. 2010년 연평도 포격사건 때 반에서 일진회 멤버(반 깡패) 중 한 명이 다짜고짜로 탈북 여학생에게 '너 간첩이지, 김정일한테 우리 얘기 막 다 전하는 거 아니야! 이 빨갱이 같은 년'이라며 욕했다. 다른 탈북 여학생은 연평도 사건 다음날 아예 책상이 없어졌다. '내 책상 어디 있느냐'니까 '너희 나라로 꺼져'라는 대답을 들었다. 이는 북한에 대한 거부감이 그대로 탈북자에게 투영된 특별한 상황이었기는 하지만 아이들의 탈북자 또래에 대한 편견과 차별이 어느 정도인지를 엿볼 수 있는 사례. 심지어는 한 탈북학생이 학원수강을 하려고 문의했더니 학원측에서 '탈북자를 받으면 다른 학부모들이 싫어한다'며 거부한 경우도 있다. 미국에서 유대인들이 이사 오면 동네가 좋아지고 집값이 오르고, 흑인들이 이사오면 동네가 지저분해지고 집값이 떨어지는 현상이 있다. 이런 유사한 현상이 우리나라에도 일어나고 있다. 탈북자들과 지역주민 사이에 경제적 차이와 문화적 이질감이 있지만 피차 서로 좀 더 노력해서 같이 살아야 한다. 따로따로 살면 어떻게 통일을 하겠는가. 피차 불편함이 있지만 어떻게 해서든지 함께 살아야 할 역사적 사명이 있음을 생각하고, 상호 조화를 이룰 수 있는 좋은 프로그램을 개발하는 것은 어떨까? 그래서 성공사례를 만들면 좋은 모델이 되어 탈북자에게도 희망을 주고, 일반국민에게도 희망이 되고, 북한주민에게까지도 희망이 될 것이다.

정착을 방해하는 것 중에 정서적인 문제가 있다. 차별을 받고 있다는 느낌이다. 이는 처음에는 분노를 일으키고 나중에는 우울증의 원인이 되기도 한다. 북한출신이라는 이유로 차별이나 무시를 당한 경험이 있다는 응답이 25.3%였다. 이때문에 북한출신이라는 사실을 밝히기를 주저하는 탈북 청소년은 58.4%로 2년 전보다 4% 증가했다. 최근 하나재단이 탈북자 1785명을 대상으로 조사한 바로는 최근 1년간 죽고 싶다는 생각을 해봤다는 응답이 20.5%로 일반국민의 3배 이상이었다. 2012년 자살률이 일반국민의 3배에 이른다. 북한과 탈북 과정에서 죽음에 대한 극심한 공포로 입은 외상 후 스트레스 장애(PTSD)로 시달리는 탈북자가 많고 대인기피증도 적지 않다. 여기에 북한에 두고 온 가족 걱정이 복합적으로 작용하여 우울증, 정신질환으로 발전하기도 한다. 탈북자들은 요즘도 가끔 악몽을 꾼다. 명절이 되면 가족 생각에 더 우울해진다. 참으로 북한이 저지른 죄악이 원천적으로 탈북자의 삶을 옥죄고 있는 것이다. 피할 수 없는 질곡이다.

탈북자들의 이러한 가난 차별 외로움이 원인이 되어 범죄로 내몰리는 탈북자가 해마다 늘고 있다. 마약밀매에 본의 아니게 연관되기도 하고, 보이스피싱 범죄에 가담되기도 하고, 사기 횡령 살인 폭력 등 범죄의 타깃이 되기도 하는데 사기피해는 23.4%로 일반국민의 무려 43배 이상이다. 이와 같이 탈북자들이 남한에서 정착하는데 애로사항들이 있다. 그럼에도 이런 문제들에 대해 모두 다 정부나 일반국민이 해결해줄 수는 없을 것이다. 그러나 적어도 탈북자에 대한 남한에서의 실상을 일반국민이 이해는 해야 하겠고, 정부도 이해할 필요가 있다. 차별과 외로움을 극복하는 좋은 방법 중의 하나는 결혼이다. 탈북자와 탈북자의 결혼도 도움이 될 것이다. 그러나 탈북자와 일반국민의 결혼은 차별 외로움 편견 극복과 한국정착에 큰 도움이 될 것이다. 탈북자가 남한출신과 결혼한 경우가 25.6%나 된다. 이는 결코 적은 숫자가 아니다. 매우 소망적이고 가능성이 크다는 것이다. 예부터 '남남북녀'라는 말이 있었다. 그러나 아직 여기에도 차별이 있다. 탈북자전문 결혼정보회사도 생겨났는데 담당자의 말에 의하면 한국 남성들이 처음에는 북한 여성이 순종적이고 순진하다는 기대와 막연한 호기심 때문에 선을 보지만 문화적 이질감과 서로 다른 생활방식 때문에 피로감을 느끼고 피하는 경우가 많다는 것이다. 서울대 통일평화연구소 조사에 의하면 일반국민 47.2%가 북한출신과 결혼은 꺼려진다고 했고, 별 거리낌이 없다는 답은 19%였다. 그러나 시간이 갈수록 남북결혼은 많아질 것이고 이는 통합에 중요한 징검다리가 될 것이다.

숫자가 늘어나야 한다

탈북자 3만 명 시대를 맞고 있다. 나는 탈북자들이 많이 늘어나야 한다고 생각한다. 불과 3만 명의 탈북자가 남한에 왔을 뿐인데 이들을 통해서 북한가족에게로 남한소식이 들어간다. 북한가족 생활지원금이 들어간다. 북한주민이 이들을 통해서 한국이 얼마나 잘 산다는 것을 이제 다 안다. 북한당국이 아무리 떠들어도 이제는 듣지 않는다. 남한 가족으로부터 오는 소식을 듣는다. 다른 말은 다 안 믿어도 남한 가족의 말은 믿는다. 그리고 남한에 대한 동경이 싹튼다. 이것이 매우 중요하다. 앞으로 탈북자가 10만 명이 되면 어떨까? 북한주민의 민심은 확실하게 한국으로 기울 것이다. 통일에 있어서 북한주민의 마음을 사는 일이 얼마나 중요한지 이제는 정부도 알고 일반국민도 안다. 그런데 이 일은 얼마 지나지 않아 이루어질 것이다. 만약 100만 명이 된다면 어떨까? 그건 그야말로 통일상황이다. 물론 우리가 탈북자 100만 명이 되기를 원하는 것은 아니다. 우리는 이미 1946년부터 1951년 1.4후퇴 때까지 북한 피난민 150여만 명이 남한으로 넘어온 경험이 있다. 북한에 남지 않고 남한으로 넘어온 사람들은 얼마나 다행인지 모른다. 대한민국에도 큰 보탬이 되었다. 그러나 피난 그 자체가 가지고 있는 비극성은 참으로 크다. 천만 이산가족이 그것이고 북한에 남은 가족은 또 얼마나 북한에서 차별을 받았는가. 남한에서 자발적으로 고향을 떠나는 것은 별개지만, 북한 피난민이 부득이 고향을 등진다는 것은 또 얼마나 큰 상실인가. 그래서 100만 탈북은 바라지 않는 바다. 그러나 20만, 30만만 되어도 북한의 상황이 달라질 것이다. 김정은은 자기백성 100만 명이 죽어도 눈 하나 깜짝 안 할 자이지만, 30만 명이 남한에 오게 된다면 북한은 원치 않아도 변할 수밖에 없다. 그때는 김정은 일당을 볼 수 없게 되는 상황이 올 것이다. 북한에 다른 정권이 들어설 것이고, 남한과 제대로 대화가 가능할 것이고, 독일처럼 평화통일을 진행하는 상황이 될 것이다. 1989년 10월 오스트리아-헝가리 국경을 개방하는 며칠 사이에 동독인들이 하루에 수천 명씩 국경을 넘음으로 베를린 장벽이 무너지게 되었다. 그래서 한국 정부와 일반국민들은 탈북자의 숫자가 늘기를 바래야 한다고 생각한다. 3만이 아니라 10만, 30만 명으로 말이다.

탈북자 숫자가 늘어나는 것을 싫어하고 반대하는 사람들이 있다. 첫째는 북한 김일성 왕조와 그 일당이다. 북한에서 김정은에게 충성하는 자는 극소수라고 생각된다. 겉으로는 머리를 조아리지만 속으로는 이반되어 있다. 장성택 처형 이후 다 자기 살 구멍을 생각하지 않을 수 없게 된 것이다. 여차하면 총부리가 어디로 향할지 알 수 없는 상황이 현재 북한상황이 되었다. 김일성 왕조에서 특혜를 누리던 약 100명 가량되는 자는 통일되는 것을 악몽이라 생각할 것이다. 따라서 탈북자가 늘어나는 것을 싫어할 수밖에 없다. 그 다음은 남한의 종북세력이다. 이들은 통일이 되면 서리를 맞을 것이기에 통일을 반대하고 있다. 따라서 탈북자가 늘어나는 것을 아주 싫어한다. 오죽하면 북한인권법까지 기를 쓰고 막으려 하지 않는가. 이런 일도 있다. 탈북여성들이 중국 러시아 국경에서 인신매매범들에게 잡혀서 인신매매되는 경우가 많다. 아예 인신매매범들이 탈북여성을 잡으려고 입을 크게 벌리고 진을 치고 기다리고 있다가 어쩔 줄 몰라 하는 탈북여성에게 접근하여 도와주겠다고 하면서 팔아 넘기는 것이다. 이런 탈북여성들이 인신매매범들에게 잡히기 전에 구호하는 손길들이 있다. 이들은 헌신적으로 순수한 마음으로 이 일을 한다. 그러나 구호할 자금이 없어 못하는 경우가 많다. 정부는 2013년 이를 위한 '긴급구호자금' 예산을 고작 5천만원 책정해서 '대외비'로 집행했다. 그런데 2014년 국정감사에서 일부 야당의원이 '북한과 중국을 쓸데없이 자극할 수 있다'고 지적했고, 좌파진영에서도 '도강비를 대줘 탈북을 기획-조장하는 것 아니냐' 하면서 반발하자 이 작은 예산마저 사라졌다. 우리가 과거 일본군위안부 문제에 대하여 분노하면서 현재 인신매매의 신변위험에 놓인 탈북여성에 대하여는 눈을 감는다는 것은 말이 안 된다. 이런 일부 야당의원이나 좌파진영은 당연히 탈북자가 늘어나는 것을 무슨 핑계를 대서라도 방해할 것이다.

정부도 어려운 소리를 할 것이다. 탈북자 3만 명도 어려운데 10만 명 30만 명 되면 예산은 얼마나 들 것이냐면서 말이다. 그러나 지금 북한이탈주민정착지원재단(하나재단) 예산이 235억원 정도이다. 한국의 경제력이면 문제가 안 된다. 또 이런 말하는 사람도 있을 것이다. 3만 명 가지고도 사회적 갈등이 심하고 탈북자들도 제대로 정착을 못해서 어려운데 10만 30만 명이 되면 얼마나 문제가 커지겠느냐고 말하는 사람도 있다. 지금 한국에 외국인이 얼마나 많이 들어와 살고 있는가? 외국인 근로자, 다문화 가정, 유학생, 등등 150만 명이 넘는다. 외국인 근로자, 다문화 가정이 가지고 있는 사회적인 문제 또한 적지 않다. 그러나 지금 한국은 이들에 대하여 열심히 좋은 시각으로 보자는 캠페인을 벌써 오래 전부터 공영방송을 통하여 해 왔고, 사회적 인식이 이에 대하여 반발하거나 매도하는 것이 아니라, 나쁘게 말하는 사람이 있으면 오히려 눈총을 받는 분위기가 되고 있다. 일이 이렇다면 왜 탈북자 30만 명은 안 된다고 야단법석 할 필요가 어디 있단 말인가? 여기에는 뭔가 이상한 흐름, 이념에 종속된 사람들과 이들에 동조하는 문화 예술 지식 언론이 만드는 방향을 따라서 끌려가고 있는 것은 아닌가. 탈북자들은 범죄자도 아니요, 우리와 다른 사람도 아니다. '바로 우리'라는 사실이다.

남북통합의 가교가 되어야 한다

탈북자는 대한민국과 일반국민들이 통일을 준비하라고 보내어진 귀한 '통일의 일꾼'이다. 그래서 '북한교회세우기연합'은 '탈북자는 보배이고 복입니다'라는 구호를 늘 내걸고 있다. 이것은 아직도 있는 탈북자에 대한 편견과 차별을 일반국민의 의식에서 불식하고자 하는 간절한 소망을 담고 있다. 탈북자들이 개별적으로는 경제적 이유, 정치적 이유, 개인적 꿈 때문에 왔다고 하더라도 역사적 윤리적 조망을 제대로 한다면, 그리고 보다 높은 신앙적인 차원에서 바라보면, 이들이 온 것은 하나님의 귀한 섭리가 있음을 느끼게 된다. 탈북자는 북한에서도 살아보고 남한에서도 살아본 사람이다. 장차 북한주민에게 이들보다 더 잘 알아듣게, 믿음성 있게, 소통할 사람은 달리 없다. 그리고 앞으로 이들이 된 그 모습 자체가 모든 말을 뛰어넘는 '증거'가 될 것이다. 그 어떤 말보다 강력한 증거가 된다. 북한주민이 장차 그들 앞에 서 있는 탈북자를 보면 말 안 해도 '아! 우리보다 낫다 탈북은 배반이 아니라 잘한 거다 우리가 조금 늦었지만 우리도 이제부터 저들처럼 되어야겠다' 하게 될 것이다. 통일상황에서 북한의 각처 각 분야에서 체제변화가 급격하게 이루어질 것이다. 무엇을 어떻게 바꿔야 할지를 설명할 자가 필요하다. 왜 그래야 하는지를 알아듣게 설명할 자가 필요하다. 무엇이 잘못된 것이고 무엇이 바른 것인지를 설득할 사람이 있어야 한다. 하되 북한이 주민들에게 하던 강압적인 방식이 아니라, 사리에 맞게, 이해가 되게, 자기 스스로 정립이 되게, 자발적으로 하게 하는 방식으로 할 것이다. 탈북자들이 북한주민에게 설명만 하는 것이 아니라, 직접 북한에서 살면서 시범을 보이게 될 것이다. 탈북자는 각자 남한에서 획득한 역량에 따라서, 북한지역에서 일정한 수준의 지도력을 발휘하게 될 것이다. 체제통합에 도움이 될 뿐 아니라, 마음의 통합에도 도움이 될 것이다. 한마디로, 탈북자는 통일상황에서 '통일의 역군'으로 한국에 온 것이다.

　탈북자는 통일의 역군으로 준비되어야 한다. 역설적으로, 만약에 탈북자들이 통일의 역군으로 준비되지 않는다면, 탈북자들이 통일을 싫어하게 될 수 있다. 탈북자들이 통일에 걸림돌이 될 수도 있다. 그래서는 안 된다. 그러면 장차 북한의 가족 앞에 서게 될 때 죄인이 될 것이고, 북한전체에도 배반자, 반역자가 될 것이다. 벌써 남한사회에 적응하지 못하고, 제3국으로 망명 아닌 이민(위장망명)을 가는 사람도 있고, 남한에서 범죄자가 되는 사람도 있고, 심지어는 다시 중국을 통해 북한으로 돌아가는 사람도 생겨나고 있는 실정이다. 박인숙 씨는 2006년 탈북해서 한국에 살다가 2012년 다시 북한으로 돌아가서 평양에서 기자회견을 하면서 '남조선은 실업자가 넘치고 사회악이 판을 치며 돈이 모든 것을 지배하는 사회다. 인간의 정이라고는 찾아볼 수 없다'고 했다. 박 씨가 입북한 이유는 북한 당국이 아들을 인질로 잡아 협박한 이유도 있지만, 남한에서 치열한 경쟁을 해보니 북한에서 경쟁 없는 사회가 그리울 때도 있다는 것이다. 그러므로 '통일의 역군'으로 준비되려면 먼저 남한 정착이 되어야 한다. 남한체제의 우월성을 진정으로 인정해야 한다. 자유가 어떻게 좋으며 자유에는 책임이 따른다는 것도 확실히 알아야 한다. 도움을 받는 것을 부끄럽게 여기며 오히려 돕고 사는 사람으로 거듭나야 한다. 자립의지가 확실히 박혀야 하고 자립을 실현해야 한다. 나아가 협동심도 자발적으로 생겨나야 한다. 남을 의심만 하지 말고 신뢰라는 것도 알고, 신뢰를 바탕으로 작은 힘을 서로 모아서 보다 큰 일을 하여 보다 큰 열매를 거두는 경험이 필요하다. 사회주의 인간이 아니라 자본주의 인간, 획일적이 아니라 개인의 개성과 창의성을 높이 사는 정신, 인간의 한계를 인정하고 조물주를 인정하고 신앙이라는 것을 아는 사람이 되면 좋겠다.

조선족

　조선족의 중요성은 고구려와 발해의 옛터에 실존하는 한국인이라는 점이다. 지금은 중국이 크게 성장하는 중이라 조선족의 의미가 별로 부각되지 못하고 있다. 그러나 중국은 공산주의를 아직도 가지고 있다. 이 말은 언젠가는 중국이 큰 변혁을 거치게 될 것이라는 의미이다. 공산주의와 자본주의는 맞지 않는다. 중국의 현재는 '양복입고 갓쓴 꼴'이다. 경제는 자본주의 하고, 정치는 공산주의 한다는 것인데 중국은 등소평 이후 이런 체제를 100년은 가야 한다고 절치부심하고 있다. 그러나 원대로 될까? 자본주의 경제와 자유를 맞본 중국인민은 언젠가는 공산주의 정치에 대하여 거북함을 느끼게 될 것이다. 지금도 중국의 정치를 바꾸기 위해 애쓰는 중국인이 해외에도 많고 중국 내에도 있다. 중국 정부가 공산주의를 해야 할 명분으로 '통합'을 말한다. 중국은 다민족국가이다. 위구르자치 주에서는 폭동이 끊이지 않는다. 티베트에서도 끊임없는 독립운동이 일어나고 있고 달라이라마라는 정신적 지도자가 있다. 남쪽에는 광시 장족이 있어 광대한 땅을 차지하고 있다. 한족이 차지하고 있는 땅은 현 중국 땅의 40%에 불과하고 60%는 다른 소수민족의 땅이다.

내가 미국 휘튼대학 연구교수 시절 빌리그래함센터 도서관에서 놀라운 지도를 봤다. 중국 대륙의 인구 분포와 종교, 민족을 나타내는 것으로 중국 대륙이 민족을 따라서 나뉘는 그림이었다. 이런 중국이기에 등소평은 죽으면서 경제는 자본주의를 하되 정치는 공산주의를 향후 100년은 계속할 것을 그토록 당부했다. 그의 후계자들은 충실하게 그 후 30년 동안 중국을 지배하여 중국이 미국을 넘보는데까지 이르렀다. 그러나 100년은 어림도 없다. 30년은 더 갈까? 중국 1인당소득이 높아지는 날, 중국의 정치가 낙후되었다는 것을 알고 부끄러워하며 불편해하는 날, 중국인에 의해 중국정치는 바뀔 것이다. 한편 소수민족들도 가만히 있지 않을 것이다. 중국이 힘으로 이들을 누르는 것은 계속 될 수 없다. 결국 중국은 지금 땅의 40%를 가지고 13억의 인구를 가진 나라가 될 것이다. 조선족자치주의 자치권이 확대될 수 있다. 그리고 한국의 자본과 문화가 더 중국에 들어갈 것이다. 조선족은 중국에서 한국의 새로운 가능성을 넓혀주는 교두보 역할을 할 수 있다. 지금은 막혀 있는 한국의 대륙으로의 길이 뚫리는 날에 조선족의 역할은 새롭게 부각될 것이다.

조선족이 많이 살아서 조선족자치주가 있는 옛 '간도'지방은 독립운동 기지 역할을 하기도 했다. 베이징과 단둥 사이에 있는 요하(遼河) 서쪽 강변에서 옛 고구려식 무덤이 대량 발굴되었다. 우리의 옛 조상들이 요하의 동쪽은 물론 서쪽에서도 살았다는 고고학적 명백한 증거이다. 발해는 5경(京)을 두어 200여년을 다스렸다. 중국이 '동북공정'으로 역사를 왜곡하고 있지만 역사적 진실은 없어지지 않는다. 문제는 조선족 숫자가 줄어들고 있는 것이다. 200만은 되었던 조선족이 한국으로 많은 사람들이 돈을 벌려고 오는 바람에 인구가 줄고 빈집이 많이 생기고 있다. 조선족들의 산업기반도 위태로워지고 있다. 당장은 경제적 이유 때문에 이런 현상이 생기지만, 조선족 인구가 줄면 안 된다. 조선족 산업기반이 붕괴되면 안 된다. 조선족 부인이 한국 오고 남편과 아이들은 중국에 남아서 가정이 파탄나는 경우도 생겼다. 조선족 사회가 잘 유지되고 발전할 필요가 있다. 한국이 조선족자치주에 투자를 많이 하여 일자리를 많이 만들고 조선족들이 한국으로 오지 않더라도 경제적으로 향상될 수 있도록 하는 방안을 모색해야 한다. 오히려 한국인이 동북3성으로 가서 경제활동을 하고, 살면서 조선족 수를 늘려야 한다. 이런 정책은 통일정책의 일환이 될 수도 있다. 무슨 말이냐 하면, 1949년 중국의 공산화 이후 조선족은 북한과 가까웠다. 말투도 함경도 말투였고, 정치적으로 문화적으로 북한과 가까웠고 통행도 북한과 열려 있었다. 그래서 조선족도 한국문화가 아닌 북한문화를 가지고 있었다. 그러던 것이 1992년 한-중 수교 이후 한국인들, 특히 기독교인들이 많이 동북3성을 방문하면서 상황이 달라졌다. 지금은 조선족사회의 문화가 완전히 북한을 벗어나 한국화되었다. 물론 아직은 북한국적을 가지고 있는 이른바 조교(朝僑)가 있지만 분위기는 이미 한국으로 평정되었다. 이제 조선족이 힘이 생기면 북한과 연결이 많은데 북한으로 영향을 많이 끼칠 수 있을 것이다. 이는 한반도 통일에 도움이 된다. 뿐만 아니라 통일 후에도 조선족의 발전은 북한개발에 많은 영향을 주게 될 것이다. 또한 북한인들도 조선족지역으로 가서 조선족 숫자를 늘릴 수도 있다. 이는 남한지역 북한지역 조선족지역을 아우르는 범 한인 공영권을 이루어 대륙진출의 전진기지 역할을 하게 되면 좋을 것이다.

제5장
고려인

우리 민족이 고려인이 된 것은 1800년대 중반부터 일 것이다. 삼남지방(경상 전라 충청)에 사람들이 살기가 힘들어서 남부여대하고 만주로 가고, 일부가 연해주로 갔다. 일본의 한반도 침탈이 심해지자 연해주도 간도처럼 독립운동의 기지 역할을 하게 된다. 안중근도 여기서 활동한 적이 있다. 그러다 러시아가 소련이 되자, 스탈린은 고려인이 일본과 내통하는 일이 생길 것을 염려하여 일본첩자 누명을 씌워서 고려인 지도자들을 숙청하여 버린다. 그리고 고려인들을 1937년 무자비하게 중앙아시아로 이주시켜 버린다. 카자흐스탄과 우즈베키스탄에 버려진 고려인들은 토굴에서 겨울을 나면서 엄청난 고생을 하면서도 벼농사에 성공하고 목화농사에 성공하여 놀라운 민족성을 발휘한다. 1991년 소련이 해체되자 독립한 카자흐스탄과 우즈베키스탄은 민족주의로 돌아서서 자기들 말을 쓰도록 하니 러시아 말을 쓰던 고려인은 발붙이기 어렵게 되었다. 다시 연해주로 돌아오는 제2의 이주가 시작되었다. 한편 러시아와 한국의 국교가 수립되자 한국인, 특히 기독교인들이 연해주를 많이 가게 되었다. 이때 북한이 보낸 벌목

공들이 탈주를 하기도 하였고 한국인의 도움을 받기도 하였다. 고려인을 돌보는 일이 한국교회 중심으로 시작되었다. 교회가 연해주에 세워졌고 고려인들의 한국 방문도 이루어졌고 고려인들의 한국 정착도 시작되었다. 한 많은 고려인들에게 위로가 되기 시작했다.

안타까운 것은 고려인들이 한국어를 거의 못한다는 것이다. 고려인 2세가 소수 남아 있고 이들은 한국어를 부족하나마 구사하여 소통이 된다. 그러나 3세, 4세는 한국말 소통이 어렵다. 모습은 한국인이지만 속은 러시아인이다. 3세, 4세들은 만약 한국과 러시아가 축구시합을 하면 러시아를 응원한다고 할 정도로 러시아화 되어 있다. 할아버지의 나라인 것은 알지만 자신들은 한국을 모르는 것이다. 그러나 3. 4세들도 고려인임에는 틀림이 없다. 그래서 고려인의 애환을 자신들도 그대로 겪고 있다. 이들에게 정체성을 심어주는 것이 필요하다. 미국에 아프리칸 미국인이 있고, 코리안 미국인이 있는 것처럼, 고려인은 코리안 러시아인이다. 그래서 러시아인으로서 러시아에 살면서 사회적 진출을 하고 살지만 한국인으로서의 긍지를 가지고, 역사를 알며, 가능한 한국어도 익혀서, 러시아에서 사회적 경쟁을 함에 있어서 고려인으로서 유리한 입지를 확보하여야 할 것이다. 러시아 말도 하고 한국말도 하면 유리한 입장이 되는 때가 오기 때문이다. 러시아는 남한 중심의 통일을 찬성한다. 한국주도 통일이 러시아 국익에 부합한다는 여론이 확산되고 있다. 러시아 정부는 시베리아 철도를 북한을 통과하여 남한까지 연결하고 싶어한다. 시베리아 이르츠크 가스를 한국에 판매하기를 바란다. 극동지역 개발에 한국의 경제력이 도움이 될 것을 희망한다. 통일이 되어 철도길이 열리면 한국기업의 연해주 시베리아 자원개발에 대한 투자도 늘 것이고, 시베리아 철도를 통한 유럽으로 물자수송도 가능해지면서 러시아와 정치 경제 문화 협력관계도 늘 것이다. 따라서 고려인의 지위와 위상도 향상될 것이다. 고려인을 매개로 한 러시아 문화의 한국유입은 통일한국의 문화를 더욱 풍성하게 할 것이다. 러시아의 자원 음악 문학 우주과학은 통일한국에 도움이 될 것이다.

한인 디아스포라(재외교민)

　오늘날 전 세계에 한국인이 없는 데가 없다. 어디를 가나 한국인을 만날 수 있고 한국인이 살고 있고 한국인이 사업을 벌이고 있고 한국인이 한인교회를 세우고 있다. 재외교민이 750만 명 정도 된다. 아직 교민청이 없는 것이 아쉽다. 이 적지 않은 수의 교민을 잘 활용하면 한국경제에도 유익할 것이고, 통일하는 데도 도움이 될 것이다. 미국에 200만 가량, 중국에 150만 가량, 일본에 60만 가량, 러시아와 구 소련 지역에 30만 가량, 그리고 300만 이상이 수십 개 나라에 흩어져 있다. 처음에 이들이 한국을 떠날 때는 한국이 어려워서 떠났다. 따라서 한국이 이들을 돕지는 못했다. 그럼에도 이들은 중국이나 미국 등에서 한국의 독립운동을 도왔다. 서독교민은 한국 경제발전을 위해 건너간 광부와 간호원으로 시작되었다. 브라질은 농업이민으로 시작되었다. 인도는 반공포로로 시작되었다. 멕시코는 농업근로자로 시작되었다. 그러다가 한국에서 수출이 본격화되면서 교민들은 수출의 교두보가 되었다. 한국이 올림픽을 하자 교민들은 오랜만에 모국에 대한 자부심을 현지인 앞에서 느낄 수 있었다. 한국의 경제력이 점점 자라나서 각국에 투자하고 공장을 세우고, 올림픽할 때마다 한국이 10위를 하고, 한류까지 세계를 풍미하자 교민들은 참으로 모국에 대한 긍지를 갖게 되고 한국을 자랑스러워하게 되었다. 교민들은 한국인 특유의 성실함으로 현지에서 기반을 닦았고 거주국의 주류로 들어가게 되었다. 이는 교민들이 한국의 세계 경영에 큰 자산이 되었다는 의미이다.

선진화된 문물을 익힌 교민들이 자신의 못다했던 나라사랑 민족사랑을 한국에서 갚아보려고 귀국하여 한국 발전에 힘을 보태려는 교민들이 늘고 있다. 앞으로 한국과 교민 사이에 교류와 협력이 많아질 것이다. 그러면 상호 도움이 되고 윈-윈 하는 결과가 될 것이다. 정부는 교민을 통일과 통일 후에 국가 상승의 자원으로 알고 교민정책을 잘 수립하여 융합할 책임이 있다. 일반국민들도 생각을 한반도로만 국한시키지 말고 전세계를 향하여 생각하고 활동을 펼치면서 교민을 생각하고 동족으로서의 애정과 예의를 가지고 대하도록 소양을 갖추어야겠다. 교민들도 각자 있는 곳에서 열심히 하여 민족의 우수성을 나타내고, 그곳에서 선한 영향을 끼쳐 존경을 받으며, 한국인으로서의 긍지를 가지고, 한국의 역사 문화 언어에 대한 소양을 가지고, 왔다갔다 하며 모국의 발전과 상호협력의 방안을 생각하는 일이 대대로 이어지도록 해야 할 것이다.

統一精神

제6부
선결문제와 후속조치들

제1장

종북(從北)척결

종북세력은 어떻게 형성되었는가?

종북은 간첩과 밀접한 관계를 가지고 있다. 북한은 간첩을 훈련시켜서 남한으로 내려 보내기도 하고, 남쪽에서 쓸만한 사람이 있으면 월북하게 하여 교육을 해서 간첩의 사명을 주어 남한에다 심어놓기도 한다. 지금 남한에는 5만 명의 고정간첩이 있다고 본다. 어떤 공안출신 지방검찰청장은 7만이라고도 한다. 고첩(고정간첩)하나에 적극동조자가 평균 20명이 있다고 본다. 이만해도 100만이 된다. 적극동조자는 주변에 동조자를 가지게 되는데 5명씩만 쳐도 500만이 종북이거나 종북 추종세력이 된다. 이들은 어린아이나 청소년은 뺀 숫자니까 이들이 선거철에 결집하여 투표권을 행사하고 주변에 한두 사람만 동조하게 만들면 1000만표가 넘으니까 대통령에 당선될 수 있는 세력이 된다. 이것이 결코 불가능한 일이 아님은 우리는 벌써 잘 알고 있다.

2012년 12월 27일 놀라운 뉴스가 온 백성을 경악하게 했다. 서울대 명예교수 고영복이 36년간 고정간첩으로 활동해왔다는 것이다. 월 북한 삼촌을 말하면서 접근한 간첩에게 1961년 포섭되어 공작부호 '공수산'을 부여 받고, 남북적십자회담 고문으로 남북회담에 참석했을 때는 북한의 공작원과 접선하여 남측 정보를 건네주었고 황장엽 비서의 거처와 활동상황을 보고하기도 하였다. 2012년 대선을 앞두고 남파된 간첩이 찾아오자 1989년 거물간첩 김낙효가 준 깨어진 목거리 조각을 맞추어보고 신분을 확인한 후 숙소를 제공하고 대통령 선거에 관한 상황을 살펴 보고하라는 지령을 받았으며 이 보고서는 가택수색에서 발견되었다. 고영복은 한국 사회학계의 원로로서 사회학 교재도 냈고 나름 존경 받는 사회인사로서 겉으로는 보수적 인사로 행세했지만 내심으로는 사회주의 사상을 가지고 있었다는 것이다. 이러니 한국의 사회학과 교수들이 얼마나 좌경화했겠는가?

재독 간첩이자 북한의 서열 27위까지 올라간 송두율이 독일에서 '북한에 대한 내재적 접근법'을 써서 한국에 보급했는데 이것이 얼마나 한국의 사회학자에게 풍미했는지 모른다. 내재적 접근법이라는 것은 북한의 체제나 사회를 이해하려면 만국공통의 가치관에서 접근하는 것이 아니라, 북한의 시각에서 접근해야 한다는, 실로 말도 안 되는 궤변이다. 학문으로써의 가치조차 없는 이론이다. 송두율이 간첩으로 잡혀왔고 형을 받고 만천하에 밝혀졌음에도 불구하고 송두율의 '내재적 접근법'을 추종하고 학생들에게 가르쳐온 서울대 교수를 비롯한 한국의 사회학자들 가운데 한 사람도 양심적으로 사과하거나 생각을 바꿨음을 천 명한 사람이 없었다는 사실은 지금도 가슴 아픈 일이다. 참 양심불량이고, 학자적 양심을 저버리는 일이다. 한 번은 나의 딸과 조카가 서울대학교에 들어가서 교양과목을 듣는데 강사가 준 도서목록을 보니까 종북주의 책이었다. 서울대 교무부총장에게 전화를 하여 항의했다. 도대체 이런 책을 읽으라고 한 강사가 누군가? 이런 사람을 강사로 추천한 사회학과 교수가 있을 것 아닌가? 서울대에 좌익 편향 사상을 가진 교수가 얼마나 되는지 아는가? 국사학과 국어학과 사회학과 철학과에 특히 많다. 국가의 세금으로 운영되는 대학에 이런 교수들을 앉혀놓고 학생들을 좌익사상으로 교육하는 것이 말이 되느냐? 학생에게도 물었다. 그 강사가 강의도 그런 식으로 하느냐? 왜 항의를 하지 않느냐? 했더니 '아이들도 다 그런 줄 알고, 듣지도 않고, 하라면 그저 학점을 위해서 하는 것뿐이라'는 것이다. 학생들도 고등학교서부터 전교조가 있어서 허튼소리 하는 것을 익히 들어왔기 때문에 대처하는 요령을 나름대로 터득하고 있는 듯 했다.

종북세력은 언제부터 생겼는가? '종북'이라는 용어를 쓰기 시작한 것은 얼마 안 되었다. 2000년대 들어와서부터 쓴 것 같다. 그러나 훨씬 그 이전부터 있었다. 1980년대에는 '전대협', '전민련', '전노협'이 있었다. 앞 글자가 다 '전'이어서는 '3전 씨는 다 북한의 지령을 받고 대한민국을 전복하려고 하는 친북세력이다'라고 나는 사석에서는 물론 공식적인 자리에서도 소리높이 외쳤다. 그리고 자료를 다 준비하고 있었다. 그래서 '반론을 제기할 사람은 다 나오라. 얼마든지 상대해주겠고 판을 크게 벌일수록 좋다'고 했다. 이렇게 공개적으로 수년을 계속했는데 아무도 도전하지 않고 있다. 이는 아마도 도전할수록 자기들에게 불리하기 때문일 것이라 생각한다. 1987년 민주화 운동이 있었다. 간첩과 종북과 좌익세력들도 다 여기에 참여했다. 물론 순수한 민주운동가들이 많았을 것이다. 그러나 그 민주화 이후 한국은 급속하게 간첩천국으로, 종북천국으로, 좌익천국으로 되어 간 것 또한 사실이다. 북한은 이때부터 다른 전략을 지시한다. 합법투쟁-비법투쟁을 겸한다는 것이다. 한국의 법을 악용하여 제도권내로 진입하는 것이다. 우선 '전교조'를 합법화 한다. '전노협'을 '민주노총'으로 이름을 바꾸고 '민주노동당'을 만들었고 국회의원을 냈다. 국회의원은 보좌관을 둘 수 있는데 이리하여 한국 백성들이 내는 세금으로 세비를 받으면서 합법적으로 종북노릇을 하며 대한민국을 뒤엎는 일에 더 적극 나서게 되었다. 또 시민운동단체들이 생겨나면서 종북이 활개칠 물이 생기게 되었다. 시민단체의 70-80%는 종북일 것이다. 그런데 이들 시민단체, 특히 종북단체는 유독 시나 국가나 하여튼 나랏돈을 받아서 단체를 운영하려고 한다. 얼마나 이들이 나라 돈을 받으면서도 얼마나 대한민국을 비웃는가. 그리고 '민주화 운동 보상법'이라는 것이 생겨서 종북활동을 하다가 형을 받거나 감옥살이 한 사람, 직장에서 쫓겨난 사람들까지도 '민주화 운동가'로 만들어 영웅이 되게 하고, 보상금까지 주니 정말 하늘이 웃을 일이다. 반대로 이들을 붙잡아 법의 심판을 받게 한 사람은 뭐가 되는가? 종북은 의도적으로 경찰 등 공권력에게 폭행하는데 이들의 불법시위를 막다가 부상한 경찰이나 우리의 꽃 같은 자녀인 '전투경찰'들은 어떻게 되는가? 도대체 이게 나라란 말인가? 말도 안 되는 행태들이 국가 이름으로 자행되면서 건전한 시민과 나라에 충성하는 사람들은 설 자리를 잃어가게 되었다.

국가정보원은 간첩을 잡으면 좌천하게 되고, 아예 간첩을 잡는 전문가는 다 옷을 벗게끔 되었다. 이런 일은 검찰도 그랬고 경찰도 그랬다. 법원에서도 종북주의자들이 사법시험을 쳐서 판검사가 되어 엉뚱한 판결을 내리고 있다. 여기에는 부장판사들도 거침없이 대통령을 모독하고 종북을 벌주는 동료판사를 악을 쓰면서 욕하는 일까지 벌어졌다. 군대에서도 사관학교 신입생들에게 '우리의 주적은 누구냐?' 물으면 미국이라고 답하는 자가 상당수가 되었고, 이런 자가 장교가 되어 간첩을 정훈교육에 연사로 초청하기도 한다. 그러니 군인정신 애국심 충성심은 아예 웃음거리가 되는 것이다. 이런 군대이니 밤낮 탈영이나 하고 총기사고나 일으키고 자해사고나 치고, 쓸데없이 고참이 후배를 괴롭히고 때리기나 하고 '관심사병'이 많게 되었다. 군대다운 군대, 군기와 사기가 서면 어찌 이런 일이 생길 것인가? 언론사는 더하다. 언론이라는 것이 본래 비판기능을 하는 것이어서 언론인이 남의 비리나 약점을 찾아 다니고 파헤쳐내야 특종도 하고 인기가 있고, 힘도 쓰게 되는 모양이다. 그래서 지금 언론은 한국에서 '제4의 권부'이다. 입법 사법 행정부처럼 언론은 그 힘이 얼마나 큰지 모른다. 그래서 언론인도 자기 수신이 매우 중요하고, 직업적인 훈련도 무섭게 받아야, 제대로 '사회의 입' 노릇을 할 수 있다. 그런데 언론인은 인턴기자 수습기자를 지나서 얼마 안 되어 기자가 된다. 장교훈련도 많고, 법조인 훈련도 많고, 목사도 훈련이 많은데, 기자는 별 훈련도 없이 막강한 권력을 휘두르는 것은 모순이다. 종북이 언론을 가만둘 리가 없다. 북한과 달리 남한에서 언론이 중요하다는 것을 북한은 잘 안다. 언론침투는 그들의 중요한 목표다. 그래서 연합통신과 MBC에 많다. 이들 회사는 '노영회사'라는 말이 있듯이 노조가 운영하는 회사가 되었다. 법적 주인은 국가인데 국가는 어디 가고, 국가가 임명한 사장은 출근도 못 하고 방에 감금되고, 노조가 운영하겠다는 것인데 어디 될법한 얘기인가? 이런 노조가 정상적일 수 없다. 언론은 둘째치고 이들의 목표는 다른데 있지 않을까? 대한민국을 흔들고 사회불안을 조성하고, 대한민국을 떠받치고 있는 기둥 같은 기관들, 전경련 교회 재향군인회를 공격한다. 이런 언론들이 천주교나 불교를 공격하는 일은 없다.

천주교에는 '천주교정의구현사제단'이라고 하는 아주 고도로 훈련된 종북단체가 있고, 불교에도 '참여불교재가연대'라든가 하는 아주 극렬한 종북주의 단체가 있기 때문이다. 기독교에도 '한국 기독교교회협의회'라는 친북단체가 있지만 언론이 기독교를 사정없이 폄하하는 이유는 북한이야말로 기독교를 절대로 용납해서는 안 되는 무서운 적으로 간주하기 때문이다. 기독교가 북한에 그렇게 위협적이라면 그것은 다행한 일이겠지만 기독교는 대한민국을 떠받치고 있는 두 개의 축 중에 하나이다. 사실 KBS라는 대한민국 대표방송에도, CBS라는 기독교방송에도 종북주의자가 있다고 봐야 한다. 목사 중에도 종북이 있는데 어딘들 없겠는가? 간첩과 종북은 1987년 이후 구호를 '민주화'에서 '통일'로 바꿨다. 그러면서 소위 '신대원팀'을 만들었다. '신학대학원에 들여보내는 부서'라는 말이다. 이들은 신학이나 구원활동에는 관심도 없다. 목적은 기독교가 최대의 적인데 이를 내부적으로 약화시키고 잘하면 동조하도록 만들자는 것이다. 이런 목적을 하명 받고 신학대학원에 들어온 자들이 있었다. 이들 가운데 목사가 된 자들이 있고 지금 그 목적대로 행동하는 자들이 있다. 성경말씀처럼 '양의 가죽을 쓴 이리'인 것이다. '마귀도 천사를 가장하느니라'는 말씀대로다. 이런 식으로 종북세력은 만들어져 왔고 자라왔다.

참으로 신기한 것은 이런 종북세력이 대한민국에 퍼져있는데 어떻게 대한민국이 망하지 않고 존재할 수 있으며, 더욱이 발전할 수 있느냐는 것이다. 간첩이 이렇게 많고 종북이 이렇게 많은데 대한민국이 망해도 벌써 망했을 터인데 어쩐 일인가? 그렇다. 사람의 힘만으로는 불가능하였다. 하나님이 도우셨기 때문에 가능했다. 애국가처럼 '하나님이 보우하사 우리나라 만세'다. 아무리 간첩이 들끓고, 종북이 설쳐

대도 전국에 6만 이상의 교회당이 있고 새벽마다 불을 밝히고 찬송하고 기도하니까 하나님이 이 나라를 붙잡아주시는 것이다. 복을 주시는 것이다. 종북! 너희들은 이미 끝났다.

종북(從北)이 왜 나쁜가?

첫째, 몰시대적(沒時代的)이다. 공산주의는 이미 역사적으로 심판을 받고 끝났다. 1917년 러시아 혁명으로부터 약 70여년 동안에 전세계 절반을 석권할 정도로 팽창했다. 그러나 1989년 베를린장벽이 무너지고, 1991년 소비에트연방(소련)이 해체됨으로 역사적인 종말을 고한 것이다. 동독은 서독에 흡수통일 되었고, 헝가리 체코 슬로바키아 슬로베니아 폴란드가 민주체제로 급속하게 변모했다. 발트 3국 에스토니아 리투아니아 라트비아도 민주주의 체제 정착에 성공했다. 크로아티아 루마니아 불가리아 몬테네그로 세르비아는 민주주의로 이행 중이다. 아직 체제전환 과도기에 있는 나라는 마케도니아 보스니아-헤르체고비나 알바니아 우크라이나 조지아 몰도바이다. 아직도 권위주의 정권은 러시아 아제르바이잔 벨라루스 코소보 아르메니아이다. 공산주의 하던 나라 중에 남은 것은 쿠바와 북한인데 쿠바도 최근에 미국과 국교를 정상화하려고 하고 있다. 따라서 한국도 쿠바와 국교를 트려고 하고 있다. 공산주의 하던 나라들이 다 이렇게 민주주의로 체제를 바꾸었고 바꾸고 있다는 사실은 공산주의가 역사적으로 끝났음을 명백하게 증명하고 있다. 그런데도 대한민국에 종북주의가 있다는 것은 언어도단이다. 천부당 만부당한 일이다. 더구나 북한이라는 현재 세계에서 가장 극악한 도당이 있는데도 말이다. 이러한 북한의 존재 때문에라도 남한에서 종북은 있어서는 안 된다. 그런데도 존재할 뿐 아니라 너무 성한 것은 대한민국 정부가 잘못 대응한 탓이다. 또 백성들이 무지한 탓이고, 너무 쉽게 과거를 잊어버리는 탓이다. 공산주의는 지나간 시대의 것이다. 아직도 종북을 한다는 것은 시대를 모르는 몰시대적인 행태일 뿐이다. 단연코 없어져야 한다. 종북주의자들은 억지로 시대에 눈을 감고 있는 것이다. 눈을 떠서 시대를 보라! 전세계인들이 볼 때 도저히 정상적으로 볼 수 없는 것이 종북주의자들이다. 몰시대적 잠에서 깨어나라.

종북의 몰시대성이 한국 정치계에 끼치는 해악이 크다. 대한민국은 민주공화국이다. 국민투표에 의해서 국회의원을 뽑고 이들이 국회에서 백성을 대신해서 정치를 하는 대의(代議)정치체제이다. 대통령도 국민투표로 뽑는다. 대통령중심제니까 정권을 대통령에게 맡긴다. 그런데 종북이 정당에 들어가면 정당이 종북의 볼모가 된다. 볼모정당은 국회에 들어가서 극한투쟁을 하게 된다. 민주주의 의회는 토론을 하다가 합의가 안 되면 투표로 결정하게 된다. 이것이 민주주의 방식이다. 투표를 해서 결정이 되면 반대하던 사람도 승복하는 것이 또한 민주주의 원칙이다. 그런데 현재 대한민국 국회는 민주주의 방식을 지키지 않는다. 거리로 뛰쳐나간다. 시민단체와 합작을 한다. 폭력을 행사한다. 공권력에 도전한다. 현실이 이러하기 때문에 '대한민국 경제는 2류이고 정치는 3류'라는 말이 나온다. 온 국민이 정치에 진저리를 내고 국회가 없으면 좋겠다고도 한다. 국회의원이 존경을 받아야 하는데 천덕꾸러기가 되었다. 대한민국 국회가 왜 이런가? 종북때문이다. 일부 정당이 종북주의자들에게 볼모 당했기 때문이다. 왜 볼모 당하는가? 선거 때 표를 더 얻기 위하여 종북주의자들에게 손을 내밀기 때문이다. 종북주의자와 손잡는 정당 때문에 종북주의자들이 국회의원이 되고 제도권에 들어오게 되었다. 그리고 선거 때마다 야합하는 일이 벌써 20년 가까이 반복되고 있다.

둘째, 반역사적이다. 역사는 흐르고 있다. 보다 발전적인 방향으로 흘러야 한다. 종북은 역사를 반대방향으로 가려고 한다. 그래서 종북은 반역사적이다. 대한민국은 자유민주주의로 가고 있다. 북한과 연계된 공산주의자들이 끊임없이 역사진행을 가로막으려 했다. 이들이 어찌나 극한적으로 날뛰었든지 이들이 한 것을 보면 대한민국의 역사가 바로 흘러갈 수 없었을 것이나 천만다행 하나님의 은혜로 대한민국의 역사는 중단되지 않고 오히려 발전적으로 진척되어 왔으니 이 얼마나 다행이고 감사한 일인지 모른다. 그러나 아직도 반역사적인 공산주의자, 요즘으로 말하면 종북주의자들이 버젓이 대한민국에 있다. 왜 이런가? 첫째로, 법을 제대로 시행하지 않아서이다. 반공법이 있었고 그 후에는 국가보안법이 있다. 반공법이 있으면 반공법으로 공산주의자를 조사해서 심판해야 했다. 그동안 하기는 했으니 철저하지 못했다. 국가보안법으로 바뀌었어도 그랬다. 국가정보원이 최근 몇 년 간에는 전혀 간첩도 잡지 않고 종북을 조사하지도 않고 심판하지도 않는다. 종북이 지금처럼 판을 치게 된 가장 큰 책임은 정부에 있다. 사법부에 있다. 국가정보원에도 간첩이 있고 종북이 있고, 경찰 검찰 재판부에도 간첩이 있고 종북이 있고, 국회의원 중에는 아마도 한 트럭은 넘고 두 트럭은 될 것이다. 이렇게 말하면 당장 '누구냐? 대라! 근거도 없이 말하면 다친다.'고 한다. 그렇다면 조사해보면 알 것 아닌가. 왜 조사도 안하고 그러는가. 정말 누군지 몰라서 못하는가? 사실은 알만한 사람은 다 안다. 자기들끼리는 더 잘 알고 있다. 그리고 누구보다 자기 자신이 알고 있지 않은가. 그러면서도 자유를 입에 올리고 민주를 떠들고, 서민보호를 운운하면서, 국가의 세금으로 호의호식하면서, 비서관까지 거느리고 거들먹거리며, 자기들끼리 모여서는 대한민국 정부와 사법기관과 국민을 비웃으며 낄낄거리는 것이 온당한가.

둘째로, 국민의 책임도 크다. 왜 역사를 그렇게도 잊어버리는가? 왜 역사를 통해 그렇게도 교훈을 얻지 못하는가? 모든 권력은 국민에게서 나온다고 헌법이 규정한 만큼, 오늘의 종복이 이렇게 판치는 데는 국민의 책임도 크다. 해방정국에 북한은 곧 공산당에 의하여 평정되어 혼란이 없었지만, 남한은 남조선로동당(남로당: 박헌영)을 비롯한 공산주의 세력에 의하여 얼마나 정치사회적으로 혼란스러웠던지 까맣게 잊어버렸다. 그 혼란 중에도 대한민국이 건국된 것은 기적이었다. 그러나 건국 후에도 혼란은 계속되었다. 제주 4·3폭동, 이에 따른 여순반란사건 등이 일어났다. 이것은 북한이 벌인 6·25전쟁을 위한 오픈게임, 전주곡이었다. 그런데 6·25전쟁을 통하여 엄청난 희생을 치르면서 깨닫게 된 것이 있었다. 공산주의가 얼마나 나쁜가 하는데 대한 처절한 대가를 치르면서 얻은 역사적 교훈이다. 그리고 누가 공산주의자인지, 누가 부화뇌동한 자인지, 누가 애꿎은 희생자인지를 알게 되었다. 정부가 모르면 백성은 곁에 있었으니까 잘 알고 있었다. 그러면 옥석을 가려서 공산주의자는 그 나름대로 법에 맞게 처리하고, 부화뇌동 하는 자는 거기에 맞게 처리하고, 애꿎은 희생자는 그에 걸맞게 처리했어야 했다. 전쟁 전에는 누가 누군지 잘 몰라서 못했더라도 전쟁 후에는 드러날 만큼 다 드러났으니까 마땅히 처리했어야 했다. 그러나 이 또한 제대로 되지 못했다. 그래서 이들이 대한민국에 온존하면서 어떻게 했는가? 북한의 지령을 받아 지하당을 조직하기도 하고, 노동운동에 침투해서 경제를 마비시키기도 하고, 대학생 시민단체에 침투해서 경찰에 폭력을 행사하고 군대에까지 들어가 삼단 옆차기를 해도 뻔히 눈으로 보면서도 잡지도 않는 사태까지 갔다. 야당에 침투하여 마침내 전교조 민노총을 합법화하고 그 다음 단계로 자기들의 정당을 만들어서 국회의원이 되어서 국회까지 진출하여 국가 중요정보까지 요구하고 별의별 짓을 다하게끔 되었다. 이게 말이나 되는가? 얼마나 반역사적인가. 서독은 1953년 공산당을 불법으로 헌법재판소에서 판결하고 20만 명을 조사하고 7천 명을 처벌하여 서독에서 공산주의자가 활보한다든지, 종북 같은 세력이 존재한다든지 하는 일은 없었다. 동독간첩들이 상당히 많이 서독에 숨어 있었지만, 그러나 한국처럼 거리를 활보하고 큰소리치고 공권력과 군대까지 농락하는 일은 있을 수 없었다. 한국 백성이여! 정신을 차리자! 역사를 좀 기억하자! 방심하면 작은 여우가 좋은 포도원을 다 못쓰게 한다는 것을 모르는가! 종북의 반역사적 행태를 끊고 역사를 바르게 세우자!

종북의 반역사성이 한국 경제계에 끼친 악영향이 매우 크다. 나는 1984년부터 통일과 북한교회 재건에 관심을 가지게 되면서 당시 학생들이 의식화 교재로 쓰는 지하문서들을 입수해서 읽은 적이 있다. 놀라운 것은 거기에는 대한민국에서 발생한 유명한 노조파업이나 큰 시위운동은 다 계보가 있더라는 얘기다. 신문이나 언론은 겉에 나타난 현상을 보도했을 뿐이고, 경찰은 주동자 몇 명을 붙잡는 정도였지만, 지하문서를 보니까 웬만한 파업이나 시위에는 반드시 북한의 지령을 받는 남한의 학생 시민 노동단체와 정치인들이 있다는 것을 알았다. 그러니까 경찰이나 검찰, 안기부도 제대로 대처를 못하고 결과적으로 헛물만 키고 말았다는 것이다. 이들은 착실히 학원으로, 노동계로, 종교계로, 정치계로, 시민단체로, 들어가서 대담하게 대한민국을 쥐고 흔들고 있었다. 그 결과 특히 경제계가 큰 타격을 입었다. 강성으로 악명 높은 금속노조를 비롯하여 의료노조까지 이들 강성노조로 말미암아 현재 어떤 결과를 보게 되었는가? 세계적으로 한국의 노조가 강성으로 유명해져서 외국투자가 뚝 끊겼다. 들어와 있던 외국기업도 다 털고 나간다. 뿐만 아니라 한국기업도 극도로 노조를 경계하게 되었고, 공장을 세워도 사람 안 쓰는 방향으로 자동화를 열심히 하게 되었고 아예 공장을 외국으로 이전하게 되었다. 중국 산동반도에만 한국기업이 만든 일자리가 백만 개가 넘는다. 지금 한국에서 청년실업이 어떠한가? 대학을 졸업해도 절반이 취업을 하지 못한다. 취업 3수까지 포함에서 절반이지 졸업 당해 년에는 4명중 한 명이 취업할 정도다. 노동구조도 희한하다. 현대자동차에는 평균연봉이 7500만원이고 연봉 1억원이 수두룩하다. 반면에 임시직이나 비정규직은 상대적으로 임금이 적다. 임금불균형이 심한 것이다. 그러니까 노동자가 노동자를 착취하는 현상이 벌어지는 것이다. 노동귀족들이 탄생하고, 노조전임자를 회사가 월급을 주는 어처구니 없는 노조운동 행태가 수십년 계속되다가 최근에 조금 잡혔다. 또 노동운동은 불법파업 불법시위의 대명사가 되었다. 공장을 점거하고, 고공 크레인에 올라가고, 화염병을 던져서 행인을 죽이기도 하고, 그러면서도 무슨 큰 일이나 한 것처럼 착각에 빠지는 종북 노동운동자가 아직도 주도하고 있다. 한국경제가 2류요, 정치가 3류라면, 노동계는 4류일 것이다. 노동운동의 반역사성을 이제 벗어나야 한다.

셋째로, 비윤리적이다. '나꼼수'를 기억할 것이다. 인터넷방송인데 이들의 특징은 비윤리적인 말을 여과 없이 대중에게 퍼뜨리는데 있었다. 이들은 대한민국과 정부와 여당과 기업과 교회까지 참으로 더럽기가 한량없는 말을 지껄여댔다. 나꼼수를 이용하는 자들이 있었다. 종북좌파들이었다. '나꼼수'가 보수 쪽을 헐뜯으면 종북좌파가 표를 얻는데 유리할 것으로 생각한 모양이다. 그러나 결과는 반대였다. '나꼼수' 때문에 표가 더 보수 쪽으로 가고 '나꼼수'에 대한 반발로 종북좌파 표가 더 안 나온 것으로 파악되었다. 이 나꼼수가 2013년 대선직전에 한 말 때문에 재판을 받고 있는데 1심에서 유죄판결을 받았다. 그런데 2015년 1월 항소심에서 무죄판결을 받았다. 이 판사는 그 다음 달에는 원세훈 전 국가정보원장에게 대한 항소심에서 징역 3년을 선고하고 법정구속까지 했다. 나꼼수가 얼마나 비윤리적인지는 다 안다. 그런 자들을 이용하는 자들 또한 비윤리적이다. 리퍼트 미국 대사를 테러한 김기종을 후원한 현직 전직 국회의원들이 2013년부터 2015년 3월 4일 사건 전날까지 20여 명이었다(조선일보, 2015.3.12). 그러나 사건이 나자 모두 발뺌하기에 바빴다.

종북의 비윤리성은 한국교육계에 큰 악영향을 끼치고 있다. 부산시교육청은 2014년 6월 11개 공공도서관 자료열람과장 11명으로 구성된 선정위원회를 열고 비문학 부분 '이달의 책'으로 '10대와 통하는 한국 전쟁 이야기(철수와 영이 출판사)'를 선정해서 11개 공공도서관에 배포했다. 그런데 이 책은 이임하 방송통신대 통합인문학연구소 교수가 써 2013년 발간한 것인데 6·25전쟁 중 상황을 소재로 해서 미국과 이승만 정부를 비난하고 소련과 북한을 칭찬하는 내용으로 되어 있다. 미군이 친일파 처리를 뒤로 미룬 이승만과 친일파를 지지세력으로 만든 반면, 소련은 북한이 개혁하도록 도와 김일성이 대중의 지지를 얻게 되었다고 했다. 개전 초기 남한 정부는 서울 시민에게 싸울 것을 강요했지만 인민군은 식량을 굶는 사람에게 나눠줬다고 썼다. 인천 상륙작전과 낙동강 방어전투에 민간인 피해를 상세히 다루고 북한군 작전에서 발생한 민간인 피해는 다루지 않았다. 그런데 이런 내용을 성인도 아닌 초등학생을 상대로 썼다는데 비윤리성이 있다. 초등학생까지 이렇게 종북논리로써 정치에 이용하려고 하는 비윤리성을 지적하지 않을 수 없다. 참으로 통탄스러운 것은 종북주의자들이 어린아이까지 정치에 이용한다는 것이다. 광우병 촛불집회에 학생들을 이용했을 뿐 아니라 서너 살 어린아이까지 데리고 나와서 이용하는 것을 보고 참으로 벌받을 사람들이라고 느꼈다.

종북은 교육의 장을 저들의 아지트로 쓰기도 한다. 성공회대학교는 간첩죄로 15년 실형을 산 박성준(한명숙 전 국무총리 남편)을 석좌교수로 쓰고 있고, 미국 대사 테러범 김기종도 상당기간 교양학부에서 학생들에게 강의를 하도록 했다. 총장을 지낸 이재정은 통일부장관이 되어 노무현 대통령 남북정상회담에서 중요한 역할을 했고 경기도교육감이 되어 한국교육을 좌편향으로 몰고 가는 선봉역할을 하고 있고, 이재정 총장시절 교수를 지낸 조희연도 서울시교육감이 되어 사사건건 교육부와 충돌하면서 좌편향을 유감없이 드러내고 있으니 교육을 이렇게 잘못된 정치이념의 도구로 사용해도 되는 것인가? 특히 우려되는 것은 고교 역사교과서이다. 7개 출판사 중에 하나만 빼고 나머지 6개 출판사 책은 하나같이 종북 좌편향적으로 기술되어 있다. 집필자가 이념적으로 좌편향이기 때문이다. 이들을 교육부도 어찌지 못하고 있다. 궁여지책으로 역사교과서 만큼은 다시 국정으로 환원하여야 되지 않겠느냐는 정도이다. 좌편향 아닌 교과서는 하나가 있는데 전교조

교사들이 벌떼같이 일어나서 학교 앞에서 데모하고 학교장을 협박하고 하니까 이 책을 쓰려던 학교들이 한 학교 두 학교 그 교과서 채택을 포기하고 한 학교만 남았다. 그런데 전교조가 이 학교까지 집요하게 물고 늘어졌다. 참으로 악랄하고 지독한 자들이었다. 도대체 대한민국이 어쩌다 이지경이 되었나 싶다. 종북은 교과서뿐 아니라 무상급식을 가지고도 정치게임을 하고 있다. 교육계에 나타나는 종북들의 비윤리성은 지탄받아 마땅하다. 이들이 초등학교 중학교 고등학교를 다 종북주의 정치이념에 이용하고 있으니 이것이 비윤리가 아니고 무엇인가.

종북세력을 어떻게 척결할 것인가?

첫째로, 드러내야 한다. 전교조 교사 명단을 공개한 국회의원이 고발을 당해서 법원으로부터 금지명령을 받았고 이를 위반할 시에는 한 건당 얼마씩 상당한 벌금을 물렸다. 이상했다. 전교조를 찬성해서 가입을 했다면 그 명단을 공개하는 것을 왜 싫어할까? 명예스럽게 여겨야 할 것이 아닌가? 그것이 불명예스러운 것이고 죄스러운 것이라면 탈퇴하면 될 것 아닌가? 아닌 게 아니라 많이들 탈퇴했다. 전교조라는 사실이 부끄럽다면 탈퇴하면 되는 것이다. 법원은 또 뭔가? 어째서 전교조 교사의 명단을 발표하는 것이 죄가 되는가? 자기가 좋아서 스스로 가입하고 회비도 내지 않는가? 무엇이 명예훼손인가? 나는 명단 공개한 국회의원이 백 번 잘했다고 생각하며 고소한 전교조가 우습다고 생각하며, 이를 죄가 된다고 판결한 법관이 말도 안 된다고 생각한다. 여기가 어디 북한인가? 여기는 남한이다. 전교조 명단을 공개한 것이 뭐가 죄가 되는가? 드러내야 한다. 그것이 부끄럽고 학부모들이 반대해서 불이익을 당하고, 그래도 전교조가 좋다면 계속 전교조하면 될 것이고, 그것이 싫다면 전교조 탈퇴하면 될 것이다.

애당초 전교조를 합법화한 것부터가 잘못되었다. 김대중 정부가 잘못한 것 중에 하나가 전교조 합법화였다. 이것부터 대한민국이 좌향좌 하는 시작이 되었다. 종북이 감히 대한민국 제도권 내로 진입하는 단초가 된 것이다. 전교조가 잘못한 것들, 종북행위들을 낱낱이 파헤쳐 공개하여야 한다. 백성들은 그것을 알아야 하고 알 권리가 있다. 그리고 백성들의 심판을 받아야 한다. 합당하면 인정받을 것이고 부당하면 배척 받고 교직에서 쫓겨나야 할 것이다. 전교조는 왜 공개되는 것을 두려워하는가? 왜 법원은 공개를 막는가? 전교조가 정말 합법적이라면 전교조 스스로 그 명단을 공개해야 되지 않겠는가? 전교조가 하는 행위가 옳다면 그 행위를 숨기지 말고 백성이 다 알게 공개해야 되지 않겠는가? 만약 전교조가 한 일을 백성들이 다 알게 된다면 천인공노하여 전교조는 불법화 될 것이고 이 땅에서 발을 붙이지 못하게 될 것이다. 그러므로 드러내야 한다. 민주노총도 마찬가지다. 이들이 주장하는 바가 무엇이며 무엇을 추구하는가? 어떤 행동을 해왔으며 그 결과는 어떠했는가? 이런 것들을 숨기면 안 된다. 백성이 알려고 하면 다 알도록 공개해야 한다. 그래야 합법적인 단체답지 않은가?

천주교 정의구현사제단이 있다. 민주화 때 박종철군 사건을 공개해서 재미를 톡톡히 본 단체다. 그때 백성들이 이 단체를 대단히 양심적이고 고상한 종교단체로 보았다. 그러나 그 속에 독이 있었다. 그 독이 점점 드러났다. 그 후 이 단체가 한 일은 꼭 공개되어야 한다. 이들이 백성이 모르는 가운데 남한과 북한에서 한 일을 안다면 더 이상 이 단체를 신부들의 단체로 보지도 않을 것이며 경악을 금치 못할 것이다. 지금 이 단체는 천주교 '종북구현사제단'이란 별명을 얻고 있다. 그만큼 종북의 첨단을 달리고 있다. 그래서 천주교에서도 '버린 자식'같은 취급을 받고 있다. 신부로서 지켜야 할 최소한의 품위도 지키지 않기 때문이다. 이 단체는 김수환 추기경을 '늙었으니 빨리 죽어야 할 존재'로 언급했다. 교회도 아닌 천주교에서는 그들의 질서상 이런 하극상은 용납될 수 없는 것이다. 처음에는 백성들이 이들의 진면목을 몰랐기 때문에 호의를 보냈고 천주교도 많이 덕을 봤다. 약 100만의 신도를 얻었다고도 했다. 그러나 지금은 이 단체가 천주교를 깎아먹고 있다. 천주교는 천주교를 위해서라도 이 '종북구현사제단'을 파문하든지, 천주교 차원의 특단의 조치가 필요하지 않을까 생각된다. 다행이 천주교 신도들이 '대한민국수호천주교인모임'을 만들어서 '친북 반미 반국가 정치사제 100인명단'을 작성하여 발표하였다.

불교에도 '참여불교재가연대'라는 것이 있다. 이들이 해온 행태를 백성들은 잘 모르고 있다. 만약 이들의 행태가 드러난다면 놀라운 일이 일어날 것이다. '종자연'이라는 단체가 있다. 겉으로는 기독교 공격을 목표로 하고 있는 것처럼 보인다. 그러나 그것은 겉일 뿐이다. 속은 다른데 있다. 기독교 내에도 이런 인사들이 있고 이런 단체들이 있다. 북한에 있는 조선그리스도교도연맹(조그련)을 인정하고 그들과 손잡고 일하는 사람들이다. 조그련은 1946년 김일성이 기독교를 박멸하기 위하여 외할아버지뻘 되는 강량욱 목사를 내세워 조직한 어용단체다. 한국 전쟁 후 사라졌다가 1972년 7.4공동성명 이후에 부활시켰는데 그 목적이 분명하다. 기독교를 정치에 이용하겠다는 것인데, 첫째는 북한에 종교의 자유가 있다는 선전용이다. 각국에 나가 이 점을 선전한다. 둘째는 남한교회 분열용이다. 사실 조그런으로 인해서 남한 교회는 지지파와 반대파로 쫙 갈라졌다. 미국 교회도 갈라졌고 미국 한인사회도 갈라졌다. 셋째는 지지세력 확보용이고 모금용이다. 남한 이나 미국에도 '제2의 조총련'을 결성하고 싶어 한다. 그래야 제일 중 요한 모금이 잘 될 터이니까. 그래서 남한에서도 지지세력이 많아졌고 모금도 잘 되어서 조그런 서기장은 북한의 국회 격인 '최고인민위원회 위원'이 되었다. 일본은 기독교회가 작아서 별 소득이 없지만 일본 한인교회는 상당히 저들에 호응하고 있다. 미국 교회는 이들에게 매우 호의적이다. 잘못 알기 때문이다. 이제 미국 정부가 북한을 알기 시작 했으니 미국 교회도 달라질 것이다. 미국 한인교회는 둘로 쫙 갈라져서 이들을 지지하는 세력도 상당하다. 모금도 많이 된다.

종북이 이렇게 천주교를 이용하고 불교를 이용하고 기독교를 이용 하고 있다. 벌써 20년이 넘는다. 이제는 저들의 실체를 모르지 않는다. 따라서 각 종교는 북한에 대한 태도를 분명히 해야 할 때가 되었다. 이 제까지 저들을 상종하면서 알게 된 모든 사실을 드러내야 한다. 솔직 히 잘못되었음을 종교인답게 고백해야 한다. 그리고 아주 분명하게 선 을 그어야 한다. 그래서 더 이상 백성들을 혼미하게 하면 안 되고 이제 부터라도 백성을 바른 길로 인도해야 한다. 그래서 드러내야 한다. 종 북은 숨어서 활동한다. 왜냐하면 종북이 이 사회에 악성 곰팡이와 같 기 때문이다. 대한민국에 암적인 존재이기 때문이다. 곰팡이는 햇볕에 드러나면 살지 못한다. 암은 햇볕이나 열에 쏘이면 죽는다. 그래서 종 북을 척결하는 첫째 방법은 드러내는 것이다.

둘째로, 사법적 처리를 하는 것이다. 서독은 1953년에 공산당을 해 산시켰다. 연방헌법재판소의 판결에 의한 것이다. 그 후 20만 명을 조사했다. 그리고 7000여 명을 사법처리했다. 그래서 서독에서는 공산주의자들이 더 이상 머리를 들고 다닐 수 없게 되었다. 동독이 보낸 간첩들은 서독에 있었다. 통일상황에서 동독의 비밀문서를 보고 나서 빌리 브란트 수상의 제일 참모도 간첩이었던 것이 밝혀졌을 정도로 서독에 간첩은 있었다. 그러나 공산주의자가 드러내놓고 활동할 수는 없었다. 대한민국도 그래야 한다. 통합진보당이 헌법재판소의 판결에 의하여 2014년 12월 해산 당한 것은 법이 있는 국가로서 당연한 일이다. 그러나 이석기만 징역을 살고 있지 다른 구 통합진보당 소속 국회의원이나 당료들이나 지역조직들이 조사를 받지도 않았고 징역을 살지도 않고 있다. 그러니 또 이들이 이름만 바꿔서 당을 만들면 된다고 공공연히 떠들고 다니고 있지 않은가. 이래가지고서 과연 법치국가라 할 수 있겠는가.

2015년 3월 5일 미국 대사 마크 리퍼트에게 테러를 가한 김기종도 반국가 반 치안사범으로 전과 6범이지만 솜방망이 처벌로 인하여 그를 더욱 기승을 부리게 만들지 않았는가. 김기종이는 1993년 폭행으로 재판을 받았지만 선고유예가 됐다. 2002년에도 폭행으로 벌금 50만원을 받았다. 2010년 일본대사에게 콘크리트 덩어리를 던졌는데 대사는 겨우 피했지만 여성 서기관이 맞아 부상을 입었다. 외교관에 대한 폭행은 최대 징역 5년을 받을 수 있는 중대 범죄다. 또 그는 이미 전과 2범이었는데도 법원은 징역 2년에 집행유예 3년을 선고했다. 2007년 청와대 앞에서 분신소동을 벌인 것에 대한 정상참작까지 하여 집행유예를 한다 했으니 마치 분신소동을 인정하고 훈장이나 주는 격이 되었다. 종북주의자에게는 유독 관대한 사법당국인 것이 문제였다. 왜 대한민국이 대한민국을 부정하고 폄하하고 파괴하려는 종북주의자에게 관대하고 처벌에 쩔쩔매는지 참으로 안타까운 일이다. 그때는 이미 김기종은 이른바 알만한 사람은 아는 유명한 종북주의자였다. 그때 일벌백계 차원에서 실형을 선고했다면 그가 다시 외교관을 공격할 생각을 하기 힘들었을 것이다. 종북주의가 물론 나쁘지만 이런 종북주의자의 불법행위에 사법부의 솜방망이 처벌이 종북주의자를 더욱 탈법적으로, 테러범으로 키우는데 일조했다는 지적이 나오고 있다. 종북세력은 법의 선처를 비웃는다. 김기종은 2013년 집행유예가 끝나자마자 기다렸다는 듯이 2014년 2월에는 강연장에서 서대문구의회 의장을 폭행하고, 5월 일본대사관 앞에서 경찰과 대사차량에 신발과 계란을 던지고, 2015년 1월에는 서대문구 구민행사인 아이들 그룹 공연 준비장에서 포스터가 마음에 들지 않는다고 시비를 걸고 말리던 공무원들의 멱살을 잡고 밀치고 난동을 부렸다. 서울시 관계자는 김기종은 행사장마다 나타나 내빈을 폭행하고 침을 뱉고 옷을 벗고 드러눕고 소리소리 지르고 추태를 부려 악명이 높다고 했다. 김기종 같은 자는 7차례 범죄 중 5차례가 사람이 많이 모인 집회나 강연회에서 난동을 부리거나 주요 인물을 폭행 혹은 위협했다. 종북의 세계에는 김기종같이 공공장소에서 주요인물을 대상으로 공격하므로 종북세계와 북한에서 인정을 받고자 하는 인정욕도 유행하고, 자기가 대중에게 무슨 대단한 일을 한 것처럼 내세우고자 하는 과시욕도 존재한다. 종북세계는 참 묘한 세계인 것이다. 이들은 북한을 늘 의식한다. 북한에서 자기를 알아주고 인정해주기를 바란다.

그렇다고 북한세상이 되었을 때 이들이 상을 받을까? 천만의 말씀이다. 북한세상이 된다면 제일먼저 청소될 자들이 바로 남한의 종북이다. 공산주의 법칙에 따라서 그렇다. 한 번 배반한 자들은 다시 배반

한다는 것이다. 불평분자들은 늘 불평한다는 것이다. 베트남 공산화를 보면 잘 알 수 있다. 북한이 이들을 처단하기 전에 대한민국이 이들에게 먼저 사법적 처리를 해야 한다. 대한민국이 하는 것이 북한이 하는 것보다 이들에게 훨씬 나을 것이다. 국가보안법은 이런 때 쓰라고 있는 것 아닌가. 국가정보원 공안검찰 공안경찰은 이런 일을 위해 존재하는 것이다. 이제는 제대로 기능해야 한다. 제대로 기능하면 얼마든지 종북을 제거할 수 있다. 그러려면 국정원 안에 종북부터 도려내야 하고 검찰 안에 종북부터 도려내야 하고, 재판부 안에 종북부터 도려내야 하고, 경찰 내에 종북부터 도려내야 한다. 그리고 정치적인 판단을 하려 들지 말고, 오직 법에 따라서 엄정하게 집행해야 한다. 또한 정당이나 국회 안에 종북을 처리해야 한다. 군대 내의 종북도 처리해야 한다. 정치인들 중에 종북이나 종북을 이용하는 자들을 법에 따라 엄정하게 처리해야 한다. 그래서 이 나라에 법이 있음을 분명히 알게 해야 한다. 별소리가 다 있어도 오로지 법에 따라 하면 되는 것이다. 종북사상을 가진 자에게는 일반 범죄자보다 엄격한 잣대를 들이댈 필요가 있다. 종북주의자들의 죄성이 일반범죄보다 더 악하기 때문이다.

종북주의자들의 '2013년 2월 떼제'라는 것이 있었다. 종북의 '원로회의'라는 그룹이 있는데 이들이 지난 대선 전에 종북주의 세계에 내린 지침서이다. 원로회의 회원으로는 서울대 명예교수 백낙청, '종북구현사제단' 함세웅, 서울시장 박원순 등이 있다. 이들이 종북후보를 대통령으로 당선시킬 사명감을 가지고 이런 지침서를 내린 것이다. 그러나 계획은 실패했고 박근혜 정부가 들어섰다. 종북은 계속 정부를 흔들고 민심을 호도하고 있지만 점점 불리해져 가고, 작년 말부터 위기를 느낀 북한과 종북은 지금 총 집결하여 대결태세로 나오고 있다.

그러다 미국 대사 리퍼트까지 테러한 것이다. 리퍼트 대사 테러가 그냥 단순한 개인 테러가 아니다. 그 전말을 살펴보면 이렇다.

통합진보당이 해산되었다(2014.12). 오바마 미국 대통령이 '북한 레짐체인지' 발언을 했다(2015.1.22). 이에 대한 북한의 신경질적인 반응이 나왔다. 북한의 대남선동매체 우리민족끼리가 2014년 12월 16일 리퍼트 대사의 언론 인터뷰 발언을 문제 삼으며 '리퍼트의 망발은 북침전쟁을 몰아오려는 흉악한 기도'라 했다. 키리졸브 훈련이 다가오면서 리퍼트 대사가 한미의원외교협회 간담회에서 북핵. 경제병진 노선 포기를 촉구한 것에 대해(2015.2.10) '리퍼트는 함부로 혓바닥을 놀리다가 종말을 맞이할 것', 2월 22일에는 '리퍼트는 '긴 혀 제 목을 감는다'는 말의 의미를 새겨야 한다', 테러 당일 3월 5일 새벽에는 '말로써 할 때는 이미 지나갔다. 미친 광증에 걸린 적들의 허리를 부러뜨리고 명줄을 완전히 끊어놓아야 한다. 현 정세는 내외 반통일 세력의 준동을 더 이상 용납할 수 없다는 것을 보여주고 있다. 단호한 결심을 내려야 할 시기가 도래했다.'고 하였다. 이는 대남선동매체 우리민족끼리가 남쪽의 종북들에게 움직이라는 지령을 내린 것이다. 이에 대한 남한 종북의 반응이 나왔다. 2월 28일(토) 서울 3곳에서 종북세력의 집회 및 가두시위가 있었다. 같은 날 미국 뉴욕 맨하탄에서 재미 종북주의자들이 피켓을 들고 시위를 했다. 3월 5일 김기종이 미국 대사 리퍼트 테러를 자행했다. 김기종이 테러를 자행하자 당일 3월 5일 북한은 이례적으로 신속하게 조선중앙통신을 통하여 피습소식을 북한 내외에 전하며 '정의의 칼 세례', '응당한 징벌'이라고 옹호했다. 남한의 종북들도 인터넷에다 김의 칼부림 테러를 두둔하여 '거사'가 미수로 끝난 것을 아쉬워하듯 했다. '김기종이야말로 진정한 애국자', '미친 백인우월주의자들한테는 한 방 먹여주는 게 좋다.'라고 했다. 3월 6일 북한은 노동신문 등 모든 선전매체를 동원하여 '전쟁광 미국에 가해진 응당한 징벌', '남녘 민심을 반영한 응당한 징벌' 등으로 대서특필했다. 북한과 연결된 종북의 행태가 이와 같으므로 가능한 모든 범위에서 사법적 처리를 해야 한다.

인터넷 상에서의 종북활동도 사법적 처리를 해야 한다. 지금 한국의 인터넷은 이미 '종북세력의 해방구'가 된지 오래다. 경찰도 여간 골치를 앓고 있는 것이 아니다. 그 동안 당국은 인터넷 상의 종북카페 639개를 폐쇄했다. 2011년 이후 총 11만여 건의 친북 게시물을 삭제했다. 그러나 당국의 제재 속도가 새로운 종북 카페와 글이 제작되고 있는 속도를 따라가지 못하고 있다. 그래서 인터넷 공간은 여전히 종북주의자에게 '해방구' 역할을 하고 있다. 유명한 카페로는 '사이버민족방위사령부(사방사)'라는 것이 있었다. 회원수가 6000명이 넘던 사방사는 김정은이 인민군 대장 칭호를 부여 받자(2010.9.30) '천하를 제패하는 그 모습에 우리는 미칠 것만 같았습니다. 그 주인공(김정은)을 이렇게 멀리서나마 뵙게 되어 하늘에 감사합니다'라는 등 북한체제를 찬양하는 글로 도배됐던 인터넷 카페다. 사방사가 2010년 11월 당국에 의해 폐쇄되자 정모(47) 씨가 국보법 위반 전력이 있는 회원들을 중심으로 '조선은 하나다'라는 카페를 만들었다. 정 씨는 일용직 근로자인데 새벽시간에 인천의 한 PC방에서 지속적으로 '대장(김정은)은 성격이 파격적이시고 실리적 지도자이십니다. 배짱도 커서 결코 제국주의자들에게 무릎을 꿇지 않습니다.' 등 글을 작성하여 올리고 있다. 그러다 2015년 3월 5일 서울중앙지검이 국가보안법 위반혐의로 구속 기소하였다. 리퍼트 대사 테러범 김기종도 범행 이틀 전에 자신의 블로그에 '1992년 북미 고위급 회담을 앞두고 팀스피릿 훈련을 중단했던 것처럼 전쟁 연습을 중단해야 한다'는 글을 올렸고, 2011년 이후 페이스북, 인터넷 카페 등에 북한의 주장을 그대로 답습한 글을 지속적으로 게재해왔다. 이 인터넷 종북의 영향은 대단하다. 현직 공안검사는 '인터넷이 활성화되면서 인터넷 공간이 종북주의 사관학교 역할을 하고 있다'고 했다(조선일보 2015.3.11). 문제는 인터넷에 특정 웹 브라우저 앱 하나를 설치하면 방송통신심의위원회의 북한 사이트 접속차단이 무력화된다는 것이다. 이런 방식으로 마우스를 15회 정도만 누르면 북한 대남선전 사이트 '구국전선', '우리민족끼리'에 접속할 수 있고, 한글워드로 된 북한 단행본도 그 전문을 내려 받을 수 있다는 것이다. 김정일이 지은 '영화예술론', '경애하는 김일성 주석님의 주요 노작집', '향도의 태양 김정일 장군', '주체정치경제학', '주체문학론' 등 온갖 북한 출간물 전문을 통째로 받을 수 있다. 북한 원자료가 아닌 이적물들 '동학과 주체사상의 만남', '전방위적으로 강화되는 침략적 한미동맹' 등은 이런 우회적 방법조차 필요 없이 그냥 구글 검색만으로도 찾을 수 있다. 사태가 이러하니 인터넷 종북들에 대한 대책도 세워야겠고 이들에 대한 사법적 처리도 강화해야 하겠다. 종북을 처리하는 방법 중에서 경험상으로 볼 때 사법적 처리가 상당히 효과가 있었다는 것을 말할 수 있다. 민간인들도 종북들을 인터넷 상이건 밖이건 계속 고소 고발해야 한다. 그래서 이런 자들도 사법적 처리를 해야 한다. 이런 사람들을 그냥 놔두면 대한민국이 이상한 나라가 된다.

　　김기종의 국회활동을 도운 전-현직 국회의원이 20여 명에 달한다. 언론에 공표된 바로는 대부분이 야당의원이고 여당도 한 명 있다. 리퍼트 대사 테러사건이 나자 모두들 발 빼기에 급급했다. 정부도 김기종을 지원했다. 문화체육관광부가 2000년부터 4차례 2900만원을 지원했고, 영화진흥위원회는 김기종의 일본대사 습격사건 후임에도 300만원과 서울 충무로 서울영상미디어센터를 무상으로 빌려줬고, 명의 후원권한도 부여했다. 대한민국 국민의 세금으로 운영되는 이런 국가기관이 대한민국을 부정하고 헐려고 하는 골수 종북주의자에게 질질 끌려 다니며 비위를 맞춰주고 눈치나 본다면 어떻게 국민의 신뢰를 받을 수 있으며 떳떳할 수 있겠는가. 공직자는 매너리즘에 빠져 하던 대로 하지 말고 잘 살펴서 옥석을 가리고, 태도를 분명해 해야 할 것이다.

자유민주주의 이념강화

　통일이 되기 전에 대한민국이 미리 해야 하는 일 가운데 하나는 자유민주주의 이념을 강화하는 일이다. 앞서 언급하였지만 대한민국과 조선민주주의인민공화국이 거의 동시에 출발했다. 1945년 같은 해에 8월 15일과 9월 9일, 단 며칠 차이일 뿐이다. 그런데 대한민국은 세계 10위의 나라가 되었고, 북한은 세계의 골치거리요 곧 무너질 나라가 되었다. 무엇이 이렇게 달라지게 만들었는가? 가장 두드러진 것은 체제문제이다. 대한민국은 자유민주주의 정치체제와 시장경제 자본주의를 채택했고, 북한은 공산주의 체제를 택하고 이어서 주체사상이라는 유사종교 체제로 갔기 때문이다. 그런데 대한민국에서 자유민주주의 체제에 대한 고마움은 어디 가고, 북한을 추종하고 찬양하는 종북주의 주체사상파가 득세하는 형국이니 이 무슨 해괴한 일인가. 공산주의자가 부모도 몰라보더니, 산업화를 위하여 죽을 고생을 한 아버지세대를 우습게 알고, 일하는 데는 관심이 없고, 공연히 비판이나 하고 시위나 하고 불만 불평만 일삼는 백성들이 소위 386세대, 486세대 하면서 많으니 이 무슨 망조인가. 고등학교 근대사 교과서가 하나만 빼고 하나같이 좌파사상에 인 박힌 집필자들로 인하여 반 대한민국 친 북한 경향을 나타내고 있으니 여기가 대한민국이 맞는가. 다행히 교육부가 학생들의 사상교육을 강화하겠다고 하고, 역사교과서는 국정교과서로 환원하겠다고 하니 기대가 되지만, 이것만으로는 성에 차지가 않는다. 대대적이고 전국적이며 근본적인 사상교육이 필요하다. 통일되기 전에 이 일이 반드시 필요하다.

한국적 상황에서 특히 사상교육이 필요한 것은 통일을 위하여 경제를 일으키는 것보다 중요하고, 다른 어떤 준비보다도 중요하다. 물질적 토대보다 사상적 토대가 더 중요하다. 그래서 이 책 이름도 『통일정신』이 되었음을 앞서 밝힌 바 있다. 지금 50대 후반부터 60대 이상은 사상적으로 튼튼하다. 그리고 최근에 20대도 자유민주주의에 대하여 긍정적으로 생각하는 방향으로 되고 있다. 문제는 전교조가 있는 초·중·고등학교 교육이다. 그리고 30대 40대가 가장 사상적으로 토대가 약하다고 본다. 3040세대면 사회의 가장 중추적인 세대인데 이들이 사상적으로 허약하니 이런 상태에서 통일을 생각하기가 아득하다. 이들이 사상적으로 흔들린 것은 어릴 때 전교조 교사의 영향이 첫째일 것이다. 대학에서는 주체사상 추종세력이 학생회를 주도하던 시절이었다. 군대를 갔으나 군대 초급장교들이 사상적으로 희미해져 있었다. 사회에 나왔을 때 종북주의자들이 머리를 내저으며, 시민단체다 세미나 포럼이다 하면서 학자연 하는 교수들의 말이나, 이 말을 옮기는 언론이나, 아주 3박자로 종북주의를 소리높이 외치고 있었다. 그리고 정치권도 이런 시민단체나 종북주의자들의 소리를 후원하고 이용하려 하고 있었고, 판사 검사 변호사 경찰들 가운데서도 종북주의자가 있어서 오히려 세력화하고 있음을 볼 수 있었다. 자유민주주의를 옹호하는 말은 교수나 교사나 언론이나 시민단체나 그 어디에서도 들어볼 수 없었고 숨을 죽이고 있었다. 야당은 종북주주의자의 숙주(宿主)노릇을 하고 있고, 여당에도 종북주의자가 있어서 소신 있게 자유민주주의 사상을 천명하고 강조하는 국회의원을 거의 볼 수 없는 상황이 되었다. 국가정보원은 간첩을 잡지 않는 기관이 되었고, 검찰이나 경찰도 솜방망이 처벌에다 유독 종북주의자나 좌익들에게 설설 기고 있었다. 어디에서나 자유민주주의를 옹호하고 종북주의를 비판하면 금새 골수 꼴통 극우주의자가 되기 십상이 되었다. 이래가지고는 통일이 어렵다.

반드시 사상교육을 강하게 해야 한다. 그래서 간첩이나 종북이나 좌익은 설설 기고 머리를 숙이고 숨을 죽이고 조용조용히 살도록 해야 한다. 그리고 법에 따라 이들을 잡아내고 처벌해야 한다. 자유민주주의 사상을 옹호하는 말을 사석에서나 어디에서나 하는 분위기가 되어야 한다. 5060대만이 아니라 30대 40대에게서도 바로 이러한 말, 종북을 비판하고 자유주의를 옹호하는 말이 나오고 논쟁에서 극복해 나가야 한다. 2010세대에서도 당연히 종북이나 북한은 잘못되었고 대한민국이 좋고, 공산주체사상은 허위망발이고 자유민주주의는 이래서 좋다는 생각들이 소신으로 설득력 있게 나와야 한다. 통일에 앞서 우리는 사상전에서 확실히 정리가 되어야 한다. 대한민국은 아직도 사상전이 진행되고 있다. 특히 교수 학자 층의 맹렬한 반성이 요구된다. 시민단체는 정말 거듭나야 한다. 국회의원이나 정치인들은 자신의 입장을 분명히 해야 한다. 더 이상 국민을 속이면 안 된다. 상당수 정치인이 속으로는 종북이요 좌익이면서도 선거철만 되면 위장을 한다. 겉으로는 중도라고 하고, 중도우파 중도좌파라 하며 표를 구한다. 속이는 것은 공산주의자의 전통적인 전술이거니와 이제 우리가 통일을 하려는 마당에서 아직도 사상적으로 정리하지 못하고 있다는 것은 말이 안 된다. 언제까지 이들에게 국민의 세금으로 세비를 주면서 대한민국 허물기와 흔들기, 발목잡기를 하게 방치해 둘 것인가. 이제는 결단코 공산주체좌익사상을 척결해야 한다. 사상투쟁에서 승리하자!

재산권 문제

　재산권 문제 대책을 미리 세워놔야 한다. 작년에 대한민국 법원은 북한에 있는 자식이 남한에 있는 아버지의 재산에 대하여 유산 상속을 위한 소송에서 북한자녀에게 승소를 판결했다. 단, 재산권청구는 북한의 자녀가 남한에 와서 할 수 있다고 하였다. 유사한 재판으로 인하여 국부가 북한으로 유출되어 잘못 사용될 수 있는 소지를 막은 것이다. 과거 북한에서 남한으로 피난 올 때 북한의 땅 문서를 가지고 나온 사람들도 있다. 이제 통일이 되면 북한으로 올라가서 그 땅 문서를 가지고 거기서 살고 있는 사람들을 내쫓고 그 땅을 차지할 것인가? 대한민국 법은 개인의 사유재산권을 인정하는 것이 아주 중요한 기본적인 권리가 된다. 그렇다고 해서 수십 년을 살아온 사람은 아무 권한이 없는 것도 아니다. 점유권이라는 것이 있다. 따라서 이 두 법의 상충되는 면을 어떻게 조화시킬 것인가? 하는 문제를 미리 대비해 두어야 한다. 해방 후 북한은 토지를 무상몰수하고 분배는 무상으로 하되 경자(耕者 농사짓는 자)에게 집단으로 무상분배하므로 실제적으로 개인소유는 없게 되었다. 소유권이 없는 것이다. 남한도 농지개혁을 하긴 했는데 유상몰수 유상분배 원칙이어서 언뜻 듣기에 북한방식보다 못한 것같이 들렸다. 그래서 북한의 농지개혁 소식을 들었을 때 농민들이 북한에 대한 환상을 가지기도 하였다. 그러나 남한의 농지개혁법은 소유권이 생기는 것이었다. 따라서 이 소유권이 6·25전쟁을 하는데 있어서 농민들이 남한을 지지하는데 큰 힘이 되었다. 북한의 무상몰수가 한국 법으로는 무효이므로 과거의 개인재산권을 그대로 인정할 것인가? 그렇게 되면 엄청난 혼란이 있게 될 것이다. 옛 소유주와 현재의 경작자 사이에 칼부림 나는 갈등이 일어날 수도 있다. 이러려고 통일한 것일까? 그럴 수는 없는 것이다. 이러려면 차라리 통일을 아니함만 못할 수도 있다. 따라서 미리 대비하여 재산소유권 문제를 대비하되, 아마도 토지문서 가진 사람에게 소유권을 인정하기는 어려울 것이다. 그는 고향에 돌아갈 수 있다는 것만으로도 만족하게 생각하고, 정녕 고향에서 살고 싶으면 고향에서 살 수 있도록 땅을 무상이 아닌 유상으로 살 우선권을 부여하고, 또 현재의 주민은 옛 주민과 함께 오손도손 살게 되는 것이야말로 통일의 뜻이 아니겠는가.

가족법상 문제

가족법을 많이 준비해야 한다. 북한에서 남한으로 피난 나올 때 한 달이면 돌아올 수 있을 것으로 생각했다. 그러나 가족이산은 수십 년이 지났다. 그 동안에 남한에 온 남편들이 다른 여자와 결혼을 하였다. 남한 민법은 가족이 생사를 알 수 없는 상태에서 5년이 지나면 사망으로 간주하고 결혼을 허락하기 때문이다. 이렇게 결혼해서 아내도 있고 아들 딸도 낳았다. 그런데 북한에 아내가 살아있고 아들 딸도 있고 손주들도 있다. 이럴 경우에 어떻게 할 것인가? 이런 가족법 문제를 미리 대비해 놓아야 한다. 대한민국의 민법은 이중결혼을 인정하지 않고 중혼죄로 처벌하고 있다. 그렇다고 현재의 결혼을 무효화하고 옛 결혼만 인정할 수는 없다. 어그러진 것은 옛 결혼으로써 본인들의 의사와는 다르게 불가항력적으로 별거가 되었고, 결혼생활에 문제가 발생한 것은 현재의 결혼이 아니라 과거의 결혼이다. 따라서 문제가 생긴 과거 결혼은 과거로 인정을 하고, 현재의 결혼을 파할 수는 없고 그대로 유지하며, 과거의 결혼도 도의적으로는 귀책사유가 당사자들에게 있는 것이 아니므로 당사자들이 정리를 생각하여 가능한 범위 안에서 도의적 책임을 다하게 하는 것이 옳을 것이다. 즉 경제적으로 도울 수 있으면 돕고, 정신적으로 위로할 것은 위로하고, 현재 결혼상대자의 양해 아래 적정한 상호방문을 하는 식으로 하면 좋을 것이다. 그리고 자식 문제는 상호 인정한다든지, 친자확인 한다든지, 유전자감식을 하여 친자가 확인되면 부모자식으로서의 관계를 회복하고, 가족으로서 살아가는 것이 합당하다.

에필로그

『통일정신』은 한반도의 통일이 대한민국을 중심으로 되며, 그때는 멀지 않았고, 항상 준비되어 있어야 한다는 것이다. 그 근간은 개인적 자유, 정치적 민주, 경제적 성장과 평등이다. 이는 '사랑과 의'라는 기독교적 윤리를 기반으로 한다. 인간의 죄성(罪性)과 한계를 인정하고, 물질보다 정신을 중요시한다. 대한민국은 아직 선진국이 되지 못하고 선진국 문턱에 있지만, '통일한국'은 기존의 어떤 나라를 닮기보다는 전대미문(前代未聞)의 새로운 나라, 21세기 세계각국의 지표가 될 수 있는 나라를 지향한다. 그 가능성은 불과 100여 년이라는 짧은 기간에 서양이 수백 년 동안 이룬 것을 따라 미친 한국인의 저력에도 있지만, 무엇보다 한국인 특유의 기독교 신앙에 있다.

130년 전 기독교가 한국인에게 전파된 이후 한국은 실질적으로 기독교 정신에 이끌림을 받고 있다. 독립협회 105인사건, 3·1운동이 그랬고, 한국의 교육과 의료가 그랬으며, 전국 방방곡곡에 6만여의 교회당이 서 있고 새벽마다 불을 밝히고 찬송과 기도를 올리는 나라는 대한민국 밖에 없다. 사랑의 하나님이 어찌 긍휼을 베풀지 않겠으며 살피지 않으시랴! 대한민국은 정치 경제 문화 과학 예술 모든 분야에서 이미 세계적인 수준에 와 있으며, 통일한국은 세계를 선도하는 나라가 될 것이다.

따라서 한국인은 통일정신으로 무장해야 한다. 그리고 각자가 자기 분야에서 최선을 다하여 진보를 나타내야 한다. 한국인은 고난을 많이 당한 민족이다. 중국에 천년, 병자호란 몽골침입 마침내 일본식민지까지 수난의 역사는 길고 길었다. 그러나 하나님은 수난을 많이 당한 민족을 또한 위로하시는 법이므로 한국인은 고난을 거름으로 삼아 각 분야에서 뛰어날 수 있다. 마치 유대인이 2천 5백년을 유리방황하면서 배척 살육을 당하는 가운데 뛰어난 민족으로 연단되었듯이, 한국인도 이제 세계에 뛰어난 민족이 될 것이다. 정복과 약탈의 방법이 아니라 협력과 공생의 방법으로 할 것이다.

『통일정신』을 쓰기 시작한 것은 지난 1월 19일이었는데 오늘 3월 18일에 탈고를 했다.『독립정신』을 쓴 이승만은 나이 약관 29세에 한성감옥서라는 극한상황에서 불과 4개월 10일 동안에 썼는데 비하면 나는 편안한 상태에서 오히려 오래 걸린 셈이다. 무슨 논문을 쓰려는 것도 아니었고 되도록 쉽게 쓰고 쉽게 읽혀지기를 바랬다. 그래서 덜 체계적이다. 다만 1984년 총신대 교수시절부터 품었던 통일과 북한 교회 재건에 대한 생각을 31년이 지나는 동안 내 속에서 어떻게 농축되었는지, 그대로를 그저 강의하듯, 대화하듯 쏟아놓은 것뿐이다. 그래서 각주도 없고 다른 분의 서적을 인용한 것도 별로 없다. 자료는 오래 전부터 모아왔으나 오랜 자료도 별로 사용하지 않고, 지금 현재의 시점에서 바라보려고 했기 때문에 출판된 서적보다 신문인용이 많게 되었다.

이렇게 부족한 것을 읽어주신 분들께 감사 드린다. 또한 하고 싶은 이야기를 남의 눈치 보지 않고 그대로 털어냈기 때문에 생각을 달리하는 어떤 분들에게 불편을 끼쳤을 수도 있겠다. 부디 양해를 구한다. 아무쪼록 이 책이 논란거리를 제공하고, 생각이 깊어져서, 여러 제현들의 보다 고명한 견해들이 많이 나와주면 좋겠다. 그래서 통일을 준비함에 있어서 도움이 되고, 통일 후에도 도움이 된다면 더 바랄 나위가 없겠다.

마지막으로 이 책을 출판할 수 있도록 도움을 주신 킹덤북스(Kingdom Books) 대표 윤상문 목사님께 감사드린다. 추천사를 써주신 김상복, 장차남, 김영한 목사님께 깊은 감사를 전하고 싶다. 지난 30여 년 동안 목회 뒷바라지뿐 아니라 '통일과 북한교회재건에 미쳤다'는 소리를 듣는 남편을 뒷바라지해준 아내와 두 딸에게도 감사한 마음을 전하고 싶고, 함께 동참해온 사랑교회에도 감사를 드린다.

2015년 7월
저자 김중석